Kooperatives Lernen – kein Problem

**Effektive Methoden der Partner- und Gruppenarbeit
(für Schule und Erwachsenenbildung)**

Anne A. Huber (Herausgeberin)

Ludwig Haag
Anne A. Huber
Günter L. Huber
Klaus Konrad
Sigrid Rotering-Steinberg
Diethelm Wahl (Autoren)

Ernst Klett Schulbuchverlag Leipzig
Leipzig Stuttgart Düsseldorf

1. Auflage   1 ⁵ ⁴ ³ ² | 2008 2007

Alle Drucke dieser Auflage können im Unterricht nebeneinander benutzt werden, sie sind untereinander
unverändert. Die letzte Zahl bezeichnet das Jahr des Druckes.

Internetadresse: http://www.klett.de

Redaktion: Katrina Moschner, Leipzig
Satz und Umschlaggestaltung: Frank Jabin Grafikdesign, Leipzig
Herstelllung: Krystyna Müller
Repro: Meyle + Müller, Medien-Management, Pforzheim
Druck: Medien Druck Unterland, Flein
ISBN 3-12-924438-7

Inhalt

1. Einführung

Anne A. Huber

1. Welche positiven Effekte sind von kooperativen Lernformen zu erwarten?

Vom Einsatz kooperativer Lernformen bzw. effektiver Partner- und Gruppenarbeitsformen erwartet man zu Recht sehr viel. Kooperative Lernformen versprechen der Weg zur optimalen Förderung nicht nur **fachlicher** sondern auch **überfachlicher** Kompetenzen zu sein. Zu diesen überfachlichen Kompetenzen zählt etwa die **Fähigkeit mit anderen zusammenzuarbeiten**, was angesichts der Komplexität anstehender Probleme in der Lebens- und Berufswelt heute immer notwendiger wird. Daneben können sich Lernende aber auch **Problemlösekompetenzen** oder die **Fähigkeit zur Selbstregulation eigener Lernprozesse** erwerben. Anders ausgedrückt, können durch kooperative Lernformen

- die Fähigkeit Probleme zu erkennen,
- das zur Problemlösung notwendige Wissen aufzufinden und sich dann auch anzueignen,
- sowie die Zusammenarbeit mit anderen gefördert werden.

Dabei ist zu erwarten, dass sich die Lernenden als **selbstwirksam** erleben, **Zutrauen in die eigenen Fähigkeiten** entwickeln und damit auch **motivierter** lernen. Schlussendlich wirken sich kooperative Lernformen nicht nur auf den Einzelnen positiv aus, sondern auch auf die **Gemeinschaft**. So gibt es viele Belege dafür, dass sich **soziale Beziehungen** und **das soziale Klima** einer Lerngruppe durch kooperative Lernformen verbessern (Slavin, 1995).

Slavin (1995) konnte in einer Überblicksstudie, in die zahlreiche Untersuchungen zum kooperativen Lernen in der Primar- und Sekundarstufe eingingen, zeigen, dass in 64 % der Fälle kooperative Lernformen dem normalen Unterricht überlegen waren. In 31 % der Fälle ergaben sich keine Unterschiede und nur in 5 % der Fälle war der normale Unterricht besser, was das Lernergebnis betrifft. Außerdem konnte belegt werden, dass sich kooperatives Lernen positiv auf soziale Beziehungen, das Selbstwertgefühl und die sozialen Fertigkeiten der Schülerinnen und Schüler auswirkt.

Positive Auswirkungen kooperativer Lernformen auf ...

Einzelpersonen   **Fachliche Kompetenzen**   **Gemeinschaft**

- soziale Beziehungen
- soziales Klima

Überfachliche Kompetenzen
- Fähigkeit zur Zusammenarbeit mit anderen
- Problemlösekompetenzen
- Fähigkeit zum selbstregulierten Lernen („Lernen zu lernen")
- Motivation
- Kompetenzerleben, Selbstwirksamkeit
- Selbstwertgefühl

Abbildung 1: Kooperative Lernformen und ihre Auswirkungen auf den Einzelnen und die Gruppe

2. Worin unterscheiden sich kooperative Lernformen von üblichen Partner- und Gruppenarbeitsformen?

Manche von Ihnen werden sich jetzt vielleicht wundern und diese Ergebnisse nicht mit ihren eigenen Erfahrungen mit Partner- und Gruppenarbeit in Verbindung bringen können, insbesondere was die Auswirkungen auf das Lernergebnis betrifft. An dieser Stelle muss ausdrücklich darauf verwiesen werden, dass kooperative Lernformen nicht mit den in Schule und Erwachsenenbildung häufig verwendeten üblichen Gruppen- und Partnerarbeitsformen verwechselt werden dürfen.

Bei den üblichen Partner- und Gruppenarbeitsformen, wie wir sie alle kennen, werden die Lernenden meist aufgefordert ein **gemeinsames Gruppenprodukt** zu erstellen, etwa ein Arbeitsblatt auszufüllen oder aus einem Text gemeinsam etwas zu erarbeiten. Stellt man solche Aufgaben, so steht das Gruppenprodukt im Mittelpunkt, nicht aber das Lernen der einzelnen Gruppenmitglieder. Es kann leicht passieren, dass sich einzelne Gruppenmitglieder dann gar nicht an der gemeinsamen Arbeit beteiligen, die Arbeit also nur von einzelnen oder wenigen Gruppenmitgliedern getan wird. Dieses Phänomen ist weithin unter dem Begriffen des **Trittbrettfahrens** (Kerr & Bruun, 1983) oder des **sozialen Faulenzens** (Latané, Williams & Harkin, 1979) bekannt. Im Grunde genommen kann man hier den Gruppenmitgliedern keine Vorwürfe machen. Für die Qualität des Gruppenproduktes und die Schnelligkeit seiner Erstellung kann es sogar von großem Vorteil sein, auf die Mitarbeit schwacher oder unmotivierter Gruppenmitglieder zu verzichten. Ein solches Verhaltensmuster ist bereits in der Aufgabenstellung impliziert. Slavin (1995) konnte in der bereits erwähnten Übersichtsstudie zeigen, dass bei Aufgabenstellungen der oben beschriebenen Art nur in 22 % der Fälle dieser Unterricht überlegen und in 22 % der Fälle sogar dem normalen Unterricht unterlegen ist. Kooperative Lernformen legen daher

Wert darauf, die Lernsituation so zu gestalten, dass das Lernen der Gruppenmitglieder im Mittelpunkt steht und angeregt wird und nicht etwa das Erstellen eines Gruppenprodukts.

Haag gibt in seinem Beitrag (siehe Kapitel 3.1) Hinweise dafür, wie auch bei den „üblichen" Partner- und Gruppenarbeitsformen dafür Sorge getragen werden kann, dass sie erfolgversprechend sind. Seine Empfehlungen gründen auf sehr detaillierten Analysen des Einsatzes dieser Lernmethoden im Bereich der Schule und wurden im Rahmen eines großen Projekts der Deutschen Forschungsgemeinschaft von ihm und anderen gefunden (Dann, Diegritz & Rosenbusch, 1999; Nürnberger Gruppe, 2001).

3. Warum handelt es sich bei den hier vorgestellten kooperativen Lernformen, wie etwa dem Gruppenpuzzle oder der Gruppenrallye, nicht um alte Hüte?

Manche Leserin bzw. mancher Leser mag denken, dass sich neben den ihr oder ihm neuen Methoden auch ein paar bereits altbekannte Methoden finden, wie etwa das Gruppenpuzzle oder die Gruppenrallye. Diese beiden Methoden wurden in der Tat im deutschsprachigem Raum bereits in den achtziger Jahren eingeführt – und haben inzwischen auch einigen Bekanntheitsgrad erfahren. Wir haben diese altbekannten Methoden jedoch aufgrund wissenschaftlicher Ergebnisse und eigener Erfahrungen modifiziert und optimiert. Beim Gruppenpuzzle etwa wird betont, dass die Lernenden durch entsprechende Lernstrategien bzw. Aufgabenstellungen dazu gebracht werden müssen, nach der wechselseitigen Wissensvermittlung noch weitere Verarbeitungsschritte vorzunehmen um ihr Wissen zu festigen und zu vertiefen. Die Partnerpuzzlemethode stellt eine Variante dar, bei der durch das Lernen in Paaren und entsprechende Lernstrategien eine sehr intensive Auseinandersetzung mit dem Lernstoff stattfindet. Innerhalb der Gruppenrallye wird inzwischen Wert darauf gelegt, dass den Lernenden für das Üben sinnvolle Lernstrategien nahe gelegt werden.

Zu den vorgestellten Methoden finden Sie auf der beiliegenden CD Folien zur Beschreibung der Methoden und pro Methode ein bis drei ausführliche Unterrichtsbeispiele mit allen benötigten Instruktionen und Materialien aus Schule und Erwachsenenbildung. Sie können sich den Einsatz der Methoden besser vorstellen und die Umsetzung wird durch Instruktionen, die Sie ihren Erfordernissen entsprechend verändern können, erleichtert.

Folgende Tabelle gibt Ihnen eine Übersicht zu den Unterrichtsbeispielen auf der CD:

Methode	Schule	Erwachsenenbildung
Traditionelle Partner- und Gruppenarbeit	**Autor:** Ludwig Haag **Klasse:** Sekundarstufe I, Klasse 6, Hauptschule **Thema:** Deutsch: Literaturgattung Fabel	**Autor:** Ludwig Haag **Kurs:** Akademie für Lehrerfortbildung und Personalführung (Dillingen/Donau) **Thema:** Kurs Beratungslehrerausbildung: Wissenserwerb
Partnerpuzzlemethode	**Autorin:** Anne A. Huber **Klasse:** Sekundarstufe I, Klasse 8, Realschule **Thema:** Biologie: Viren und Bakterien als Krankheitserreger	**Autorin:** Anne A. Huber **Kurs:** Pädagogische Hochschule **Thema:** Seminar Kooperatives Lernen: Auswirkungen kooperativen Lernens auf soziale Beziehungen, die Akzeptanz von Lernbehinderten und soziale Kompetenzen
Gruppenpuzzlemethode	**Autorin:** Erika Pailer **Klasse:** Sekundarstufe I, Klasse 8, Realschule **Thema:** Biologie: Rauchen	**Autorin:** Anne A. Huber **Kurs:** Pädagogische Hochschule **Thema:** Seminar Kooperatives Lernen: Worauf die Wirksamkeit kooperativer Lernmethoden beruht
Lerntempoduett	**Autorin:** Annette Bernhart **Klasse:** Grundschule, Klasse 4 **Thema:** Heimat- und Sachunterricht: Ritter	**Autor:** Diethelm Wahl **Kurs:** Lehramts-Studierende im Fach Sport **Thema:** Seminar Motivationspsychologie
Partner- & Gruppeninterview	Partnerinterview: **Autorinnen:** Carmen Ehresmann und Heike Lanz **Klasse:** Sekundarstufe I, Klasse 9, Realschule **Thema:** Mathematik: Erster und zweiter Strahlensatz	Partnerinterview: **Autor:** Diethelm Wahl **Kurs:** Lehramtsstudierende aller Semester (Großvorlesung) **Thema:** Seminar Emotionen **Autor:** Diethelm Wahl **Kurs:** Lehrerinnen und Lehrer (Großveranstaltung, 200 Teilnehmende) **Thema:** Neue Formen des Lehrens und Lernens: Der Advance Organizer Gruppeninterview: **Autor:** Diethelm Wahl **Kurs:** Lehramtsstudierende im Hauptstudium (Hauptseminar) **Thema:** Seminar Subjektive Theorien

Methode	Schule	Erwachsenenbildung
Multi-interview	**Autorin:** Sarah Hartmann **Klasse:** Grundschule, Klasse 4 **Thema:** Heimat- und Sachunterricht: Das Wurzacher Ried **Autor:** Werner Hartmann **Klasse:** Sekundarstufe I, Klasse 10, Realschule **Thema:** Physik: Der Transistor	**Autor:** Diethelm Wahl **Kurs:** Betriebliche Fortbildner **Thema:** Prinzipien und Methoden der Erwachsenenbildung
Strukturierte Kontroverse	**Autorin:** Brigitte Haaf **Klasse:** Sekundarstufe I, Klasse 9, Realschule **Thema:** Deutsch: Schreiben eines Streitgesprächs	**Autorin:** Anne A. Huber **Kurs:** Freier Fortbildungsträger **Thema:** Fortbildung für Hochschullehrende: Pro und Kontra das Sandwich-Prinzip in der Hochschullehre
Gruppenrallye	**Autorin:** Dunja Walter **Klasse:** Sekundarstufe I, Klasse 7, Realschule **Thema:** Deutsch: Groß- und Kleinschreibung	
Problemdiskursmethode	**Autorin:** Annette Bernhart **Klasse:** Sekundarstufe I, Klasse 7, Realschule **Thema:** Mathematik: PISA-Aufgaben	**Autorin:** Anne A. Huber **Kurs:** Pädagogische Hochschule **Thema:** Seminar Psychologische Ansätze zur Förderung überfachlicher Kompetenzen: Lösung eines Fallbeispiels
Kleingruppenprojekte	**Autor:** Klaus Konrad **Kurs:** Sekundarstufe I, Klasse 10 **Thema:** Kaffee	**Autor:** Klaus Konrad **Kurs:** Studierende einer Hochschule **Thema:** Seminar Empirische Forschungsprojekte

Tabelle 1: Übersicht zu Unterrichtsbeispielen

Die Methoden, die wir Ihnen in diesem Buch vorstellen, haben eine Menge Vorteile: sie sind klar strukturiert, lernstrategiehaltig und lernwirksam. Sie erfordern jedoch auf Ihrer Seite eine gute Unterrichtsvorbereitung, Neugierde und die Bereitschaft neue didaktische Kompetenzen zu entwickeln. Die Methoden ermöglichen es den Lernenden, den Lernstoff aktiv zu verarbeiten und sich dabei am eigenen Lerntempo zu orientieren. Konrad informiert in seinem Beitrag (Kapitel 5) darüber, wie kooperative Lernformen im eigenen Unterricht eingeführt werden können.

4. Worauf beruht die Wirksamkeit kooperativer Lernformen?

Die von uns beschriebenen kooperativen Lernformen sind Arbeitsformen, die auf wissenschaftlichen Erkenntnissen beruhen. Sie sind so gestaltet, dass versucht wird, zum einen zu verhindern, dass Probleme bei einer Zusammenarbeit mit anderen auftreten und zum anderen sinnvolle Lösungen anzubieten, wenn dann doch Probleme auftreten.

Ziel all dieser Methoden ist es, die Interaktionen und Lernprozesse zu fördern, die sich für das Lernergebnis als relevant herausgestellt haben. So konnte Webb (1989, 1991, 1992) zeigen, dass insbesondere das **Geben von Erklärungen** beim Lernen stark mit dem eigenen Lernerfolg verbunden ist. Im Folgenden werden vier Prinzipien vorgestellt, wie dies erreicht werden soll:

Unterstützung der Lernenden durch geeignete Lernstrategien
Indem man den Lernenden geeignete Lernstrategien an die Hand gibt, d.h. Lernstrategien nahe legt oder vorgibt, die sich wissenschaftlich für Lerngegenstand und Lernziele als sinnvoll erwiesen haben, fördert man Lernprozesse, die für das Lernen effektiv sind. Eine solche Lernstrategie für die Wissensentnahmen aus Texten besteht beispielsweise darin, die wichtigsten Dinge einer anderen Person zu erklären (Palincsar & Brown, 1984). Hierfür kann man etwa Schlüsselbegriffskärtchen einsetzen, anhand derer dies geschehen soll. Mit diesen Kärtchen lässt sich später der Lernstoff auch gut wiederholen und eine Vernetzung der Wissensinhalte erreichen (ausführliche Beschreibung siehe Kapitel 3.2). Wichtig ist es, beim Einsatz von Lernstrategien auch das Kompetenzniveau der Lernenden zu beachten. Während Erwachsene beispielsweise ihre eigenen Schlüsselbegriffe finden können, müssen diese jüngeren Schülerinnen und Schülern in der Regel vorgegeben werden. Für ganz junge und ungeübte Schülerinnen und Schüler kann es sogar sinnvoll sein, mit ganzen Sätzen und auch Bildern zu arbeiten.

Initiierung von wechselseitigem Lehren
In kooperativen Lernformen, in denen wechselseitiges Lehren zum Einsatz kommt,

eignen sich die Lernenden in der Regel nur einen Teil des Lernstoffs selbst an (allein oder mit anderen) und sind für den Rest des Lernstoffs auf die Erklärungen und die Wissensvermittlung durch die anderen angewiesen. Dieses Prinzip findet sich in fast allen der dargestellten kooperativen Lernmethoden wieder. Einer anderen Person etwas zu erklären ist eine der effektivsten Formen zu lernen (Webb, 1989, 1991, 1992). Dadurch, dass man den Lernstoff als „Experte" an andere weitergeben soll, ist man sehr darum bemüht, sich intensiv mit ihm auseinander zu setzen. Worauf man dabei jedoch achten muss ist, dass die Lernenden auch die Chance haben, zu einigermaßen passablen Experten zu werden. D. h. sie dürfen nicht überfordert werden. Nur dann können sie ihr Wissen auch gut weitergeben. Mit der Weitergabe des Wissens ist es dabei noch nicht getan. Es müssen weitere Verarbeitungsschritte folgen, damit das Wissen gefestigt und vertieft wird. Wenn dies gelingt, hat diese Form sehr positive Auswirkungen, nicht nur auf das Lernergebnis, sondern auch auf die intrinsische Motivation und das eigene Kompetenzerleben.

Feedback für die Gruppenleistung

Wechselseitige Unterstützung der Mitglieder einer Gruppe erreicht man auch, indem man Wert darauf legt, dass alle Gruppenmitglieder einen Lernzuwachs erreichen. Dies signalisiert man den Lernenden dadurch, dass man ihnen nicht nur Feedback für ihren individuellen Wissenszuwachs gibt, sondern auch für den Wissenszuwachs der Gruppe insgesamt. Dazu addiert man einfach den Wissenszuwachs der einzelnen Gruppenmitglieder. Da sich Gruppenmitglieder, die bereits sehr gut sind, in der Regel nur verschlechtern können, werden hier Punkte dafür vergeben, wenn sie ihren Leistungsstand halten können. Dies alles setzt natürlich voraus, dass man den Wissensstand vor und nach dem Lernen erhebt. Das Paradebeispiel für diese Form der Motivierung zum Lernen und zur Zusammenarbeit ist die Gruppenrallye (siehe Kapitel 3.8).

Vereinbarung von Regeln und Anregung von Reflexionsprozessen

Indem man mit den Lernenden Regeln vereinbart, wie die Zusammenarbeit ablaufen soll, und von Zeit zu Zeit Reflexionsprozesse darüber anstößt, wie gut die Zusammenarbeit funktioniert hat und was gegebenenfalls geändert werden sollte, erreicht man nicht nur einen reibungsfreieren Ablauf der Zusammenarbeit, sondern auch eine Schulung des Reflexionsvermögens und den Erwerb sozialer Kompetenzen. Den Lernenden muss klar sein, was bei der Zusammenarbeit von ihnen genau erwartet wird, d. h. wie z. B. die Arbeitsschritte aussehen und welche Rolle sie dabei spielen sollen. Sie sollten auch eine Vorstellung davon entwickeln, warum diese Dinge sinnvoll sind – denn nur dann werden sie sich auch daran halten. Die Reflexion über den Lernprozess ist integraler Bestandteil der Problemdiskursmethode (siehe Kapitel 3.9), kann aber auch bei allen anderen Arbeitsformen sinnvoll eingesetzt werden.

5. Warum werden kooperative Lernformen – trotz ihrer positiven Effekte – so selten eingesetzt und wie kann man damit umgehen?

Rotering-Steinberg (2000) hat Lehrerinnen und Lehrer unter anderem nach ihren positiven Erwartungen befragt. An oberster Stelle stand dabei die Förderung der Selbstständigkeit der Schülerinnen und Schüler. Außerdem wurde u. a. eine Verbesserung des Sozialklimas, eine Steigerung der Kreativität und der Möglichkeit zur Kommunikation erhofft. Für sich selbst erwarten Lehrerinnen und Lehrer eine Entlastung.

Trotz dieser positiven Erwartungen an kooperative Lernformen, werden diese nach wie vor nicht sehr häufig eingesetzt. Nach einer Studie von Hage u. a. (1985), in der jeweils zwei Schulstunden bei 88 Lehrerinnen und Lehrern der Klassenstufe sieben und acht in drei Schularten (Hauptschule, Gesamtschule und Gymnasium) durchgeführt wurden, war Gruppenunterricht zu ca. 7 % und Partnerarbeit zu ca. 3 % der Zeit vertreten – während Klassenunterricht drei Viertel der Zeit einnahm. Wie häufig kooperative Lernformen im Bereich der Erwachsenenbildung eingesetzt werden lässt sich viel schwerer feststellen und dürfte je nach Bereich sehr unterschiedlich sein.

Wie lässt es sich nun erklären, dass kooperative Lernmethoden seltener eingesetzt werden, als man eigentlich erwarten würde? Dies liegt sicherlich an Vorurteilen, aber auch an berechtigten negativen Erwartungen, auf die nun im Folgendem näher eingegangen werden soll.

Vorbereitungsaufwand

Häufig wird mit dem Einsatz kooperativer Lernmethoden mehr Vorbereitungsaufwand verbunden und es wird darauf verwiesen, dass geeignete Materialien oft nicht vorhanden sind, sondern erst selbst erstellt werden müssen. Der Einsatz neuer Methoden ist zunächst immer mit größerem Aufwand verbunden – dieser Vorbereitungsaufwand nimmt allerdings mit der Erfahrung ab.

McLaughlin (1976) konnte in einer Studie, in der 293 Innovationsprojekte in Schulen untersucht wurden, zeigen, dass es für eine erfolgreiche Veränderung von Unterricht sogar unbedingt notwendig ist, dass man vorhandene Materialien den eigenen Erfordernissen anpasst und auch eigene Materialien entwickelt. Nur dann waren die Projekte auch erfolgreich. Das Vorhandensein von Materialien erleichtert sicherlich die Arbeit, befreit jedoch nicht davon, die Materialien den eigenen Erfordernissen anzupassen. Auch wenn dies viel Einsatz und Mühe kostet, so ist es doch der einzige Weg, um aus fremden Erfahrungen eigenes handlungswirksames Wissen zu machen. Es gehört zum Erwerb didaktischer Kompetenzen dazu, diese arbeitsintensiven Schritte zu tun. Etwas Neues zu lernen ist in der Regel immer aufwändiger als Routinen abzuarbeiten.

Während der Vorbereitungsaufwand beim kooperativen Lernen zumindest anfänglich sehr viel höher erscheint als der Aufwand für die Durchführung einer lehrer- oder kursleiterzentrierten Form der Vermittlung, ist die Entlastung während des Unterrichts spürbar. Man ist nicht ständig in der Rolle des Alleinunterhalters und muss nicht dauernd dafür sorgen, dass man auch alle Fäden in der Hand behält, sondern kann die Lernenden tatsächlich auch persönlich in ihren Stärken und Schwächen kennen lernen und unterstützen. Während man im normalen Unterricht – insbesondere in der Schule – viel Zeit und Energie dafür aufwenden muss, die Disziplin aufrechtzuerhalten, fällt dies – nach Anfangsschwierigkeiten – beim kooperativen Lernen weitgehend weg, wie auch die Erfahrungen von Hepting (2003) zeigen, der diese Methoden in einer sozial sehr schwierigen siebten Klasse von allen Lehrenden anwenden ließ. Der Vorbereitungsaufwand kann übrigens auch dadurch gemindert werden, dass man sich mit Kolleginnen und Kollegen austauscht.

Stofffülle

Ein weiteres, häufig geäußertes Argument betrifft die Annahme, mit kooperativen Lernmethoden könne man nicht so viel Stoff durchnehmen wie mit frontalen Formen der Wissensvermittlung. Dies wird insbesondere von Lehrenden geäußert, die unter dem Druck stehen, bestimmte Inhalte eines Curriculums abdecken zu müssen. Wenn man jedoch mitberücksichtigt, dass bei frontalen Unterrichtsformen viel Zeit auch in häufige Wiederholungen investiert werden muss, so benötigen die meisten kooperativen Lernformen nicht mehr Zeit zur Wissensvermittlung. Lediglich bei komplexeren Formen, wie etwa den Kleingruppenprojekten, hat man weniger in der Hand, was genau gelernt wird, da die Lernenden hier freigestellt sind, auch eigene Schwerpunkte zu setzen und außerdem Zeit dafür brauchen, geeignete Materialien aufzufinden und zu bearbeiten. Dabei lernen sie jedoch auch genau diese Dinge.

Inzwischen beginnt man im Übrigen damit, in Schule und Erwachsenenbildung zu erkennen, dass ein völlig überladenes Curriculum nicht das Maß aller Dinge sein kann, da es aufgrund der schnellen Veralterung des Wissens und des riesigen Umfangs gar nicht möglich ist, Lernenden alles zu vermitteln, was sie vielleicht einmal wissen müssen. Dies kommt im schulischen Bereich in den neuen Bildungsplänen zum Ausdruck – indem weniger Wissensinhalte und -ziele vorgeschrieben und mehr Freiräume gegeben werden. Man hat inzwischen erkannt, dass es wenig sinnvoll ist, Lernende mit Wissen zu überschütten und ihnen nicht die Zeit zur aktiven Verarbeitung zu geben. Auf diesem Weg entsteht nur „träges Wissen", das vielleicht auswendig gewusst wird, in Anwendungssituationen dann aber nicht zur Verfügung steht. Heutzutage muss viel mehr Wert darauf gelegt werden, dass Lernende neben dem Fachwissen auch lernen wie man lernt, wie man Probleme löst und wie man mit anderen zusammenarbeitet. Kooperative Lernformen bieten diese Chance.

Rahmenbedingungen des Lernens

Manchmal werden Rahmenbedingungen für den Einsatz kooperativer Lernformen bemängelt, so können Räume zu klein oder ungünstig ausgestattet und die Lautstärke beim Lernen zu groß sein. Kleine Räume oder festgeschraubte Sitzgelegenheiten machen kooperative Lernformen jedoch nicht unmöglich. Bei entsprechender Rücksichtnahme und Kreativität lassen sich hierfür in der Regel Lösungen finden. In der Erwachsenenbildung können sich Lernende beispielsweise problemlos auf andere Räume, Gänge oder auch nach draußen verteilen.

Häufig wird auch zu große Lautstärke bemängelt – dies ist in der Regel jedoch eine Sache der Aushandlung und von Regeln. Miteinander zu lernen bedeutet nicht unbedingt, dass es deshalb furchtbar laut sein muss. Nach Anlaufschwierigkeiten lassen sich solche Probleme meistens in den Griff bekommen. Haag und Huber gehen in ihrem Beitrag (siehe Kapitel 2) etwas ausführlicher auf die Rahmenbedingungen beim kooperativen Lernen ein.

Einsatzgebiete (didaktischer Ort)

Häufig wird geäußert, dass kooperative Lernformen zwar in Deutsch, aber keinesfalls in Mathematik, auf jeden Fall in Geschichte, aber sicherlich nicht in Biologie, in Sport, aber nicht in Musik einsetzbar sind. Man kann die Fächer beliebig variieren. Dasselbe gilt für die Lernziele. Die einen meinen, man könne kooperative Lernformen keinesfalls für die Erarbeitung neuen Lernstoffs verwenden, dafür aber gut zum Wiederholen, die anderen sehen das genau anders.

Grundsätzlich kann man darauf nur antworten, dass kooperative Lernmethoden beliebig einsetzbar sind – wir können uns eigentlich kein Fach und kein Lernziel vorstellen, für das kooperative Lernformen nicht geeignet sind, vielmehr kommt es darauf an, die richtige Methode zu wählen und sie an die Erfordernisse des Lerngegenstands anzupassen. Leider können wir Ihnen in diesem Band nur einen kleinen Ausschnitt (siehe CD) von Anwendungsmöglichkeiten vorstellen. Bei der Auswahl haben wir Formen gewählt, die sich möglichst getreu an die Originalmethoden halten, aber es gibt noch viele andere Möglichkeiten und Varianten.

Wichtig ist, dass man sich selbst als Lernender begreift und beim Erproben der Methoden nicht sofort beim ersten kleinen Misserfolg aufhört, sondern analysiert, was schlecht gelaufen ist und wie man es das nächste Mal besser machen kann. Dabei kann man die Lernenden gut auch als Feedbackgeber mit einbeziehen. Auch die

Zusammenarbeit mit Kolleginnen und Kollegen, die einem Feedback geben, ist hier von großem Nutzen (siehe Kapitel 6).

Im Folgenden möchten wir Ihnen einen Überblick darüber geben, für welche Lernziele Sie die in diesem Band eingesetzten Methoden verwenden können:

Kooperative Lernmethode	Wissens-erwerb	Üben	Problem-lösen
Traditionelle Partner- und Gruppenarbeit	✖	✖	✖
Partnerpuzzle	✖	✖	✖
Gruppenpuzzle	✖		
Lerntempoduett	✖	✖	✖
Partner- und Gruppeninterview		✖	
Multi-Interview		✖	
Gruppenrallye		✖	
Strukturierte Kontroverse	✖		✖
Kleingruppenprojekte	✖		✖
Problemdiskursmethode			✖

Tabelle 2: Einsatzgebiete kooperativer Lernformen

Kollegenkreis
Manchmal wird eingewandt, dass kooperative Lernmethoden so selten von Kolleginnen und Kollegen eingesetzt werden. Dies ist in der Tat ein ernst zu nehmendes Problem.

Zum einen ist es viel leichter, kooperative Lernmethoden einzusetzen, wenn andere dies auch tun, zum anderen kann die Zusammenarbeit mit Kollegen aus vielen Gründen von Vorteil sein.
Hepting (2003) hat es organisiert, dass alle Lehrerinnen und Lehrer einer siebten Realschulklasse kooperative Lernformen einsetzten. Nach einer etwa vierwöchigen Anlaufphase waren viele Probleme der vormals sozial schwierigen Klasse gelöst. Der Einsatz kooperativer Lernformen läuft seitdem reibungslos. In Klassen, die nur selten mit diesen Methoden konfrontiert sind, ist hier mit mehr Reibungsverlusten

zu rechnen. Anders sieht es in der Erwachsenenbildung aus, hier sind kooperative Lernformen in der Regel von Anfang an relativ problemlos anwendbar. Allerdings sollte man im Auge behalten, dass kooperative Lernformen mehr Aktivität auf Seiten der Lernenden verlangen, was nicht unbedingt immer begrüßt wird und auch die Zusammenarbeit mit anderen, möglicherweise weitgehend unbekannten Personen kann Überwindung kosten und fällt nicht unbedingt jedem leicht (siehe Kapitel 6). Wenn auch Kolleginnen und Kollegen kooperative Lernformen verwenden, hat dies noch weitere Vorteile – es besteht die Möglichkeit mit ihnen zusammenzuarbeiten. Man sollte nicht unterschätzen, dass das Ausprobieren von Neuem und das sich Hineinfinden in eine neue Rolle immer mit Unsicherheiten verbunden sind. Hier können Mitstreiter wichtige soziale Unterstützung bieten und nicht nur das – es können hier auch Materialien und Erfahrungen ausgetauscht und entwickelt und gegenseitiges Feedback gegeben werden. Rotering-Steinberg geht in ihrem Beitrag (siehe Kapitel 6) u. a. darauf ein, wie ein Selbsttrainingsprogramm für kooperative Lernformen im Kollegenkreis aussehen könnte.

6. Überblick über das Buch

Im **ersten** Teil dieses Buches (Kapitel 1 bis 3) stellen wir Ihnen wichtige kooperative Lernformen vor. Dem gehen allgemeine Hinweise zu den vorgestellten Partner- und Gruppenarbeitsformen voraus. Jeder behandelten Methode ist als Kopiervorlage ein Steckbrief vorangestellt, in dem eine kurze Übersicht über die Methode gegeben wird. Die beiliegende CD enthält Beispiele für die Anwendung der Methoden in Schule und Erwachsenenbildung.

Der **zweite** Teil des Buches (Kapitel 4) widmet sich der Fragestellung, wie Lernumgebungen gestaltet werden müssen um den Anforderungen gerecht zu werden, die heute an Lernende gestellt werden und welcher Platz dabei kooperativen Lernformen zukommt.

Im **dritten** Teil des Buches (Kapitel 5 und 6) wird darauf eingegangen, wie man kooperative Lernformen im eigenen Unterricht einführen kann und welche Möglichkeiten es gibt, sie sich selbst anzueignen und in der eigenen Institution zu implementieren.

Mit diesem Buch unternehmen wir den Versuch Ihnen unsere langjährigen Erfahrungen mit dem Einsatz kooperativer Lernformen weiterzugeben. Wir hoffen, dass Sie hier sinnvolle Anregungen erhalten und wünschen Ihnen viel Erfolg und Spaß beim Ausprobieren.

2. Allgemeine Hinweise zum Einsatz von Partner- und Gruppenarbeitsmethoden im Unterricht

Ludwig Haag & Anne A. Huber

Grundsätzlich kann man sich die Einbettung von Partner- und Gruppenarbeitsmethoden als Sandwichstruktur (Wahl u. a., 1995; Wahl, 2000; Gerbig & Gerbig-Calcagni, 1998) vorstellen. Abbildung 1 veranschaulicht dies (siehe auch Kapitel 6):

• Die ausgewählte kooperative Lernmethode (siehe 4) ist eingebettet in einen Einführungs- (siehe 3) und einen Abschlussteil (siehe 5), die Ober- und Unterteil des Sandwichs bilden. Zum Einführungsteil gehört es, dass man die intendierten Ziele und Aufgaben transparent macht. Das Innenleben des Sandwichs ist durch verschiedene Beläge bzw. Lernphasen gekennzeichnet, die durch Übergänge bzw. Gelenkstellen miteinander verbunden sind. Dabei ist zu überlegen, wie man die Lernenden in Gruppen und Paare einteilt, wie man sie über das Vorgehen beim Lernen informiert und wie man Lerntempounterschiede berücksichtigt. Auch will eine Rückführung ins Plenum gut bedacht sein. Hier bieten sich verschiedene Möglichkeiten an, die die unterschiedlichen Erfahrungen der Lernenden wieder zusammenzuführen. Neben einem inhaltlichen ist ein prozessorientierter Abschluss zu unterscheiden. Auch Fragen zur Bewertung des Lernens sind zu berücksichtigen.

• Bevor es jedoch überhaupt losgeht, muss man sich darüber im Klaren sein, dass der Einsatz kooperativer Lernformen ein verändertes Rollenverständnis auf Seiten der Lehrenden und Lernenden impliziert (siehe 1), ohne das letztendlich die hier behandelten Arbeitsmethoden in der Praxis scheitern dürften.

• Das Sandwich selbst ist wiederum in ein Lernumfeld (siehe 2) eingebettet, das durch spezifische Rahmenbedingungen gekennzeichnet ist. Dazu gehören die Berücksichtigung räumlicher und zeitlicher Gegebenheiten, das Vorhandensein von geeigneten Materialien und die Unterstützung durch Kollegium und Organisation.

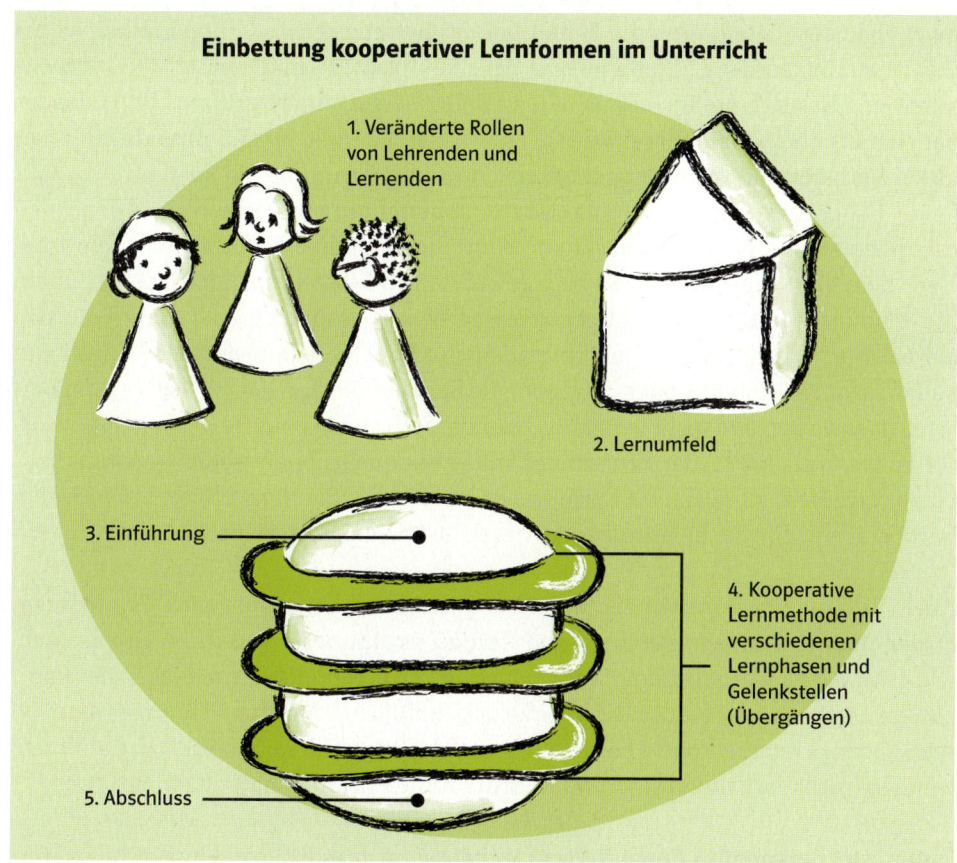

Abbildung 1: Einbettung von kooperativen Lernformen im Unterricht

1. Veränderte Rollen von Lehrenden und Lernenden

Der Einsatz kooperativer Lernformen impliziert ein verändertes Rollenverständnis auf Seiten der Lehrenden und Lernenden (siehe Kapitel 4). Während in traditionellen Unterrichtskonzepten Lehrende als Wissensvermittler gesehen werden, die Wissensinhalte möglichst gut strukturiert präsentieren und Lernenden eine eher passive und rezeptive Rolle zugeschrieben wird, setzt der Einsatz kooperativer Lernmethoden ein neues Verständnis der Rollen voraus. Lernen wird als **aktiv-konstruktivistischer Prozess** betrachtet, und Lernende als Konstrukteure ihres eigenen Wissens. Was sie hierfür benötigen, sind geeignete Hilfestellungen durch die Lehrenden, die immer mehr zu Beratern für Lernprozesse werden (Reimann-Rothmeier & Mandl, 2001). Beide Rollen, die der Lernenden und der Lehrenden, sind zunächst unvertraut und daher nicht leicht auszufüllen.

Zwei viel beobachtete typische Fehler bei der Betreuung von Gruppenarbeit in der Schule auf Seiten der Lehrenden sind das „Reinplatzen" in die laufende Gruppenarbeit und das sich völlige „Raushalten" (Nürnberger Projektgruppe, 2001). Beides hat sich als eher ungünstig erwiesen. Grundsätzlich gilt, dass Lehrende bei einer guten Vorbereitung von Gruppenunterricht wenig Grund haben sollten in die laufende Gruppenarbeit einzugreifen. Im Gruppenunterricht können die Lernenden frei miteinander sprechen und interagieren ohne ständige Kontrolle der Lehrkraft. Nach dem Motto „gut geplant ist halb gewonnen" müssen Lehrende zwar viel Zeit in die Planungs- und Vorbereitungsphase investieren, sind dann aber dafür während der Gruppenarbeit frei, z.B. auch in pädagogische Arbeit zu investieren. Dies kann bedeuten, dass Tandems oder Gruppen, die Schwierigkeiten haben – sei es zum Beispiel, dass sie Begriffe nicht verstehen oder dass ihnen bei einer Textarbeit das Exzerpieren wesentlicher Gedanken schwer fällt – an den Gruppentischen gecoacht bzw. beraten werden. Kooperative Lernformen bieten also die Möglichkeit individueller Lernberatung, für die in lehrerzentrierten Unterrichtsformen kein Platz ist.

Auch für Lernende bedeutet der Einsatz kooperativer Lernformen eine Veränderung. Daher empfiehlt es sich, zunächst eher stärker strukturierte Verfahren einzusetzen, wie etwa die Partnerpuzzlemethode oder das Lerntempoduett und erst später komplexere Methoden, wie etwa die Kleingruppenprojekte. Außerdem kann es sinnvoll sein, wichtige interpersonale Fertigkeiten und Arbeitstechniken speziell zu trainieren, wenn sie nicht vorhanden sind und Regeln für die Zusammenarbeit einzuführen.

Unter **interpersonalen Fertigkeiten** versteht man zum Beispiel Gespräche so führen zu können, dass die Bedürfnisse anderer geachtet werden, oder konstruktiv mit Konflikten umgehen zu können. Diese Fertigkeiten können direkt geschult werden. So wurde etwa bei Elfjährigen nachgewiesen, dass sich schon ein zweistündiges Training über grundlegende Kommunikationsfertigkeiten wie
• einander zuhören,
• die Perspektive des anderen verstehen
• und positive Rückmeldung geben
in den Gruppen positiv auswirkte: die trainierten Gruppen waren kooperationsfähiger und tauschten sich intensiver aus als die nicht trainierten (Terwel, Gillies, Eeden & Hoek, 2001).

Auch das **Einüben sinnvoller Arbeitstechniken** kann zielführend für eine Zusammenarbeit sein, wie
• gestellte Aufgaben mit System angehen (Arbeit organisieren, Arbeitsplan aufstellen),
• unterschiedliche Informationsquellen (Texte, Tabellen, Schaubilder, Filme usw.) selbstständig auswerten,

- mit Wörterbüchern und Lexika effektiv umgehen,
- mit dem selbstständigen Umgang mit technischen Arbeitsgeräten (z. B. Videorecorder, Kassettenrecorder, Computer, Mikroskop) vertraut sein,
- Ergebnisse mündlich zusammenfassen, Wichtiges stichpunktartig festhalten
- und Arbeitsergebnisse im Hinblick auf die Auswertung der Gruppenarbeit anschaulich und abwechslungsreich darstellen (z. B. Protokoll, Rollenspiel, Skizzen, Tabellen, Bilder, Wandzeitung).

Die produktive Zusammenarbeit mit anderen setzt außerdem voraus, dass gewisse **Regeln und Normen** eingehalten werden. Dazu gehört beispielsweise, sich wechselseitig zuzuhören und zu unterstützen, alle einzubeziehen und andere Paare oder Gruppen nicht bei ihrer Arbeit zu stören. Je nach Alter, Kompetenzen und Vorerfahrungen der Lernenden kann es wichtig sein, solche Regeln im Vorfeld miteinander zu vereinbaren und gemeinsam festzulegen, wie bei Verstößen dagegen vorgegangen werden soll. Insbesondere, wenn die räumlichen Rahmenbedingungen ungünstig sind, kann Lautstärke in Schulklassen ein großes Problem für eine fruchtbare Zusammenarbeit darstellen. Dieses Problem lässt sich aber in den Griff bekommen, wenn man hier Regeln festlegt und positive bzw. negative Konsequenzen für die Einhaltung bzw. Nichteinhaltung vereinbart.

2. Lernumfeld

Das Lernumfeld, zu dem räumliche und zeitliche Rahmenbedingungen, aber auch die vorhandenen Materialien und die kollegiale Unterstützung und Vernetzung zählen, ist ein weiterer wichtiger Faktor für den effektiven Einsatz kooperativer Lernformen.

■ Räumliche Rahmenbedingungen

Optimal sind die Bedingungen für den Einsatz kooperativer Lernmethoden, wenn ausreichend große Räumlichkeiten zur Verfügung stehen, sodass sich die Lernenden gegenseitig nicht stören können. Außerdem sollten Tische und Stühle frei verschiebbar sein. Oft ist es auch vorteilhaft, wenn man sich für die Zusammenarbeit auf mehrere Räume verteilen kann. Die Realität – weniger in der Erwachsenenbildung als in der Schule – entspricht diesen Anforderungen häufig nicht, was allerdings kein Grund ist kooperative Lernformen nicht einzusetzen. Bei gutem Willen sollten ungünstige Rahmenbedingungen kein Hindernis sein. Ein notwendiges Verschieben der Tische und Stühle kann mit dem Kurs oder der Klasse vereinbart werden, sodass solche Aktionen nicht zu einem unnötigen Zeitverlust führen.

Dass der Lärmpegel bei Gruppenarbeit zunimmt, wenn in mehreren Gruppen gleichzeitig gesprochen wird, ist auch ganz selbstverständlich. Es hilft sicherlich, die Lautstärke auf ein erträgliches Maß zu beschränken, wenn sich die Lernenden an ein paar Regeln halten, wie etwa

- wir sprechen mit gedämpfter Stimme,
- wir rücken bei Gruppenarbeit ganz eng zusammen,
- die Gruppen sitzen möglichst weit voneinander entfernt.

■ Zeitliche Rahmenbedingungen

Auch die zeitlichen Rahmenbedingungen werden als Hinderungsgrund für kooperative Lernformen genannt. Im Vergleich zu den Zeitstrukturen in der Erwachsenenbildung, die organisatorisch häufig nicht im 45 bzw. 90 Minuten Takt zergliedert sind, ist dieses zeitliche Korsett jedoch gerade an weiterführenden Schulen zu berücksichtigen. Das heißt, die Lerneinheiten sind auf das begrenzte Zeitangebot hin zu planen oder aber über mehrere Einzelstunden hinweg aufzuteilen. Darüber hinaus sind natürlich auch schulinterne Regelungen möglich:

- So kann man versuchen beim Stundenplangestalter von vornherein für ein Schuljahr Doppelstunden zugeteilt zu bekommen.
- Lehrende können untereinander, soweit es der Stundenplan zulässt, Stunden austauschen.
- Lehrende, die in einer Klasse fächerübergreifend unterrichten wollen, lassen sich aufeinander folgende Stunden geben. So kann beispielsweise das Thema „Leben im Mittelalter" anhand von Textbausteinen bearbeitet werden, die dann für die Fächer Deutsch und Geschichte verwendet werden können.

Solche innerschulischen Möglichkeiten setzen natürlich voraus, dass Schulleitung und Kollegium kooperative Lernformen unterstützen. Selbstverständlich ist man auch in der Erwachsenenbildung auf gute Zusammenarbeit mit dem Träger bzw. der Leitung angewiesen.

■ Material

Ein vielfach vorgebrachter Hinderungsgrund für den Einsatz kooperativer Lernformen lautet: „Mir ist der Aufwand zu groß mein Material für Gruppenarbeit aufzubereiten" (siehe Kapitel 1). Tatsächlich mangelt es noch an Unterrichtsmaterialien, die für kooperative Lernformen geeignet sind. Unterrichtsmaterialien selbst zu erstellen oder mit weniger geeigneten Materialien zu improvisieren stellt oft einen erheblichen Zeitaufwand dar.

Eine Möglichkeit, hier Abhilfe zu schaffen, ist die **Kooperation mit anderen Personen.** Warum sollte eine gut projektierte Unterrichtssequenz nicht auch für andere brauchbar sein? Besonders günstig ist es, wenn man Kooperationspartner im Kollegenkreis findet, sodass man sich gegenseitig unterstützen und austauschen kann. Im Übrigen lässt sich eine einmal gut ausgeführte Sequenz auch in Folgejahren nutzen.

Regionale Lehrerfortbildungen ließen sich nutzen um hier einen kollegialen Austausch von Materialien zu organisieren. Durch die Verwendung des Internets und seiner kommunikativen Möglichkeiten ist es heute auch leichter möglich, sich über größere Distanzen auszutauschen.
Natürlich kann man sich auch überlegen, inwiefern man die Lernenden selbst in die Materialerstellung einbeziehen kann. Eine Möglichkeit, sich ein Wissensgebiet zu eigen zu machen, besteht darin, dafür Lernmaterialien zu erstellen. Um ein solches Vorhaben zu verwirklichen ist die Methode „Kleingruppenprojekte" geeignet. So könnten etwa Schüler für Schüler, Studierende für Schüler oder andere Studierende Materialien erstellen.

■ Kollegium und Organisation

Wie schon angesprochen, beeinflussen Kollegium und Organisation die Rahmenbedingungen für den erfolgreichen Einsatz kooperativer Lernmethoden wesentlich.

In Schule und Weiterbildungsorganisationen gibt es implizite und explizite Vorstellungen darüber, welche Rollen Lehrende und Lernende einzunehmen haben. Der Einsatz kooperativer Lernmethoden kann eine Veränderung solcher Vorstellungen notwendig machen. Dieser Schritt kann nicht von heute auf morgen gelingen, weder bei den Lehrenden noch bei den Lernenden, sondern muss langsam vonstatten gehen und verläuft sicherlich auch nicht ohne Reibungsverluste, Widerstände und Unsicherheiten (A. Huber, 2003). Damit ein solcher Wandel gelingen kann, ist es wichtig, sich mit anderen zusammenzuschließen.

Besonders günstig sind die Aussichten, wenn die Organisation selbst den Willen zu einem solchen Wandel bekundet, indem etwa interne Entwicklungsprojekte angestoßen werden (siehe McLaughlin, 1976). Ist dies nicht der Fall, dann ist es hilfreich, wenn sich diejenigen Kolleginnen und Kollegen zusammentun, die an einem Wandel interessiert sind, um sich zum Beispiel die notwendige Unterstützung bei der Materialerstellung oder bei auftretenden Schwierigkeiten zu geben (Schmidt, 2001; A. Huber, 2001).

3. Einführungsphase beim Einsatz kooperativer Lernmethoden

Aufgabe der Einführungsphase ist es, Transparenz zu schaffen und die Lernenden über Inhalte und Ziele der Lerneinheit zu informieren. Dies kann auf verschiedene Weise geschehen: Bei den Kleingruppenprojekten wird in der Regel nur ein allgemeines Thema vorgegeben, bei dem die Lernenden dann selbst bestimmen, welche Aspekte sie näher interessieren, während andere Methoden häufig eingesetzt werden, um vorher festgelegte Inhalte und Ziele zu vermitteln. Eine Möglichkeit, um den Lernenden die Verknüpfung des neuen Wissens mit dem eigenen Vorwissen zu erleichtern und aufzuzeigen, wie das vermittelte Wissen in sich strukturiert ist, stellt der Einsatz eines Advance Organizers dar. Ein Advance Organizer ist eine vorausgehende Lernhilfe, die die zu vermittelnden Inhalte in ihrem fachlogischen Zusammenhang möglichst anschaulich mit Hilfe von Tafel, Folien oder Flip-Chart präsentiert. Dabei ist es sinnvoll, von einer Problemstellung auszugehen und Visualisierungen zu verwenden (Wahl u. a., 1995). Auch ein Fallbeispiel, das im Anschluss an die kooperative Zusammenarbeit gelöst werden soll, kann ein sinnvoller Aufhänger für eine Zusammenarbeit sein. In jedem Fall müssen die Lernenden erfahren, welche Ziele mit ihrer Zusammenarbeit verfolgt werden sollen und welche Inhalte dabei bearbeitet werden sollen.

4. Gelenkstellen beim Einsatz kooperativer Lernmethoden

Gelenkstellen sind alle Übergänge von einer Lernphase zur anderen. Diese Übergänge können zu viel Unruhe, Unmut und Zeitverlusten führen, wenn sie nicht wohl überlegt und geplant sind.

Eine erste wichtige Gelenkstelle stellt die Einteilung der Gruppen oder Paare dar. Daneben gilt es, sich Gedanken zu machen, wie man die Lernenden über das Vorgehen beim Lernen informiert. Schlussendlich müssen Lerntempounterschiede unbedingt berücksichtigt werden.

■ **Wie bilde ich die Gruppen?**
In der Literatur werden unterschiedliche Kriterien für Gruppenbildung und -zusammensetzung diskutiert:

• **Gruppenbildung durch Lernende oder aber Lehrende**
Eine Möglichkeit besteht darin, die Gruppen sich selbst nach eigenen Vorstellungen, wie etwa Freundschaft, Sympathie, Interesse oder Neigungen bilden zu lassen. Dies entspricht einerseits elementaren Zielsetzungen des Gruppenunterrichts wie Selbst-

tätigkeit, Eigenverantwortlichkeit und Selbstständigkeit, kann aber in der Schule zu Ausgrenzungen führen. Es besteht die Gefahr, dass die Entscheidungsfindung lange dauert und eventuell Außenseiter übrig bleiben. Diese Gefahr ist in der Erwachsenenbildung weniger gegeben. Hier kann ein Suchkriterium auch lauten, mit einer Person zusammenzuarbeiten, mit der man bisher noch nichts zu tun hatte. Eine andere Möglichkeit besteht darin, dass man die Gruppen selbst bildet, entweder nach didaktischen und pädagogischen Richtlinien unter Berücksichtigung der Individuallage der Lernenden oder aber per Zufall, z. B. durch Abzählen. Keinesfalls sollten in der Schule Kinder in eine Gruppe zusammengezwungen werden, die sich nicht leiden können. Allerdings sollte auch ganz klar sein, dass grundsätzlich erwartet wird, dass jede Person mit jeder zusammenarbeitet.

• **Geschlechterverteilung**
Ergebnisse von Webb (1991) zeigen, dass sich Gruppen mit ausgewogener Geschlechterverteilung am intensivsten untereinander austauschen. Doch muss eine ungleiche Geschlechterverteilung nicht automatisch zu der vorschnellen Annahme führen, dass das überrepräsentierte Geschlecht förmlich dominiert. Es konnten Gruppenmitglieder beobachtet werden, die von Gruppenarbeit allein dadurch profitierten, dass sie die Gruppendiskussionen aufmerksam verfolgten, allerdings nur unter der Voraussetzung, dass die Diskussion systematisch und klar verständlich verlief (Webb, 1991). Freilich ist dieser Punkt auch altersspezifisch zu sehen. Als Faustregel mag gelten: Je jünger die Kinder, desto eher sind geschlechtshomogene Gruppen sinnvoll.

• **Leistungsheterogene oder -homogene Zusammensetzung**
In der Schule steht die Leistung im Vordergrund. Deshalb ist hier eine viel diskutierte Frage, ob Gruppen eher homogen oder eher heterogen zusammengesetzt sein sollten. Aus der Fülle an Einzelbefunden lässt sich zusammenfassend sagen, dass in kooperativen Lernsituationen je nach Leistungsfähigkeit der einzelnen Gruppenmitglieder sowohl homogene als auch heterogene Gruppen günstige Ergebnisse erbringen können. Ausnahme ist die Gruppenrallye, bei der besonders zu Übungs- und Wiederholungszwecken leistungsheterogene Gruppen gebildet werden. Insgesamt betrachtet sind die Ergebnisse nicht so klar, wie man es sich wünschen würde.

• **Gruppengröße**
Die Gruppengröße sollte vom Alter, von Zielen, von Inhalten, von Arbeitsmitteln und von Platzverhältnissen abhängig gemacht werden. Lerngruppen müssen so groß sein, dass die notwendige Vielfalt an Fähigkeiten, Kenntnissen usw. vertreten ist. Die Gruppen müssen aber auch klein genug sein, um allen Mitgliedern die Möglichkeit zu bieten, sich aktiv am Lernprozess zu beteiligen. Als Faustregel mag sowohl für

die Schule als auch Erwachsenenbildung eine Gruppengröße von drei bis vier Teilnehmern gelten. Allerdings können besondere Bedingungen die Zusammenstellung noch kleinerer Gruppen erfordern: Wenn die Lerner noch sehr jung sind oder wenn sie noch kaum Erfahrungen in der Gruppenarbeit haben, können Paare effektiver sein. Auch dann, wenn es eher um Wissenserwerb und weniger um Problemlösungen geht, können gerade Paare effektiv sein. Hier haben die Teilnehmenden mehr Möglichkeiten sich selbst aktiv einzubringen.

Unabhängig davon, für welche Gruppenzusammensetzung oder Gruppengröße Sie sich entscheiden, wichtig ist in jedem Fall, dass die Zusammenarbeit immer wieder reflektiert wird und Verbesserungsmöglichkeiten gefunden werden. Wenn das nicht hilft, können Gruppenzusammensetzungen auch verändert werden. Die Zusammensetzung von Paaren und Gruppen sollte in jedem Fall von Zeit zu Zeit verändert werden, damit man lernt auch mit unterschiedlichen Personen zusammenzuarbeiten.

■ Wie informiere ich über das Vorgehen beim Lernen?

Was die Lernenden in den unterschiedliche Lernphasen jeweils tun sollen und wie lange die Lernphasen dauern, sollte nicht nur mündlich erläutert, sondern auf jeden Fall auch **schriftlich** vorgegeben werden. Die Arbeitsaufträge sind häufig so komplex, dass nicht alle Schritte von den Lernenden behalten werden können. Anhand einer schriftlichen Instruktion haben sie dann die Möglichkeit nochmals nachzulesen und gegebenenfalls nachzufragen. Bei Schülerinnen und Schülern ist es ganz besonders wichtig, sich zu versichern, ob die Instruktionen auch verstanden wurden – indem man etwa einzelne Schülerinnen oder Schüler das Vorgehen nochmals erklären bzw. vormachen lässt oder geeignete Fragen stellt.

Neben der Beschreibung über das Vorgehen bei der Zusammenarbeit ist es auch wichtig, den **Zeitrahmen** festzulegen, der den Lernenden zur Verfügung steht, damit diese wissen, wann sie spätestens fertig sein sollen. Hilfreich kann es sein, wenn die Lernenden in ihrer Gruppe eine Person bestimmen, die darauf achtet, dass der Zeitrahmen eingehalten wird. Auch die Lehrenden können auf die Einhaltung des Zeitrahmens achten und eingreifen, wenn sie den Eindruck haben, dass es in einer Gruppe Probleme gibt oder sich der festgelegte Zeitrahmen insgesamt als unrealistisch erweist und verändert werden muss. Kurz bevor die Zusammenarbeit insgesamt abgeschlossen ist oder ein Partner- bzw. Gruppenwechsel erfolgen soll, geht die Lehrperson herum und kündigt dies an, damit die letzten Schritte noch beendet werden können.

■ Wie können Lerntempounterschiede berücksichtigt werden?

Grundsätzlich ist der zeitliche Takt im Gruppenunterricht ein anderer als beim Frontalunterricht, der dort stets von der Lehrkraft vorgegeben wird. Wenn die einzelnen

Gruppenmitglieder wirklich selbstbestimmt arbeiten dürfen, dann ist es ganz normal, dass sich die Gruppen in ihrem Arbeitstempo unterscheiden. Dies heißt für die Arbeit der Lehrkraft, dass Zusatzarbeiten einzuplanen sind. Dies kann aber auch heißen, dass fertige Gruppen mit zeitlichen Vergünstigungen belohnt werden können. Beide Folgerungen sind nicht unproblematisch:

- **Zusatzaufgaben** sollten keinen bestrafenden Charakter haben, nach dem Motto, weil eine Gruppe zügig und zielführend gearbeitet hat, darf sie auch noch ein Zusatzpensum absolvieren. Diese Zusatzration muss anders begründet sein. Beispielsweise darf eine Gruppe erst eine Internetsuche starten, nachdem sie sich Grundlagen erarbeitet hat.
- **Zeitliche Begünstigungen** in Aussicht zu stellen, kann natürlich auch die Qualität der Bearbeitung beeinträchtigen. Im schulischen Kontext kann es eigentlich nie um ein vorzeitiges Beenden der Schulstunden gehen, schon eher darum, dass man fertigen Gruppen zugesteht bereits mit den Hausaufgaben beginnen zu dürfen.

5. Abschluss bei kooperativen Lernmethoden

Nach der Zusammenarbeit in Paaren und Gruppen müssen die unterschiedlichen Erfahrungen der Lernenden wieder zusammengeführt werden. Möglichkeiten dazu werden im Weiteren aufgeführt. Die Lernenden sollten bereits im Vorfeld darüber informiert sein, wie dieser Abschluss aussehen wird. Grundsätzlich kann man dabei einen inhaltlichen von einem prozessorientierten Abschluss unterscheiden. Auch über die Bewertung von Lernergebnissen muss man sich Gedanken machen.

■ Inhaltlicher Abschluss
Inhaltlich kann eine Methode abgeschlossen werden, indem man
- offene Fragen sammelt und bespricht,
- Lernlücken identifiziert und schließt,
- den Lernerfolg überprüft, indem man beispielsweise einen Test einsetzt, die Ampelmethode verwendet (Aussagen zum Lernstoff werden vorgegeben und die Lernenden müssen durch Hochheben einer farbigen Karte anzeigen, was sie von der Aussage halten, z. B.: rot = falsch, gelb = weiß nicht, grün = richtig) oder Lernergebnisse präsentieren lässt,
- das Gelernte in einen größeren Zusammenhang einordnet, beispielsweise dadurch, dass man den Advance Organizer vom Anfang nochmals bespricht oder von den Gruppen selbst erstellte Struktur-Bilder vergleicht (Struktur-Bilder entstehen, indem die Lernenden Begriffskärtchen zum Lernstoff in eine für sie sinnvolle Struktur legen),

- ein Fallbeispiel bearbeitet,
- Transferaufgaben stellt, die im eigenen Alltag umgesetzt werden sollen,
- eine Entscheidungssituation präsentiert, die nun gelöst werden kann,
- oder zu einem weiteren, ähnlichen Thema überleitet.

■ Prozessorientierter Abschluss

Gutte (1976) schreibt: „Lernen in Gruppen lernt man am besten, indem man in Gruppen lernt und gleichzeitig das Gruppenlernen selbst zum Gegenstand des Lernens macht" (S. 104). Neben dem Prinzip des „Learning by doing" misst Gutte auch der anschließenden **Reflexionsphase** Bedeutung bei. Gerade im Anfangsstadium von Gruppenarbeit ist es besonders wichtig, über Vorgehensweisen und Probleme der einzelnen Gruppen im Plenum zu sprechen, sodass ein fruchtbarer Erfahrungsaustausch einsetzen kann. Nur so können mögliche Schwachstellen identifiziert und behoben werden. Die Gruppenmitglieder lernen hier, wie man in Paaren und Gruppen mit Konflikten umgehen kann, die natürlicherweise auftreten. Einsetzen kann man hier beispielsweise:
- Blitzlichtrunden
- Fragebögen mit Feedbackskalen
- Skalen, bei denen Punkte auf Flip-Chart bzw. Tafel geklebt bzw. gemalt werden (z. B. Thermometer von „gut gefallen" bis „gar nicht gefallen").

Eppler, Winter und Huber, G. (1986) ließen beim Modell des Gruppenpuzzles die Gruppenmitglieder regelmäßig am Ende jeder Schulstunde den Gruppenprozess einschätzen. Die Auswertung der Ergebnisse jeder Gruppe erfolgte bis zum nächsten Gruppenpuzzle, sodass jede Gruppe bei einer neuen Gruppenarbeit Rückmeldung über den Interaktionsprozess der vergangenen erhielt. In einem Zeitraum von ca. 10 Wochen konnte bei zwei Stunden Gruppenarbeit pro Woche das soziale Klima hochsignifikant verbessert werden.

■ Bewertung

Veränderte Formen des Lernens bedürfen **neuer Formen des Bewertens.** So gibt es durchaus schon neue Ansätze, wie z. B. in Baden-Württemberg die Projektprüfungen in der Hauptschule. Da Noten weitgehend individuell erteilt werden müssen, d. h. eine erbrachte Leistung jedem einzelnen Lernenden zurechenbar sein muss, besteht eine grundsätzliche Schwierigkeit bei der Bewertung von Partner- und Gruppenmethoden. Eine Lösung, wie Gruppenleistungen in die Individualnote jedes Einzelnen integrierbar sind, liegt in der Konzeption eines „Portfolios" (Herold & Landherr, 2001). Ein Portfolio ist hier ein persönliches Nachweisheft für die individuell erbrachten Leistungen eines Lernenden im Laufe von Gruppenmethoden. Es enthält alle für den Lernenden wichtigen Daten, die seine Leistung, sein Engagement und seine Kompetenzen dokumentieren. Zwar wird es vom Lernenden eigenverantwortlich geführt, doch sollte es gleichsam als Korrektiv auch in der Gruppe offen besprochen werden. Beispielsweise beurteilt der Lernende seinen individuellen Einsatz bei dem Einbringen von Lösungsvorschlägen in der Gruppe, oder er hält fest, wie er mit Kritik umgegangen ist, oder er dokumentiert, welche besondere Aufgabe er in der Gruppe wahrgenommen hat. Durch eine mitzuliefernde Begründung ist der Lernende gleichsam gezwungen seine Wertung genau zu überlegen. Ein in dieser Weise geführtes persönliches Nachweisheft kann zwar nicht als Ersatz für das amtliche Zeugnis verwendet werden, ist aber als Grundlage für die Notenfindung bei Lernleistungen geeignet. Außerdem ist es für den Lernenden eine Möglichkeit, persönliche Qualifikationen, z.B. bei Bewerbungsgesprächen, zu präsentieren.

3. Strukturierte Anleitungen zu verschiedenen Partner- und Gruppenarbeitsmethoden

Steckbrief Traditionelle Partner- und Gruppenarbeit (Ludwig Haag)

1. Wie läuft die Methode ab?

Phasen des Gruppenunterrichts: drei Hauptphasen mit zwei kritischen Schnittstellen

(1) Arbeits-auftrag	Verständnis-sicherung	(2) Gruppen-arbeit	Beendigung der Gruppen-arbeit	(3) Auswer-tung
(Die Lehrkraft achtet auf Präzision und Verständlich-keit.)	(Die Lehrkraft vergewissert sich bei den Schülern, ob sie auch wis-sen, was sie zu tun haben.)	(Die Lehrkraft zieht sich mög-lichst aus den Gruppen zu-rück.)	(Die Lehrkraft achtet darauf, dass die einzel-nen Gruppen zu einem gewissen Abschluss kommen.)	(Die Lehrkraft führt die Ergebnisse abwechs-lungsreich zusammen.)

Die Klasse wird vorübergehend in Gruppen aufgeteilt, die von der Lehrkraft einzelne Aufgaben erhalten. Dabei handelt es sich um eher kürzere Gruppensequenzen. An-schließend werden die Ergebnisse wieder im Plenum zusammengeführt und von der Lehrkraft in den Unterrichtsablauf integriert. Diese „Kleinform" kann man als Türöffner für weitergehende Gruppenarbeitsformen ansehen.

2. Warum ist die Methode wirksam?

Partner- und Gruppenarbeit sind traditio-nellerweise im deutschen Schulsystem zwei gängige Sozialformen des Unter-richts.
Diese Formen sind gerade in Deutschland unter dem Aspekt einer kommunikativen Didaktik für die Erreichung des Bildungs-zieles soziales Lernen eingeführt und ge-pflegt worden.

3. Wo setze ich die Methode ein?

Diese Form ist prinzipiell in jeder Phase des Unterrichtsverlaufs einsetzbar. Es ist zu unterscheiden zwischen themenglei-cher vs. themendifferenzierter Gruppen-arbeit und arbeitsgleicher vs. arbeitstei-liger. Bei dieser Organisationsform ist die Gefahr eines Trittbrettfahrers nicht auszu-schließen.

3.1 Traditionelle Partner- und Gruppenarbeit – neu betrachtet

Ludwig Haag

1. Wie läuft die Partner- und Gruppenarbeit ab?

■ Begriffsexplikation

Häufig wird die Partnerarbeit als einfachere kooperative Lernform zur Hinführung für die kompliziertere Form der Gruppenarbeit vorgeschlagen. „Partnerarbeit ist schon mit Schulanfängern durchzuführen. Darüber hinaus eignet sich die Kooperation zwischen Paaren von Schülern gut für die Einführung des kooperativen Lernens in größeren Gruppen" (G. Huber, 1991, S. 167). Meyer (1987, S. 256) meint dagegen hierzu: „Die in der Literatur immer wieder aufgestellte These, die Partnerarbeit sei eine unmittelbare Vorbereitung auf die Gruppenarbeit, ist allerdings empirisch kaum zu belegen! Fast immer handelt es sich nur um eine bloße Variation der Einzelarbeit!". Dieser Argumentation kann hier nicht gefolgt werden.

Zum einen unterscheidet sich Partnerarbeit deutlich von der Einzelarbeit: Diese besteht aus einer zweipoligen Interaktionsform. Lerner setzen sich allein mit dem Lerngegenstand auseinander, während Partnerarbeit aus einer dreipoligen Interaktionsform besteht (vgl. Winkel, 1987).

Einzelarbeit		Partnerarbeit
zweipolige	Interaktionsformen	dreipolige
Stoff — Lerner		Stoff — Lerner
		Lerner

Abbildung 1: Interaktionsformen bei Einzel- und Partnerarbeit

Zum andern konnte beobachtet werden, dass Lehrkräfte die Klasse – offenbar aus organisatorischen Gründen – in Vierergruppen und auch Paare aufteilten und diese Paare sich ähnlich mit dem Stoff auseinander setzen wie Vierergruppen (Dann, Diegritz & Rosenbusch, 1999).

Die folgenden Ausführungen beziehen sich auf den traditionellen Gruppenunterricht, doch was hierüber ausgeführt wird, ist also im Prinzip auch auf die Partnerarbeit übertragbar.

Bei dieser Sozialform des Unterrichts wird der Klassenverband zeitlich begrenzt in Kleingruppen aufgeteilt, die selbstständig mehr oder weniger festgelegte Themen oder Aufgaben bearbeiten und deren Arbeitsergebnisse in weiteren Phasen des Unterrichts im Klassenverband nutzbar gemacht werden können (Dann et al., 1999). Es geht hier um vergleichsweise kurze Gruppenarbeitssequenzen, die in den Frontalunterricht eingebettet sind.

■ Phasen des Gruppenunterrichts

Der hier vorgestellte sogenannte traditionelle Gruppenunterricht läuft in den drei Hauptphasen des Arbeitsauftrags, der eigentlichen Gruppenarbeit und der Auswertung ab. Dabei konnten in empirischen Analysen zwei kritische Schnittstellen identifiziert werden, die Verständnissicherung und Beendigung der Gruppenarbeit (Dann et al., 1999):

Arbeitsauftrag	Verständnis-sicherung	**Gruppenarbeit**	Beendigung der Gruppenarbeit	**Auswertung**

Abbildung 2: Phasen des Gruppenunterrichts

Die Phase des **Arbeitsauftrags** ist in der Regel die kürzeste. Nachdem im Unterricht zum Thema hingeführt wurde, macht die Lehrkraft nun Vorgaben, was in den Arbeitsgruppen geschehen soll. Um Unklarheiten in der sich anschließenden Gruppenarbeit vorzubeugen, sollte der Arbeitsauftrag idealer Weise mündlich und schriftlich erteilt werden. Außerdem ist es sinnvoll, nach der Erteilung des Arbeitsauftrags eine explizite Verständnissicherung, eine erste kritische Schnittstelle, vorzunehmen, d. h. die Lehrkraft vergewissert sich beispielsweise über Nachfragen oder in die Klasse Schauen, ob der Arbeitsauftrag auch wirklich verstanden ist.

Die zentrale Phase der **Gruppenarbeit** ist normalerweise die längste. Hier sollen die Lernenden eigenständig in Gruppen arbeiten. Gegen Ende folgt eine zweite kritische Schnittstelle, die Beendigung der Gruppenarbeit. Während einige Gruppen noch arbeiten, sind andere bereits fertig. Hier ist es sinnvoll, Zusatzaufgaben bereitzustellen.

In der Phase der **Auswertung** führt die Lehrkraft die in den Gruppen geleistete Arbeit im Klassenplenum zusammen, möglicherweise sichert sie auch die Ergebnisse und leitet zum nächsten Unterrichtsabschnitt über.

■ Empfehlungen

Traditioneller Gruppenunterricht – eigentlich ein ganz einfaches Vorgehen, und doch, so die Beobachtung, lässt sich diese Form nicht beiläufig erfolgreich praktizieren. Im Folgenden sollen Elemente gelingenden Gruppenunterrichts auf Lehrerseite aufgezeigt werden:

Weniger Kontrolle, mehr Eigenverantwortlichkeit!

Befragungen bei den Lehrkräften ergaben, dass sie alle in irgendeiner Form mit dem Grundkonflikt zu kämpfen haben, einerseits die Selbstständigkeit der Schüler fördern zu wollen, aber andererseits das Geschehen während der Gruppenarbeit unter Kontrolle behalten zu müssen (Haag, Hanffstengel & Dann, 2001). Konkret geht es darum, inwieweit die Lehrkräfte Mitarbeit, Disziplin und Ergebnisse in den Schülergruppen kontrollieren sollen, „dass Ruhe ist und was Gescheites gearbeitet wird", so ein Originalton. Ähnlich kreist in der Auswertungsphase der Hauptkonflikt um die Frage, wie weit die Lehrkräfte ihre eigenen Vorstellungen von Ergebnispräsentation und Diskussionsablauf verwirklichen sollen bzw. wie weit sie dies den Schülerinnen und Schülern überlassen sollen.

Geraten Lehrkräfte mit einer gewissen Zwangsläufigkeit in solche Konflikte, ist dies eine mögliche Erklärung dafür, dass diese Sozialform im Schulalltag so selten eingesetzt wird. Auch zeigen die Befunde, dass je mehr eine Lehrkraft unter solchen Konflikten leidet, desto schlechter die Qualität des Gruppenunterrichts ausfällt. In einer solchen Situation muss die Rolle der Lehrkraft unklar bleiben, was sich natürlich auch auf die Interaktion in der Gruppe auswirkt.

Wie können Sie als Lehrkraft damit umgehen? Dies ist eine heikle Frage, da doch die Gefahr besteht, die Lösung in neuen Sollvorstellungen zu suchen, was ja gerade kontraproduktiv wäre. Sinnvoll dürfte es sein, dass Sie sich über Ihre eigenen pädagogischen Ziele klar werden, wie viel Eingreifen Sie für notwendig und sinnvoll erachten. Ein Reflexionsprozess im Austausch mit Kolleginnen und Kollegen wäre ein erster Ansatz, zu einem eigenen Standpunkt zu finden. Am Ende des Buches wird auf die Frage der Implementierung näher eingegangen (Kapitel 6).

Auf die Arbeitsaufträge kommt es an!

Verständliche und präzise Arbeitsaufträge machen häufig Lehrerinterventionen überflüssig, vor allem wenn auf die bereits erwähnte erste Schnittstelle der Verständnissicherung geachtet wird. Sorgen Sie wirklich vor der eigentlichen Gruppenarbeit dafür, dass die Gruppen wissen, was zu tun ist!

Da bei dem hier beschriebenen Gruppenunterricht Kooperation an sich zunächst nicht nötig ist – es ist gut vorstellbar, dass ein Gruppenmitglied die Arbeit für alle „mitmacht" –, ist umso mehr darauf zu achten, dass ein gewisser Kooperationszwang vom Arbeitsauftrag ausgeht. Den Arbeitsauftrag sollten Sie so formulieren, dass er die Gruppe explizit zu zweckmäßiger Kooperation veranlasst. In jedem Fall muss die Aufgabe so beschaffen sein, dass sie in Gruppenarbeit sinnvoller als in irgendeiner anderen Sozialform bewältigt werden kann. Also: Arbeitsaufträge, die beispielsweise auch in Einzelarbeit geleistet werden können, sind keine Arbeitsaufträge für Gruppenarbeit.

Funktionsrollen müssen geregelt sein!

Der Beginn einer Gruppenarbeit wird wesentlich erleichtert, wenn vorab die Verteilung der Funktionsrollen geregelt ist, beispielsweise wer Gruppensprecher, Gruppenschreiber oder Zeitwächter sein soll. Wenn dies eine Klasse oder einzelne Gruppen nicht in Eigenregie regeln können, sollten Sie als Lehrkraft hierfür Sorge tragen. Beispielsweise können in einer Gruppe turnusmäßig Rollen wechseln. Umgekehrt konnten Schwierigkeiten während der Gruppenarbeit dann beobachtet werden, wenn sich die Gruppe nicht einig war.

Sollte eine unklare Funktionsrollenverteilung ein Zeichen für wenig ausgeprägte Beziehungen zwischen den Gruppenmitgliedern sein, dann sollte dies als Anlass für ein klärendes Gespräch zu einem anderen Zeitpunkt als in der Gruppenarbeit genommen werden.

So wenig Eingreifen wie nötig!

Wie schon oben gezeigt, fällt es Lehrkräften ausgesprochen schwer, sich während der Gruppenarbeit zurückzuhalten.

Grundsätzlich bedeutet ein Eingreifen während der Gruppenarbeit eine Unterbrechung der Intragruppenkommunikation durch die Lehrkraft. Wenn man den Schülerinnen und Schülern Gruppenarbeit zutraut, darf es eigentlich der Lehrkraft nicht darum gehen, in den einzelnen Gruppen eigene Vorstellungen über die Aufgabenbearbeitung durchzusetzen. Lehrkräfte meinen es gut, wenn sie von Tisch zu Tisch gehen und vielleicht sogar noch neue Impulse in die Gruppe tragen. Allzu leicht passiert es, dass sie sich nicht am aktuellen Diskussionsstand in der Gruppe orientieren, sondern eher „hineinplatzen" und neue Gedanken vortragen, was, so Beobachtungen, nicht selten zu Desorientierungen in den Gruppen und anschließenden „Abstürzen" bei der Arbeitshaltung führt.

Wenn Sie sich als Lehrkraft um einen klaren Arbeitsauftrag kümmern, sollte es zunächst für Sie keinen Grund geben, von sich aus ohne Aufforderung durch die Gruppe ins Gruppengeschehen einzugreifen. Eine auch mehrfach beobachtete Intervention an die ganze Klasse sollte nur in äußersten Notfällen angewendet werden!

Und wenn eine Lehrkraft an einen Gruppentisch gerufen wird, sollte sie sich überlegen, ob die Gruppe beispielsweise eine an sie gerichtete Frage nicht durch einen Hilfsimpuls selbst lösen kann. Durch vorschnelles Eingreifen kann eine Lehrkraft den Schülern allzu leicht das eigenständige Nachdenken abnehmen! Wenn es freilich nötig ist, kann eine Lehrkraft auch mit einer Gruppe intensiv weiterarbeiten.

Ein genereller Rat für die Lehrkraft mag hier lauten, sich nach dem Erteilen des Arbeitsauftrags bewusst zurückzuziehen, um die Schüler erst gar nicht in Versuchung zu bringen, die Hilfe der Lehrkraft in Anspruch zu nehmen.

Bei der Präsentation der Ergebnisse nur keine Monotonie!
Schon bei der Planung des Arbeitsauftrag können die Symbolisierungsformen in der Auswertungsphase mitbedacht werden. Die Gruppen selbst sollen animiert werden, sich sinnvolle Varianten zu überlegen. Dies können beispielsweise sein:
• freier Vortrag
• Referat mit Notizen (evtl. durch Folien unterstützt)
• Varianten von Spielen: Szenisches Spiel, Rollenspiel, Puppenspiel, Pantomime
• Grafiken, Tabellen
• Bilder, Zeichnungen, Skizzen
• Wandzeichnung
• Musikalischer Vortrag

Im Folgenden sollen vier besonders aktivierende Formen näher dargestellt werden:

• **Fish-Bowl**
   Ähnlich wie in einem Aquarium (Fishbowl) sitzen die Gruppensprecher in einem Innenkreis in der Mitte des Klassenzimmers. Die Lehrkraft oder ein Schüler leitet und moderiert die Diskussion. Wer zu Äußerungen eines Gruppensprechers etwas aus seiner Gruppe ergänzen möchte, kann sich direkt an den Vorredner anschließen.
   Zusätzlich wird noch ein freier Stuhl in den Innenkreis gestellt. Die übrige Klasse verfolgt im Außenkreis die Diskussion. Diese Teilnehmer können sich an der Diskussion beteiligen, indem sie sich auf den freien Stuhl setzen und ihren Redebeitrag vorbringen. Anschließend gehen sie wieder in den Außenkreis zurück.

• **Galeriemethode**
   Die Lernplakate, Mind-Maps oder Gruppenprodukte werden an der Wand aufgehängt. Die Klasse begutachtet wie in einer Galerie die Ergebnisse und notiert sich Anmerkungen oder schreibt sie gleich auf ein vorbereitetes Plakat daneben.

• **Stafettenpräsentation**
Die erste Arbeitsgruppe präsentiert und erläutert ihr Ergebnis. Arbeitsgruppe zwei geht zuerst kurz auf das Ergebnis von Gruppe eins ein. Was hat beeindruckt, was ist gut gelungen? Hat Gruppe eins andere Schwerpunkte gesetzt als die eigene Gruppe? Erst danach wird die eigene Lösung präsentiert. Die nächste Gruppe verfährt genauso.

• **Plenumsentscheidung**
Die Gruppen tragen ihre Ergebnisse im Plenum vor, sei es der Reihe nach oder auch in gegenseitiger Ergänzung. Eine Musterlösung oder endgültige Entscheidung wird dann im Plenum gemeinsam überdacht.

Enthält der Arbeitsauftrag verschiedene Teilaspekte, kann man diese sinnvollerweise von unterschiedlichen Gruppen abrufen lassen.
Bei differenziert gestellten Aufgaben sollen themenähnliche Bearbeitungen zeitlich aufeinander folgen.

Als Lehrkraft sollten Sie wohl Fehler ansprechen, ohne jedoch die ganze Präsentation zu bestimmen, sie unnötigerweise zu unterbrechen oder zu zerreden.

Ihre Hauptaufgabe als Lehrkraft könnte darin bestehen, die einzelnen Ergebnisse wieder in den Unterricht zu integrieren und dafür Sorge zu tragen, dass sie dort auch gesichert werden.

2. Warum ist die Partner- und Gruppenarbeit wirksam?

Partner- und Gruppenarbeit sind traditionellerweise im deutschen Schulsystem zwei der vier gängigen Sozialformen des Unterrichts (neben Frontalunterricht und Einzelarbeit). Deshalb dürfte der hier vorgestellte Typ von Gruppenunterricht unter den derzeitigen Rahmenbedingungen von Unterricht eine durchaus sehr häufig praktizierte Form bei den Lehrkräften sein. Im Gegensatz zu den anderen hier vorgestellten Methoden ist diese Form dem kollaborativen Lernen zuzuordnen, einer von außen höchstens minimal strukturierten Gruppenmethode (Perrez, G. Huber & Geißler, 2001).

Hier soll eine Begründung für den Einsatz von Partnerarbeit angeführt werden. Es leuchtet wohl ein, dass es wenig Sinn macht, themendifferenzierte und/oder arbeitsteilige Aufgaben in Partnerarbeit zu erledigen. Dies würde eine Zusammenführung der Ergebnisse bei einer Klasse mit normaler Größe schier unmöglich machen. Also ergibt Partnerarbeit dann besonders Sinn, wenn eine Lehrkraft möchte, dass sich zunächst möglichst viele Lerner intensiv und selbsttätig mit dem Stoff auseinander setzen. Dabei kann dem Unterrichtsprinzip der Individualisierung gut entsprochen werden. Soll beispielsweise im Fremdsprachenunterricht ein Text übersetzt werden, kann die Lehrkraft der Klasse, in vorliegendem Fall den beiden Tischnachbarn, zehn Minuten Zeit geben um sich mit dem Text zu beschäftigen. Wird anschließend der Text gemeinsam im Klassenverband bearbeitet, so ist es zunächst ohne Bedeutung, wie weit jedes Partnerteam gekommen ist.

3. Wo setze ich die Partner- und Gruppenarbeit ein?

Abfolge im Unterricht

Hier geht es um die Frage, in welchem funktionellen Zusammenhang Gruppenunterricht innerhalb des Unterrichtsgeschehens angesiedelt ist. Prinzipiell können Sie diese Art von Gruppenunterricht in jeder Phase des Unterrichtsverlaufs einsetzen.

Die empirischen Erhebungen haben gezeigt, dass im traditionellen Gruppenunterricht die Aufgabenorientierung unter den einzelnen Gruppenmitgliedern und damit in der Gesamtgruppe besonders hoch ist, wenn Transfer als Lernziel angestrebt wird. Und diese Konzentration auf den Gegenstand hält auch in erhöhtem Maße in der Auswertungsphase an.

Dadurch dass diese Methode in den Frontalunterricht eingebettet ist, d.h. sie geht aus ihm hervor und mündet wieder in ihn ein, eignet sich diese Methode am wenigsten zur Einführung in ein neues Themengebiet. Doch lässt sie sich sehr gut mit der Einführung von neuem Lehrstoff durch die Lehrkraft koppeln: Die Lehrkraft stellt neuen Stoff vor, der dann in Gruppenarbeit vertieft werden kann, eine elegante Form der Anwendung des Sandwich-Prinzips.

Aufgabe

Sollen alle Gruppen dieselben Aufgaben bekommen, ist eine viel diskutierte Frage. Doch eine in dieser Weise gestellte Frage ist eigentlich unpräzise gestellt. Da gleiche Themen bzw. Lerninhalte nicht dasselbe sind wie gleiche Arbeiten oder Handlungen, sollte man klar trennen zwischen themengleicher vs. themendifferenzierter Gruppenarbeit und arbeitsgleicher vs. arbeitsteiliger. In jedem Fall sollten Sie Aufgaben wählen, die dem Leistungsstand und Können der Schüler angemessen sind!

Partnerarbeit macht besonders Sinn bei themen- und arbeitsgleichen Aufgaben. Die Lehrkraft möchte den Frontalunterricht kurz unterbrechen (also auch kein großes Stühle rücken), damit sich die Tischnachbarn intensiver als im Klassenverband mit einer Teilaufgabe auseinander setzen.

Lerner

Obwohl bei dieser hier besprochenen weniger strukturierten Art von Gruppenarbeit die Gefahr gegeben ist, als Gruppenmitglied Trittbrettfahrer zu sein, konnte dies in den Untersuchungen der Nürnberger Gruppe empirisch nicht belegt werden (Dann, Diegritz & Rosenbusch, 1999). Dennoch wurde die Beobachtung gemacht, dass einige Schüler nicht in der Lage waren sich konstruktiv in der Gruppe mit einzubringen. Eine Möglichkeit, wie Lehrkräfte mit einem solchen Schüler im Unterricht umgingen, bestand darin, diesen Schüler aus der Gruppe zu absentieren und Einzelarbeit zu verordnen. Originalton einer Lehrkraft „Wer augenblicklich nicht sozialfähig ist, hat in der Gruppe nichts zu suchen". Ein Mindestmaß an Kooperationsfähigkeit wird also vorausgesetzt.

Bewertung

Eine Bedingung des beschriebenen Vorgehens ist die Einlagerung in traditioneller Plenumsarbeit bzw. Frontalunterricht. Dies ist eine Grenze dieses Verfahrens, kann allerdings im derzeitigen Schulsystem unter den derzeitigen vor allem zeitlich getakteten Rahmenbedingungen auch als Chance gesehen werden, den in unseren Schulen immer noch dominierenden Frontalunterricht zu durchbrechen.

Unter diesen Gegebenheiten sollten Sie diese Form eher für vergleichsweise kurze Gruppenunterrichtssequenzen einsetzen! Ob diese Form im Rahmen von Projekten taugt, die sich über wesentlich längere Zeitabschnitte erstrecken können, mag bezweifelt werden. So gesehen mag diese Art „Kleinform" ein Türöffner für weitergehende Gruppenarbeitsformen sein.

Diese Form ist gerade in Deutschland unter dem Aspekt einer kommunikativen Didaktik für soziales Lernen eingeführt und gepflegt worden. Die Vorstellung, dass Gruppenunterricht neben sozialen und pädagogischen Gesichtspunkten auch durchgeführt werden könne, um Leistung gerade auch kognitiver Art zu erbringen, ist in Deutschland noch relativ bescheiden ausgeprägt. Hier können die folgenden Verfahren mehr leisten, zumal sie z. T. auch besser geeignet sind, individuelle Leistungen von Gruppenmitgliedern zu erfassen.

Auf der beiliegenden CD finden Sie Beispiele für den Einsatz des traditionellen Gruppenunterrichts in Schule und Erwachsenenbildung.

• Schule:

Autor: Ludwig Haag

Klasse: Sekundarstufe I, Klasse 6, Hauptschule

Thema: Deutsch: Literaturgattung Fabel

• Erwachsenenbildung:

Autor: Ludwig Haag

Kurs: Akademie für Lehrerfortbildung und Personalführung (Dillingen/Donau)

Thema: Kurs Beratungslehrerausbildung: Wissenserwerb

4. Was gewinne ich mit der Partner- und Gruppenarbeit?

• Ein Unterbrechen des Unterrichtsflusses im Frontalunterricht eröffnet dem Lerner Möglichkeiten der eigenständigen konstruktiven Mitarbeit.

• Ein Unterbrechen des Unterrichtsflusses im Frontalunterricht gibt der Lehrkraft Möglichkeiten sich zurückzuziehen oder sich einzelnen Schülern individuell zuzuwenden.

• Gerade im Einüben neuen Stoffes wie beispielsweise „Vokabellernen" können sich Partner korrigierend gegenseitig unterstützen.

Steckbrief Partnerpuzzlemethode   (Anne A. Huber)

1. Wie läuft die Methode ab?

Erste Lernphase (Aneignungsphase)	Zweite Lernphase (Vermittlungsphase)	Dritte Lernphase (Verarbeitungsphase)

Einführung

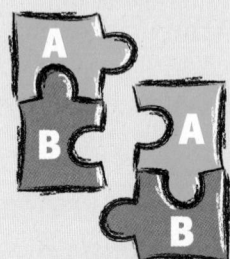

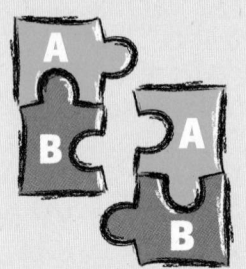

Abschluss

| Die Expertenpaare A und B erarbeiten ihren Teil des Lernstoffs | Die Experten A und B geben in den Puzzlepaaren ihr Expertenwissen weiter | In den Puzzlepaaren wird die Verarbeitung des vermittelten Wissens angeregt und überwacht |
| (Unterstützung durch geeignete Lernstrategien, z.B. Erklären mit Schlüsselbegriffskärtchen) | (Unterstützung durch geeignete Lernstrategien, z.B. Erklären mit Schlüsselbegriffskärtchen) | (Unterstützung durch geeignete Lernstrategien, z.B. Fragenstellen, Sortieraufgabe, Struktur-Lege-Technik) |

Voraussetzung für den Einsatz der Partnerpuzzlemethode ist, dass sich der Lernstoff in zwei gleichwertige Teilgebiete aufgliedern lässt. Für die Einteilung in Experten- und Puzzlepaare wird empfohlen, Vierergruppen zu bilden und innerhalb dieser die Experten- und Puzzlepaare zusammenzustellen. Bei überzähligen Personen können statt Paaren auch Triaden gebildet werden.

2. Warum ist die Methode wirksam?

Die Partnerpuzzlemethode (A. Huber, Konrad & Wahl, 2001) ist eine Variation und Weiterentwicklung der Gruppenpuzzlemethode (Aronson, Blaney, Stephan, Silkes & Snapp, 1978).

Ihre Wirksamkeit beruht auf drei Faktoren:
- der Förderung einer aktiven Auseinandersetzung mit dem Lernstoff durch Partnerarbeit
- der Unterstützung der Lernprozesse durch geeignete Lernstrategien
- und der intensiveren Auseinandersetzung mit dem Lernstoff aufgrund des Expertenstatus beim Lernen.

3. Wo setze ich die Methode ein?

Die Partnerpuzzlemethode ist vielfältig einsetzbar für den Wissenserwerb aus Texten, das Durchführen von Schülerexperimenten sowie den Fertigkeitserwerb in verschiedenen Fächern (Mathematik, Sport, Deutsch, Fremdsprachen, etc.). Wichtig ist, dass die Lernenden durch geeignete Lernstrategien unterstützt werden (s.o.).
Für den Wissenserwerb haben sich dabei Kärtchen mit Schlüsselbegriffen bewährt. Während bei jüngeren Schülerinnen und Schülern neben Begriffen oder Sätzen auch Bilder geeignet sind, können ältere Schülerinnen und Schüler oder Erwachsene die Begriffe auch selbst finden. Neben den Begriffskärtchen können auch Fragen vorgegeben bzw. selbst gefunden werden.

3.2 Die Partnerpuzzlemethode

Anne A. Huber

1. Wie läuft die Partnerpuzzlemethode ab?

Die Partnerpuzzlemethode können Sie für die Vermittlung von Wissen oder Fertigkeiten in Partnerarbeit einsetzen. Voraussetzung ist, dass sich der Lernstoff in zwei gleichwertige Teile unterteilen lässt.

Bei der Partnerpuzzlemethode arbeiten die Lernenden zunächst in Experten- und dann in Puzzlepaaren. Die Anzahl der Lernenden muss durch vier teilbar sein, damit sich die Experten- und Puzzlepaare bilden lassen. Ist dies nicht der Fall, so kann man mit den überzähligen Personen auch Triaden zusammenstellen. Mehr als drei Personen sollten jedoch nie zusammenarbeiten. Eine gute Möglichkeit ist es, Vierergruppen zu bilden und innerhalb dieser Vierergruppen zunächst die Expertenpaare und dann die Puzzlepaare zu bilden. Man kann nach der Arbeit in den Expertenpaaren die Lernenden aber auch frei mit neuen Partnern zusammenstellen. Außerdem besteht auch die Möglichkeit, dass Sie die Expertenpaare in ihrem eigenen Tempo arbeiten lassen und dann auffordern, wenn diese fertig sind, sich Partner aus einem Expertenpaar mit dem anderen Thema zu suchen, das ebenfalls gerade fertig ist.

Das Lernen findet bei der Partnerpuzzlemethode in drei Phasen statt:
- In einer **ersten Lernphase** eignen sich die Lernenden in Expertenpaaren eine Hälfte des Lernstoffs an.
- In der **zweiten Lernphase** werden Puzzlepaare gebildet, die aus jeweils einem Experten für jeden Teil des Lernstoffs bestehen. Die Puzzlepartner vermitteln sich nun wechselseitig ihr Expertenwissen.
- In einer **dritten Lernphase** sind die Experten in den Puzzlepaaren dazu angehalten, Verarbeitungsaktivitäten für das vermittelte Wissen anzuregen und zu überwachen.

In allen drei Lernphasen müssen Sie die Lernenden durch **Lernstrategien** unterstützen, die für die jeweilige Lernaufgabe und die angestrebten Lernziele geeignet sind. Außerdem müssen Sie die Lernstrategien auch an die Voraussetzungen der Lernenden anpassen. So sollten z. B. Erwachsenen leere Kärtchen gegeben werden, mit der Aufforderung darauf wichtige Schlüsselbegriffe zu schreiben und mit diesen den Lernstoff zu erklären, während man ganz jungen Kindern (Grundschule) besser Kärtchen mit halben oder ganzen Sätzen und evtl. sogar Bildern für das Erklären vorgibt (siehe auch Punkt 3).

Vor dem Einsatz der Partnerpuzzlemethode ist es wichtig, dass Sie in das Lernthema einführen und die Methode begründen. Im Anschluss an die Durchführung der Methode ist es günstig, noch Zeit einzuplanen, um zum einen die Zusammenarbeit zu reflektieren und Verbesserungsmöglichkeiten zu besprechen und zum anderen, um das Thema inhaltlich abzuschließen (z. B. offene Fragen beantworten; wichtige Punkte diskutieren; Test schreiben) oder weiterzuführen und zu vertiefen (z. B. Transferaufgaben; weiterführende Informationen).

Die Übergänge zwischen den Lernphasen bzw. die Gelenkstellen müssen Sie genau planen. Dazu gehört:
- wie Sie die Einführungsphase gestalten
- wie Sie die Experten- und Puzzlepaare einteilen
- wie viel Zeit Sie den Lernenden für die einzelnen Phasen geben
- was Sie mit Personen machen, die schneller sind (z. B. Zusatzaufgaben zur Verfügung stellen)
- wie Sie die Lernenden darüber informieren, was Sie genau tun sollen (die Instruktion sollte auf jeden Fall schriftlich vorliegen!)
- wann und wie Sie die benötigten Materialien zur Verfügung stellen
- wie Sie die Abschlussphase gestalten.

2. Warum ist die Partnerpuzzlemethode wirksam?

Die Partnerpuzzlemethode ist eine Methode des „Wechselseitigen Lehrens und Lernens" und wurde innerhalb des gleichnamigen Forschungsprojekts (auch als WELL abgekürzt) an der Pädagogischen Hochschule Weingarten entwickelt (A. Huber, Konrad & Wahl, 2001). Sie ist eng verwandt mit der Gruppenpuzzlemethode von Aronson, Blaney, Stephan, Silkes & Snapp (1978). Allerdings weist sie auch einige Unterschiede zu dieser Methode auf:
- Zum einen findet das Lernen bei der Partnerpuzzlemethode immer nur in Paaren statt, während bei der Gruppenpuzzlemethode Expertengruppen- und Puzzlegruppengrößen von vier bis sechs Personen üblich sind.
- In Partnerarbeit hat der Einzelne mehr Gelegenheit sich aktiv am Lernen zu beteiligen. Gerade die aktive Teilnahme am Lernen ist aber ein wichtiger Faktor für die Lerneffektivität (Webb & Palincsar, 1996; O'Donnell & Dansereau, 1992; Pauli & Reusser, 2000).
- Lernen in Partnerarbeit ist insbesondere dann von Vorteil, wenn die Lernenden noch wenig Erfahrungen mit kooperativen Lernformen mitbringen.
- Unsere Erfahrungen zeigen, dass es in der Schule in großen Klassen (30 Personen) schwierig wird, arbeitsfähige Kleingruppen zu organisieren, wenn man nicht auf

andere Räumlichkeiten ausweichen kann. Der räumliche Abstand zu anderen Lernenden ist hier oft geringer als zu den Mitgliedern der eigenen Gruppe und dadurch wird ein Aufnehmen der Beiträge der eigenen Gruppenmitglieder erschwert.

- Ein weiterer Unterschied zur Gruppenpuzzlemethode in ihrer ursprünglichen Form besteht darin, dass nach unseren Erkenntnissen die Lernenden mit geeigneten Lernstrategien unterstützt werden müssen, um zu Experten zu werden und ihr Expertenwissen weitergeben und Verarbeitungsaktivitäten anstoßen zu können. Ohne diese Unterstützung besteht die Gefahr, dass die Interaktionen der Lernenden nur auf einem oberflächlichen Niveau stattfinden (Cohen, 1994). Allerdings dürfen die Lernvorgaben die Lernenden auch nicht zu sehr einengen, sonst können sie das Lernen sogar behindern. Die Kunst besteht darin, geeignete Lernstrategien für die Lernziele, Lernaufgaben und Lernenden zu finden.

Die **Wirksamkeit** der Partnerpuzzlemethode beruht auf drei Faktoren:
- der Förderung einer aktiven Auseinandersetzung mit dem Lernstoff durch Partnerarbeit
- der Unterstützung der Lernprozesse durch geeignete Lernstrategien
- und der intensiveren Auseinandersetzung mit dem Lernstoff durch den Expertenstatus beim Lernen.

Partner- oder Gruppenarbeit spielt innerhalb aller kooperativen Lernformen eine Rolle. Von der Zusammenarbeit mit anderen erwartet man eine aktive Auseinandersetzung mit dem Lernstoff. In diesem Prozess soll der Lernstoff mit bereits verfügbaren Informationen verknüpft werden. Durch das Vergleichen, Beurteilen und Kombinieren unterschiedlicher Sichtweisen, Meinungen und Lösungsideen in der Interaktion mit anderen sollen die Informationen besser ins eigene Vorwissen eingebunden werden (A. Huber, Konrad & Wahl, 2001).

Allerdings ist Partner- oder Gruppenarbeit für sich genommen kein Garant, dass sich die Lernenden intensiv mit dem Lernstoff auseinander setzen (Cohen, 1994). Um dies zu fördern, werden innerhalb der Partnerpuzzlemethode die Lernenden durch geeignete Lernstrategien unterstützt. Die Lernstrategien richten sich dabei nach den Lernaufgaben und Lernzielen sowie Voraussetzungen der Lernenden. Nach Friedrich und Mandl (1992) sind **Organisations- bzw. Reduktionsstrategien neben elaborativen Strategien, Wiederholungsstrategien und Kontrollstrategien** wichtige Lernstrategien beim Wissenserwerb. Durch das Unterstreichen und das Finden bzw. die Vorgabe von Schlüsselbegriffen soll der Lernstoff auf wichtige Informationen reduziert werden. Das Erklären des Lernstoffs anhand der Schlüsselbegriffe und das Finden und Beantworten von Fragen dient der Elaboration des Lernstoffs und damit der Integration in das vorhandene Wissen. Hinzu kommt, dass durch das Fragenstellen und Erklären deutlich wird, wo noch Lernbedarf besteht. Diese Lernstrategien haben so auch eine den Lernprozess überwachende Funktion. Die Verwendung von Kärtchen zur Visualisierung der wichtigen Lerninhalte gibt den Lernenden einen Überblick über die zentralen Punkte der Präsentation und erleichtert das Nachfragen, wenn etwas nicht verstanden wurde. Der Auftrag, die Kärtchen in eine gemeinsame Struktur zu legen, führt dazu, dass das Wissen weiter organisiert und vernetzt wird. Hierfür haben sich gerade Mapping-Techniken, z. B. auch das Mind-Mapping (Buzan & Buzan, 1996) als hilfreich erwiesen (Mandl & Fischer, 2000). Auch die übergreifenden Fragen zum Abschluss dienen diesem Zweck. Durch die vorgegebenen Lernstrategien wird der Lernstoff mehrfach wiederholt, was ebenfalls lernförderlich ist (Dansereau, 1985).

Bei der Partnerpuzzlemethode müssen die Lernenden in der ersten Lernphase einen Expertenstatus für ihren Teil des Lernstoffs erwerben. Durch ihre zukünftige Lehr-Rolle in der zweiten und dritten Lernphase sollten sich die Lernenden als kompetent und wichtig für das Lernen erleben, sofern der Lernstoff nicht zu schwer für sie ist. Nach Rheinberg (1995) setzen Menschen ihre Kräfte insbesondere dort verstärkt ein, wo sie sich als kompetent und wichtig erleben. Auch innerhalb der Forschung zum Tutoring (Renkl, 1997, 1998; Allen, 1983; Allen & Feldman, 1976) wird angenommen, dass durch die Zuschreibung einer Lehr-Rolle und die damit verknüpften Erwartungen die intensive Auseinandersetzung mit dem Lernstoff gefördert wird.

3. Wo setze ich die Partnerpuzzlemethode ein?

Bisher liegen Erfahrungen zum Einsatz der Partnerpuzzlemethode vor für:
• den Wissenserwerb aus Texten in Schule und Erwachsenenbildung
• den Fertigkeitserwerb im Schulunterricht
• das Üben von Rechtschreibung (Deutschunterricht)
• die Durchführung von Experimenten (Heimat- und Sachunterricht)
• die Förderung der mündlichen Kommunikation (Englischunterricht)

■ Die Partnerpuzzlemethode für den Wissenserwerb aus Texten in Schule und Erwachsenenbildung

Die Methode wurde erfolgreich in der Grundschule im Heimat- und Sachunterricht (Bausenhart, 2002; Thiel, 2002; Seemann, 2002) und im Deutschunterricht (Wagner, 2002), in einer 5. und 8. Klasse Realschule im Biologieunterricht, sowie bei Erwachsenen eingesetzt.

Im Folgenden wird die Methode für Schülerinnen und Schüler der Sekundarstufe 1 beschrieben. Wie die Methode bei jüngeren und älteren Schülerinnen und Schülern sowie Erwachsenen abzuwandeln ist, wird im Anschluss daran aufgezeigt.

In einer **ersten Lernphase** eignen sich die Schüler/innen in Expertenpaaren die eine oder andere Hälfte des Lernstoffs an. Sie bekommen dazu ihren Expertentext; Kärtchen mit wichtigen Schlüsselbegriffen und Abbildungen sowie Fragen bzw. Frageanfänge zum Text. Sie sollen dann folgende Lernschritte durchführen:
- den Text lesen und beim Wiederholen die wichtigen Textstellen unterstreichen
- die Kärtchen in eine sinnvolle Reihfolge bringen und sich wechselseitig den Lernstoff anhand der Kärtchen erklären (als Übung für die spätere Präsentation des Lernstoffs in der Puzzlegruppe)
- die Fragen gemeinsam beantworten: ein Teil der Fragen ist vorgegeben, ein Teil der Fragen muss selbst gefunden werden, und zwar mit Unterstützung von vorgegebenen Frageanfängen (z. B. Wie hängen … und … zusammen?) (King, 1999).

In einer **zweiten Lernphase** werden Puzzlepaare gebildet, die aus jeweils einem Experten für jeden Teil des Lernstoffs (A und B) bestehen. Die Puzzlepartner vermitteln sich nun wechselseitig ihr Expertenwissen. Dabei gehen sie folgendermaßen vor:
- zunächst erklärt Experte A mit Hilfe der Kärtchen seinen Lernstoff und stellt anschließend seine Fragen
- danach ist Experte B an der Reihe.

In einer **dritten Lernphase** sind die Experten in den Puzzlepaaren dazu angehalten, Verarbeitungsaktivitäten für das vermittelte Wissen anzuregen und diese zu überwachen:
- Zunächst werden alle Kärtchen gemeinsam nochmals durchgegangen und daraufhin geprüft, ob auch beide Partner alle Kärtchen erklären können. Die Kärtchen, die ein Partner noch nicht erläutern kann, werden nun geklärt (Sortieraufgabe; Wahl u. a., 1995).
- Danach besteht die Aufgabe darin, alle Kärtchen gemeinsam in eine sinnvolle Struktur zu bringen und die Zusammenhänge aufzuzeigen (Struktur-Lege-Technik; Wahl u. a., 1995).
- Zum Abschluss sollen sich die Lernenden noch übergreifende Fragen zum gesamten Lernstoff stellen, die zum Teil vorgegeben sind und zum Teil selbst gefunden werden müssen.

Beim Einsatz der Partnerpuzzlemethode ist es sehr wichtig, wie Sie die Methode an die Kompetenzen und das Alter der Lernenden anpassen.

Bei jüngeren Kindern (Grundschulklassen) hat es sich als günstig erwiesen, den Kindern für das Erklären ihres Textes nicht nur Schlüsselbegriffe vorzugeben, sondern Kärtchen mit einer Kombination aus Abbildung und Begriff, evtl. sogar einem halben oder ganzen Satz (Bausenhart, 2002; Seemann, 2002). Auch Kinder mit geringen Lesefertigkeiten sollten davon profitieren.

Älteren Schülerinnen und Schülern, die schon gelernt haben, aus Texten selbstständig wichtige Inhalte zu entnehmen, kann man leere Kärtchen zur Verfügung stellen und sie ihre Schlüsselbegriffe ganz oder teilweise selbst finden lassen.

Erwachsenen sollte man in jedem Fall leere Kärtchen zur Verfügung stellen, da sie sich sonst leicht bevormundet fühlen. Wir haben mit Studierenden beide Versionen erprobt (vorgegebene und leere Kärtchen). Die leeren Kärtchen wurden dabei bevorzugt.

Bei der Partnerpuzzlemethode werden zur Überprüfung des weitergegebenen Wissens auch Fragen eingesetzt. Auch hier kann man abhängig vom Alter und Kompetenzgrad der Lernenden Fragen und / oder Frageanfänge vorgeben und / oder völlig ohne Hilfestellungen Fragen generieren lassen.

Auch innerhalb einer Klasse oder eines Kurses für Erwachsene unterscheiden sich Lernende in den Kompetenzen und Vorlieben, die sie mitbringen. Hier kann es günstig sein, die eingesetzten Lernstrategien an die unterschiedlichen Fähigkeiten und Vorlieben anzupassen und unterschiedliche Lernangebote zu machen. So mag es für den einen besser sein, mit vorgegebenen Begriffskärtchen zu arbeiten, während eine andere Person die Begriffe lieber selber findet. Gute Erfahrungen haben wir mit der Berücksichtigung solcher Differenzen in einer dritten Grundschulklasse (Heimat- und Sachunterricht) gemacht (Thiel, 2002).

■ Die Partnerpuzzlemethode für das Üben von Rechtschreibung (Deutschunterricht)

Die Partnerpuzzlemethode kann auch für die Vermittlung von Fertigkeiten eingesetzt werden, d.h. für Übungszwecke. Voraussetzung ist, dass sich der Lernstoff in zwei gleichwertige Teile unterteilen lässt. Die Methode wurde in dieser Form erfolgreich in einer 3. Klasse (Deutschunterricht; Rechtschreibung) eingesetzt (Wagner, 2002).

In der **ersten Lernphase** (Expertenpaare) bekommen die Schülerinnen und Schüler ihren Expertentext mit Abbildungen zur Erläuterung der Regeln, nach denen beim Schreiben bestimmter Wörter vorzugehen ist. Beide Texte sind in Geschichten eingebettet, in denen es um den großen „Substantivo", die kleine „Verbia" und „Adjektiva" sowie den starken „Endung" geht. Den Kindern wird anhand dieser Personen anschaulich und spannend die Groß- und Kleinschreibung erklärt. Sie erhalten als Zusammenfassung ein Regelblatt, auf dem sie ihre Rechtschreib-Regel mit Hilfe von Kärtchen vervollständigen und richtig zusammensetzen müssen. Außerdem bekommen sie Übungsmaterialien. Sie sollen dann folgende Lernschritte durchführen:

- den Text mit den Abbildungen lesen und wichtige Stellen unterstreichen
- die Rechtschreib-Regel mit Hilfe der vorgegebenen Kärtchen gemeinsam mit dem Partner vervollständigen und richtig zusammensetzen
- vorgegebene Übungen gemeinsam durchführen
- überlegen, wie sie dem Puzzlepartner ihre Rechtschreib-Regel möglichst anschaulich mit Hilfe der Personen aus der Geschichte und den Regelkärtchen erklären können.

In der **zweiten Lernphase** (Puzzlepaare) erklären sich die Experten von Text A und B wechselseitig ihren Lernstoff. Dabei gehen sie folgendermaßen vor:

- zunächst erklärt Experte A seine Rechtschreib-Regel mit Hilfe der Regel-Kärtchen und der Personen aus der Geschichte
- danach ist Experte B an der Reihe.

In der **dritten Lernphase** (Puzzlepaare) sollen die Lernenden wechselseitig miteinander Übungsaufgaben zu ihren Regeln durchführen

- zunächst führt Experte A die selbst schon in der Expertenphase durchgeführten Übungen mit B durch, danach ist Experte B an der Reihe
- zum Abschluss diktiert Experte A B ein Übungsdiktat und korrigiert es, danach ist Experte B mit Diktieren und Korrigieren an der Reihe.

■ Die Partnerpuzzlemethode für die Durchführung von Experimenten (Heimat- und Sachunterricht)

Die Partnerpuzzlemethode wurde erfolgreich für die Durchführung von Experimenten in einer 3. Grundschulklasse im Heimat- und Sachunterricht eingesetzt (Bauser, 2001).

In der **ersten Lernphase** (Expertenpaare) bekommen die Schülerinnen und Schüler ihren Expertentext zum Ablauf ihres Experiments. Die Schülerinnen und Schüler sollen dann folgende Lernschritte durchführen:

- den Text lesen und wichtige Stellen unterstreichen
- üben, sich wechselseitig folgende Punkte zu erklären, bis sie sicher sind, dass sie das nachher auch dem Puzzlepartner erklären können:
  - Erkläre deinem Partner, was man für das Experiment braucht;
  - Erkläre deinem Partner, wie das Experiment abläuft,
  - Erkläre deinem Partner, warum … (das jeweilige Ergebnis auftritt).

In der **zweiten Lernphase** (Puzzlepaare) erklären sich die Experten von Experiment A und B wechselseitig ihren Lernstoff. Dabei gehen sie folgendermaßen vor:
- zunächst erklärt Experte A den Ablauf seines Experiments anhand der drei Punkte und lässt B den Ablauf nacherzählen bis er mit den Erklärungen zufrieden ist
- danach ist Experte B an der Reihe.

In der **dritten Lernphase** (Puzzlepaare) führen die beiden Partner jeweils das Experiment durch, das ihnen erklärt wurde. Wenn sie Hilfe benötigen, dann bekommen sie diese von ihrem Partner.

■ **Die Partnerpuzzlemethode für die Förderung der mündlichen Kommunikation (Englischunterricht)**

Die Partnerpuzzlemethode eignet sich gut um die mündliche Kommunikationsfähigkeit zu fördern. Wild (2002) hat die Methode im Englischunterricht einer 9. Klasse (Realschule) eingesetzt:

In der **ersten Lernphase** (Expertenpaare) bekommen die Schülerinnen und Schüler ihren englischen Expertentext sowie Kärtchen zu wichtigen Vokabeln, Kärtchen mit Schlüsselbegriffen zur Erklärung des Textinhaltes und Kärtchen mit Fragen zum Text. Die Schülerinnen und Schüler sollen dann folgende Lernschritte durchführen:
- Lesen und Einprägen der dem Text vorangestellten Vokabeln
- Lesen des Textes und Unterstreichen wichtiger Textstellen
- Ordnen der Kärtchen in Vokabelkärtchen, Kärtchen mit Schlüsselbegriffen zur Erklärung des Textinhaltes und Fragekärtchen. Die Kärtchen mit den Schlüsselbegriffen werden in eine sinnvolle Reihenfolge für die Erklärung des Textinhaltes gebracht und nummeriert
- Wechselseitiges Erklären der Vokabeln, des Textinhaltes anhand der Schlüsselbegriffe und Beantwortung der Fragekärtchen. Zum Abschluss werden die Vokabeln nochmals mit Hilfe der Vokabelkärtchen wiederholt.

In der **zweiten Lernphase** (Puzzlepaare) vermitteln sich die Experten wechselseitig ihr Expertenwissen:
- zunächst erklärt Experte A seine Vokabeln und seinen Textinhalt mit Hilfe der Kärtchen und lässt seinen Partner die Fragekärtchen beantworten
- danach ist Experte B an der Reihe.

In der **dritten Lernphase** (Puzzlepaare) erklären die Partner nochmals gemeinsam alle Kärtchen und legen sie in eine sinnvolle Gesamtstruktur (Struktur-Lege-Technik, Wahl u. a., 1995).

Zur Vorbereitung der Partnerpuzzlemethode im Sprachunterricht kann es sinnvoll sein, erst einmal mit einfacheren kooperativen Lernformen, wie etwa dem Partnerinterview zu beginnen, bevor man komplexere und schwierigere Methoden einsetzt.

Auf der beiliegenden CD finden Sie Beispiele für den Einsatz der Partnerpuzzlemethode in Schule und Erwachsenenbildung:

• Schule:
Autorin: Anne A. Huber
Klasse: Sekundarstufe I, Klasse 8, Realschule
Thema: Biologie: Viren und Bakterien als Krankheitserreger

• Erwachsenenbildung:
Autorin: Anne A. Huber
Kurs: Pädagogische Hochschule
Thema: Seminar Kooperatives Lernen: Auswirkungen kooperativen Lernens auf soziale Beziehungen, die Akzeptanz von Lernbehinderten und soziale Kompetenzen

4. Was gewinne ich mit der Partnerpuzzlemethode?

Die Lernenden
• sind selber hoch aktiv
• sie schulen ihre mündliche Kommunikationsfähigkeit
• sie erleben sich als selbstwirksam und wichtig für den Lernprozess.

Sie als Lehrende
• können sich einen Eindruck über die Kompetenzen der Lernenden verschaffen
• können Lernlücken erkennen und auffangen.

Steckbrief Gruppenpuzzlemethode   (Anne A. Huber)

1. Wie läuft die Methode ab?

Einführung

Erste Lernphase (Aneignungsphase)	Zweite Lernphase (Vermittlungsphase)	Dritte Lernphase (Verarbeitungsphase)
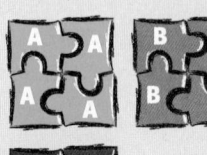		
Die Expertengruppen erarbeiten ihren Teil des Lernstoffs (Unterstützung durch geeignete Lernstrategien, z. B. Notierhilfen oder Erklären mit Schlüsselbegriffskärtchen)	Die Experten geben in den Puzzlegruppen ihr Expertenwissen weiter (Unterstützung durch geeignete Lernstrategien, z. B. Notierhilfen oder Erklären mit Schlüsselbegriffskärtchen)	In den Puzzlegruppen wird die Verarbeitung des vermittelten Wissens angeregt und überwacht (Unterstützung durch geeignete Lernstrategien, z. B. Fragenstellen, Sortieraufgabe, Struktur-Lege-Technik)

Abschluss

Voraussetzung für den Einsatz der Gruppenpuzzlemethode ist, dass sich der Lernstoff in gleichwertige Teilgebiete aufgliedern lässt. Die Größe der Puzzlegruppen ist durch die Anzahl der Teilgebiete (maximal 5) bestimmt. Expertengruppen mit mehr als 5 Personen sollten geteilt werden. Bei überzähligen Personen können Expertenpositionen auch doppelt belegt werden. Im Folgenden wird die Gruppenpuzzlemethode für den Fall dargestellt, dass sich der Lernstoff in drei Teilgebiete aufgliedern lässt.

2. Warum ist die Methode wirksam?

Die Gruppenpuzzlemethode wurde von Aronson, Blaney, Stephan, Silkes & Snapp (1978) entwickelt. Die hier vorgestellte Form wurde modifiziert um die Lernenden bei der Aneignung, Weitergabe und Verarbeitung von Wissen zu unterstützen (A. Huber, Konrad, Wahl, 2001). Die Wirksamkeit beruht auf drei Faktoren:

- der Förderung einer aktiven Auseinandersetzung mit dem Lernstoff in Gruppenarbeit
- der Unterstützung der Lernprozesse durch geeignete Lernstrategien
- und der intensiveren Auseinandersetzung mit dem Lernstoff aufgrund des Expertenstatus beim Lernen.

3. Wo setze ich die Methode ein?

Die Gruppenpuzzlemethode ist vielfältig einsetzbar für den Wissenserwerb aus Texten, das Durchführen von Schülerexperimenten sowie den Fertigkeitserwerb in verschiedenen Fächern (Mathematik, Sport, Deutsch, etc.). Wichtig ist, dass die Lernenden durch geeignete Lernstrategien unterstützt werden.
Für den Wissenserwerb aus Texten kann man die Lernenden durch Notierhilfen dabei unterstützen, den Lernstoff strukturiert weiterzugeben. Für eine Verarbeitung des Gelernten können Fragen und die Struktur-Lege-Technik (Wahl u. a., 1995) eingesetzt werden. Bei der Struktur-Lege-Technik werden wichtige Schlüsselbegriffe auf Kärtchen geschrieben und in eine gemeinsame Struktur gelegt. Die eingesetzten Lernstrategien müssen an die Voraussetzungen der Lernenden anpasst werden.

3.3 Die Gruppenpuzzlemethode

Anne A. Huber

1. Wie läuft die Gruppenpuzzlemethode ab?

Die Gruppenpuzzlemethode können Sie für die Vermittlung von Wissen oder Fertigkeiten in Gruppenarbeit einsetzen. Voraussetzung ist, dass sich der Lernstoff in mehrere gleichwertige Teile untergliedern lässt.

Bei der Gruppenpuzzlemethode arbeiten die Lernenden zunächst in Experten- und dann in Puzzlegruppen. Die Größe der Puzzlegruppen ergibt sich aus der Anzahl der Teilgebiete, in die der Lernstoff aufgegliedert wurde. Dabei sollten nicht mehr als fünf Teilgebiete, besser jedoch weniger, vorgegeben werden. Die Größe der Expertengruppen ergibt sich aus der Anzahl der gebildeten Puzzlegruppen. Auch hier gilt: Die Expertengruppen sollten nicht mehr als 5 Personen, besser jedoch weniger, umfassen. Sind es mehr Personen, so kann man die Expertengruppen einfach teilen. Bei überzähligen Personen können Expertenpositionen auch doppelt besetzt werden.

Wenn die Lernenden über eine längere Zeit in denselben Experten- und Puzzlegruppen zusammenarbeiten, dann ist es sinnvoll, die Bildung der Puzzlegruppen an den Anfang zu stellen. Innerhalb der Puzzlegruppen werden dann die Expertenthemen aufgeteilt und dadurch festgelegt, wer in welche Expertengruppe geht. Will man die Verbindlichkeit innerhalb der Puzzlegruppen stärken, hat es sich als sinnvoll erwiesen, wenn sich die Puzzlegruppen einen Gruppennamen geben.

Will man die Einteilung in Experten- und Puzzlegruppen selbst vornehmen, was in der Regel am einfachsten ist, so können Karten mit zwei Merkmalen verwendet werden, die man sich leicht selbst herstellen kann. Hier zwei Beispiele:

Abbildung 1: Beispiele für Karten zur Einteilung der Experten- und Puzzlegruppen

Ein Merkmal bestimmt dabei die Zugehörigkeit zur Puzzlegruppe (in unserem Beispiel das Tiersymbol „Giraffe" oder „Elefant") und eines die Zugehörigkeit zur Expertengruppe (in unserem Beispiel das Symbol „Sonne" oder „Palme"). Man kann auch ganz normale Spielkarten verwenden. Die Puzzlegruppen können dann jedoch höchstens vier Mitglieder haben, da in einem Kartenspiel immer nur 4 Karten eines Typs (Ass, König, Bube, Dame …) vorhanden sind. Dies sollte jedoch kein Problem darstellen, da mehr als vier Personen pro Gruppe in der Regel nicht besonders sinnvoll sind, da die Zeit, in der eine einzelne Person selbst aktiv sein kann mit der Größe der Gruppe abnimmt.

Das Lernen findet bei der Gruppenpuzzlemethode in drei Phasen statt:
- In einer **ersten Lernphase** eignen sich die Lernenden in Expertengruppen ihr Teilgebiet des Lernstoffs an.
- In der **zweiten Lernphase** werden Puzzlegruppen gebildet, die aus jeweils einem Experten für jeden Teil des Lernstoffs bestehen. Die Puzzlegruppenmitglieder vermitteln sich nun wechselseitig ihr Expertenwissen.
- In einer **dritten Lernphase** sind die Experten in den Puzzlegruppen dazu angehalten, Verarbeitungsaktivitäten für das vermittelte Wissen anzuregen und zu überwachen.

In allen drei Lernphasen müssen Sie die Lernenden durch Lernstrategien unterstützen, die für die jeweilige Lernaufgabe und die angestrebten Lernziele geeignet sind. Außerdem müssen die Lernstrategien auch an die Voraussetzungen der Lernenden angepasst sein, d. h. an Erfahrungen, Alter und Kompetenzen.

Vor dem Einsatz der Gruppenpuzzlemethode ist es wichtig, dass Sie in das Lernthema einführen und die Methode begründen. Im Anschluss an die Durchführung der Methode ist es günstig, noch Zeit einzuplanen, um zum einen die Zusammenarbeit zu reflektieren und Verbesserungsmöglichkeiten zu besprechen und zum anderen, um das Thema inhaltlich abzuschließen (z.B. offene Fragen beantworten; wichtige Punkte diskutieren; Test schreiben) oder weiterzuführen und zu vertiefen (z.B. Transferaufgaben; weiterführende Informationen).

Die **Übergänge** zwischen den Lernphasen bzw. die Gelenkstellen müssen Sie genau planen. Dazu gehört:
- wie Sie die Einführungsphase gestalten
- wie Sie die Experten- und Puzzlegruppen einteilen
- wie viel Zeit Sie den Lernenden für die einzelnen Phasen geben
- was Sie mit Personen machen, die schneller sind (z.B. Zusatzaufgaben zur Verfügung stellen)

- wie Sie die Lernenden darüber informieren, was Sie genau tun sollen (die Instruktion sollte auf jeden Fall schriftlich vorliegen!)
- wann und wie Sie die benötigten Materialien zur Verfügung stellen
- wie Sie die Abschlussphase gestalten.

2. Warum ist die Gruppenpuzzlemethode wirksam?

Die Gruppenpuzzlemethode wurde von Aronson u. a. (1978) entwickelt, u. a. auch mit der Absicht die Beziehungen zwischen den Schülerinnen und Schülern durch eine kooperative Zusammenarbeit mit gemeinsamen Zielen zu verbessern. In der hier dargestellten Form stellt sie eine Modifikation der ursprünglichen Methode dar, die innerhalb des Forschungsprojekts „Wechselseitiges Lehren und Lernen" bzw. WELL an der Pädagogischen Hochschule Weingarten entwickelt (A. Huber, Konrad, Wahl, 2001) wurde. Im Unterschied zur ursprünglichen Methode wird großer Wert darauf gelegt, dass die Lernenden in allen drei Lernphasen durch geeignete Lernstrategien unterstützt werden. Ohne diese Unterstützung besteht die Gefahr, dass die Interaktionen der Lernenden nur auf einem oberflächlichen Niveau stattfinden (Cohen, 1994). Allerdings dürfen die Lernvorgaben die Lernenden auch nicht zu sehr einengen, sonst können sie das Lernen sogar behindern. Die Kunst besteht darin, geeignete Lernstrategien für die Lernziele, Lernaufgaben und Lernenden zu finden.

Bei der Entscheidung für die Gruppengröße muss darauf geachtet werden, dass sich alle Lernenden aktiv am Lerngeschehen beteiligen können. Gerade die aktive Teilnahme am Lernen ist ein wichtiger Faktor für die Lerneffektivität (Webb & Palinscar, 1996; O'Donnell & Dansereau, 1992; Pauli & Reusser, 2000). Daher wird eine Begrenzung auf allerhöchstens 5 Personen für zweckmäßig gehalten. Je nach Situation (räumliche Gegebenheiten, Kompetenzen und Alter der Lernenden, Lerngegenstand) sind kleinere Gruppen jedoch häufig sinnvoller. Für die Zusammenarbeit in Paaren wurde die Partnerpuzzlemethode entwickelt.

Die Wirksamkeit der Gruppenpuzzlemethode beruht ebenso wie die Wirksamkeit der Partnerpuzzlemethode auf drei Faktoren:
- der Förderung einer aktiven Auseinandersetzung mit dem Lernstoff durch Gruppenarbeit
- der Unterstützung der Lernprozesse durch geeigneten Lernstrategien
- und der intensiveren Auseinandersetzung mit dem Lernstoff durch den Expertenstatus beim Lernen.

Durch die Zusammenarbeit mit anderen in Experten- und Puzzlegruppen soll die aktive Auseinandersetzung mit dem Lernstoff gefördert werden und damit die Verknüpfung des Lernstoffs mit bereits verfügbaren Informationen (A. Huber, Konrad, Wahl, 2001).

Allerdings ist die Gruppenarbeit für sich genommen kein Garant, dass sich die Lernenden intensiv mit dem Lernstoff auseinander setzen (Cohen, 1994). Um dies zu fördern, werden innerhalb der Gruppenpuzzlemethode die Lernenden durch geeignete Lernstrategien unterstützt. Die Lernstrategien richten sich dabei nach den Lernaufgaben und Lernzielen sowie den Voraussetzungen der Lernenden. Für den Wissenserwerb sind hierfür nach Friedrich und Mandl (1992) **Organisations- bzw. Reduktionsstrategien, elaborative Strategien, Wiederholungsstrategien und Kontrollstrategien** relevant. Durch die Vorgabe von Notierhilfen sollen die zukünftigen Experten dabei unterstützt werden, den Lernstoff auf wichtige Informationen zu reduzieren. Dadurch dass die Puzzlegruppenmitglieder sich beim Zuhören Notizen machen sollen, ist ihre Aufmerksamkeit erhöht und sie müssen darauf achten, dass sie auch alles verstehen. Der Einsatz von Fragen und / oder der Struktur-Lege-Technik als Verarbeitungsstrategie in der dritten Lernphase dient mehreren Zwecken: Zum einen wird so nochmals kontrolliert, ob auch wirklich alles verstanden wurde, zum anderen wird das Wissen dadurch elaboriert und wiederholt.

Da alle Lernenden wissen, dass sie ihren Teil des Lernstoffs in den Puzzlegruppen weitergeben müssen, sollten sie sich als kompetent und wichtig für das Lernen erleben, sofern der Lernstoff nicht zu schwer für sie ist. Nach Rheinberg (1995) setzen Menschen ihre Kräfte insbesondere dort verstärkt ein, wo sie sich als kompetent und wichtig erleben. Auch innerhalb der Forschung zum Tutoring (Renkl, 1997, 1998; Allen, 1983; Allen & Feldman, 1976) wird angenommen, dass durch die Zuschreibung einer Lehr-Rolle und die damit verknüpften Erwartungen die intensive Auseinandersetzung mit dem Lernstoff gefördert wird.

3. Wo setze ich die Gruppenpuzzlemethode ein?

Erfahrungen für den Einsatz der Gruppenpuzzlemethode liegen u. a. vor für:
• den Wissenserwerb aus Texten in Schule und Erwachsenenbildung
• und für den Fertigkeitserwerb im Schulunterricht:
• Erstellen und Interpretieren von Diagrammen (Mathematikunterricht)
• Üben von Rechtschreibung (Deutschunterricht)

■ Die Gruppenpuzzlemethode für den Wissenserwerb aus Texten in Schule und Erwachsenenbildung

Die Methode wurde erfolgreich in der Schule und Erwachsenenbildung eingesetzt.

Im Folgenden wird die Methode für ältere Schülerinnen und Schüler sowie Erwachsene beschrieben. Wie die Methode bei jüngeren Schülerinnen und Schülern abzuwandeln ist, wird im Anschluss daran aufgezeigt.

In einer **ersten Lernphase** eignen sich die Lernenden in Expertengruppen ihren Teil des Lernstoffs an. Sie bekommen dazu ihren Expertentext sowie eine Notierhilfe. Die Notierhilfen strukturieren, welche Punkte im Lernstoff wichtig sind und was davon weitervermittelt werden soll. Die Lernenden sollen:

- den Text lesen und beim Wiederholen wichtige Textstellen unterstreichen
- gemeinsam besprechen, wie sie ihre Notierhilfen ausfüllen wollen (als Übung für die spätere Präsentation des Lernstoffs in der Puzzlegruppe)
- gemeinsam Fragen finden und beantworten, die sie den Puzzlegruppenmitgliedern stellen wollen, um zu prüfen, ob diese den Lernstoff verstanden haben
- auf Kärtchen vorgegebene Schlüsselbegriffe zum Text in eine gemeinsame Struktur legen.

In einer **zweiten Lernphase** werden Puzzlegruppen gebildet, die aus jeweils einem Experten für jeden Teil des Lernstoffs bestehen. Die Puzzlepartner vermitteln sich nun wechselseitig ihr Expertenwissen. Dabei gehen sie folgendermaßen vor:

- zunächst erklärt Experte A mit Hilfe der Notierhilfe seinen Lernstoff. Die anderen Gruppenmitglieder machen sich Notizen.
- danach ist Experte B, C, D, … an der Reihe.

In einer **dritten Lernphase** sind die Experten in den Puzzlegruppen dazu angehalten, Verarbeitungsaktivitäten für das vermittelte Wissen anzuregen und diese zu überwachen:

- Zunächst stellen sie sich gegenseitig die selbst gefundenen Fragen.
- Danach versuchen sie gemeinsam aus allen ihren Kärtchen eine gemeinsame Struktur zu legen und die Zusammenhänge aufzuzeigen (Struktur-Lege-Technik; Wahl u. a., 1995). Dabei sollen die Gruppenmitglieder auch prüfen, ob sie alle Kärtchen erklären können. Ist dies nicht der Fall, dann werden die Kärtchen von den anderen Gruppenmitgliedern nochmals erläutert.
- Sofern es das Thema zulässt, kann ein interessanter Abschluss der Puzzlegruppenarbeit auch darin bestehen, dass die Puzzlegruppenmitglieder zu einer gemeinsamen begründeten Entscheidung kommen müssen (Traub, 2002).

Beim Einsatz der Gruppenpuzzlemethode ist es sehr wichtig, die Methode an die Kompetenzen und das Alter der Lernenden anzupassen.

Bei jüngeren Kindern (untere Grundschulklassen) hat es sich als günstig erwiesen, den Kindern für die Aneignung ihres Textes Notierhilfen in Form eines Lückentextes oder eines Arbeitsblattes mit einfach zu beantwortenden Fragen vorzugeben. Die Puzzlegruppenmitglieder bekommen diese Notierhilfen ebenfalls und strukturieren dadurch die Expertenpräsentationen. Die Verarbeitungsphase kann bei jüngeren Kindern auch im Plenum stattfinden, etwa indem die Ampelmethode eingesetzt wird. Bei der Ampelmethode werden Aussagen zum Lernstoff vorgegeben und die Lernenden müssen durch Heben einer farbigen Karte angeben, ob sie der Aussage zustimmen (grün), ob sie unsicher sind (gelb) oder ob sie die Aussage ablehnen (rot). Man bekommt so ein Gesamtbild der vertretenen Meinungen und kann diese dann nochmals diskutieren und berichtigen.

■ **Die Gruppenpuzzlemethode für das Erstellen und Interpretieren von Diagrammen im Mathematikunterricht**

Die Gruppenpuzzlemethode wurde erfolgreich für das Erstellen und Interpretieren von Diagrammen im Mathematikunterricht einer 4. Grundschulklasse durchgeführt (Fischer, 2002). Einen Tag vor der Durchführung des Gruppenpuzzles sollten die Schüler/innen drei Hobbys; ihr Lieblingsfach und ihr am wenigsten geliebtes Fach angeben, um Daten für die Erstellung von Diagrammen zu bekommen, zu denen die Schüler/innen einen konkreten Bezug haben. Der Lernstoff wurde in drei Teile untergliedert (3 verschiedene Diagrammtypen).
Die Gruppenpuzzlemethode kann für diese Altersstufe und dieses Themengebiet folgendermaßen ablaufen:

In der **ersten Lernphase** (Expertengruppe) bekommen die Schülerinnen und Schüler ein Arbeitsblatt mit Aufgaben zu ihren Diagrammen:
- Sie sollen aufgrund der Daten ein Diagramm zeichnen
- und verschiedene Fragen (die ihnen auf Fragekärtchen gegeben werden) zu ihrem Diagramm beantworten, z. B. „Was stellt eine Säule dar?".
- Außerdem sollen sie sich überlegen, wie sie den anderen später ihr Diagramm erklären können. Dazu können sie vorgegebene Kärtchen mit kurzen Erklärungen und Abbildungen verwenden oder aber eigene Kärtchen verfassen, z. B. „Eine Säule stellt dar, wie häufig ein bestimmtes Hobby in unserer Klasse vorkommt!".
- Für schnelle Gruppen stehen Zusatzaufgaben zur Verfügung.

In der **zweiten Lernphase** (Puzzlegruppe) erklären sich die Experten der Reihe nach ihre Diagramme mit Hilfe der vorgegebenen oder selbst erstellten Kärtchen. Außerdem stellen sie ihre Fragen mit Hilfe der Fragekärtchen.

In der **dritten Lernphase** (Puzzlegruppe) sollen die Schülerinnen und Schüler vergleichen, was die einzelnen Diagramme gemeinsam haben und was sie unterscheidet. Außerdem sollen sie begründen, welche Darstellung ihnen am besten gefallen hat und warum.

■ Die Gruppenpuzzlemethode für das Einführen von Rechtschreibregeln

Die Gruppenpuzzlemethode wurde erfolgreich für das Einführen von Rechtschreibregeln in einer 7. Realschulklasse im Deutschunterricht eingesetzt (Walter, 2001). Es ging dabei um Groß- und Kleinschreibung. Der Lernstoff wurde in drei Teile aufgegliedert.

In der **ersten Lernphase** (Expertengruppen) erhalten die Schülerinnen und Schüler für ihren Teil des Lernstoffs ein Arbeitsblatt mit Regeln, Beispielen und einem kleinen Übungstext.
- Die Schülerinnen und Schüler lesen zunächst ihre Arbeitsblätter durch.
- Sie überlegen gemeinsam, wie sie später den anderen ihre Rechtschreibregel anhand der Beispiele erklären können.
- Sie gehen den Übungstext gemeinsam durch und markieren die Worte, auf die ihre Rechtschreibregel zutrifft.

Die **zweite und dritte Lernphase** (Puzzlegruppen) sind in diesem Fall miteinander verschränkt.
- Zunächst erklärt Experte A seine Rechtschreib-Regel anhand der Beispiele, bis die Puzzlegruppenmitglieder die Regel verstanden haben.
- Danach diktiert Experte A seinen Übungstext, den er anschließend auch sofort korrigiert und die Fehler mit den Puzzlegruppenmitgliedern bespricht. Diese verbessern die falsch geschriebenen Wörter.
- Danach ist Experte B, dann C an der Reihe.

Auf der beiliegenden CD finden Sie Beispiele für den Einsatz des Gruppenpuzzlemethode in der Schule und in der Erwachsenenbildung.

- Schule:
Autorin: Erika Pailer
Klasse: Sekundarstufe I, Klasse 8, Realschule
Thema: Biologie: Rauchen

• Erwachsenenbildung:
Autorin: Anne A. Huber
Kurs: Pädagogische Hochschule
Thema: Seminar Kooperatives Lernen: Worauf die Wirksamkeit kooperativer Lern-methoden beruht

4. Was gewinne ich mit der Gruppenpuzzlemethode?

Die Lernenden
• sind selber hoch aktiv
• schulen ihre mündliche Kommunikationsfähigkeit
• erleben sich als selbstwirksam und wichtig für den Lernprozess.

Sie als Lehrende
• können sich einen Eindruck über die Kompetenzen der Lernenden verschaffen
• können Lernlücken erkennen und auffangen.

Steckbrief Lerntempoduett   (Diethelm Wahl)

1. Wie läuft die Methode ab?

Einführung

Aneignungs- phase in Einzelarbeit	Austauschphase in Partner- oder Gruppenarbeit	Aneignungs- phase in Einzelarbeit	Verarbeitungs- phase in Partnerarbeit

Sich selbst zum Experten machen für einen Teil der Inhalte & Visualisierung der erarbeiteten Inhalte in Form von „Advance Organizer"	Wechselseitiges Präsentieren der „Advance Organizer"	Bearbeiten der komplementären Inhalte	Vertiefung der erworbenen Inhalte durch zahlreiche Aufgaben zur Festigung, Vernetzung, Transfer und kritischen Reflexion

Abschluss

Nach einer ersten organisatorischen Gelenkstelle (Erläutern der Aufgabenstellung, Verteilen der Arbeitsunterlagen usw.) versetzen sich die Lernenden in einen Expertenstatus (erste Aneignungsphase). In der zweiten, besonders heiklen organisatorischen Gelenkstelle signalisieren die Teilnehmenden, dass die Aneignungsphase abgeschlossen ist. Verschiedenartige Experten, die ähnlich schnell fertig geworden sind, formieren sich dann zu Paaren (Lerntempoduett), Dreiergruppen (Lerntempoterzett) oder anderen im Voraus festgelegten Gruppierungen. Nun werden die Aufgaben wechselseitig bearbeitet. Die Teilnehmenden informieren und unterstützen sich dabei gegenseitig (Austauschphase). Ist dies geschehen, werden die komplementären Inhalte in Einzelarbeit angegangen (zweite Aneignungsphase). Sind alle Inhalte angeeignet, wird erneut signalisiert, dass die Arbeit getan ist. Nun bilden sich wieder entsprechend der Lerntempi Gruppierungen, die mit einer größeren Anzahl von Aufgaben das Gelernte festigen, vernetzen, vertiefen und transferieren (Verarbeitungsphase). In der abschließenden organisatorischen Gelenkstelle wird der Austauschprozess beendet. Inhaltliche oder prozessorientierte Fragen und Probleme werden im Plenum thematisiert. Dort findet auch die Weiterführung des Lernprozesses statt.

2. Warum ist die Methode wirksam?

Das Lerntempoduett wurde von mir selbst entwickelt. Es entstand aus der Überlegung heraus, dass Lernende wegen unterschiedlicher bereichsspezifischer Vorkenntnisse, unterschiedlicher Decodierfähigkeit und unterschiedlicher Lernstrategien ganz unterschiedlich schnell lernen.
Folglich erscheint es zielführend, zahlreiche Formen des Lernens durch wechselseitiges Lehren im eigenen Lerntempo ablaufen zu lassen.
Das Lerntempoduett ist wirksam,
- weil es von den Lernenden in hohem Maße als ‚selbstbestimmtes Lernen' aufgefasst wird,
- weil das Lernen im eigenen Tempo zu hoher Ausdauer und gutem Lernerfolg führt,
- weil es das Erleben eigener Kompetenzen und Fähigkeiten erhöht,
- weil die zur Verfügung gestellte Lernzeit optimal genutzt wird.

3. Wo setze ich die Methode ein?

Es ergeben sich vielfältige Einsatzmöglichkeiten: Üben, Wiederholen; Erwerb neuer Lerninhalte; Durchführen von Experimenten.

3.4 Das Lerntempoduett

Diethelm Wahl

1. Wie läuft das Lerntempoduett ab ?

Grundidee des Lerntempoduetts (bzw. Lerntempoterzetts, Lerntempoquartetts usw.) ist es, die Lernenden bestmöglich in ihrem eigenen Tempo lernen und arbeiten zu lassen. Ansonsten hat diese Methode vom Aufbau her einiges mit dem Partnerpuzzle (bzw. dem Gruppenpuzzle) gemeinsam.

In der **ersten Phase** des Lerntempoduetts **(Aneignungs-Phase)** eignen sich die Lernenden einen Teil der Lerninhalte an. Eine Besonderheit ist dabei, dass dies in **Einzelarbeit** geschieht. Dies erlaubt es den Lernenden, im eigenen Tempo arbeiten zu können und erfordert gerade nicht auf die Geschwindigkeit anderer Lernender Rücksicht nehmen zu müssen. Inhaltlich kann es sich um die Arbeit mit Texten handeln. Es können aber auch Rechenaufgaben sein, kleine Experimente, auszuarbeitende Dialoge, musikalische Elemente oder Bewegungsausführungen. Was individuell erarbeitet wurde, wird auch dargestellt. Dazu entwickeln die Lernenden **Visualisierungen**, machen ihr Wissen also sichtbar (vgl. z. B. Mandl & Fischer, 2000). Die hierbei entstehenden kognitiven Landkarten (vgl. Friedrich & Ballstaedt, 1995) sind nach dem Prinzip der Multicodierung aufgebaut (vgl. Weidenmann, 2001), enthalten also möglichst verschiedenartige Codierungsformen der darzustellenden Informationen. Neben sprachlichen Begriffen werden auch Symbole, Hinweispfeile und Bilder verwendet. Wo es sich anbietet, werden darüber hinaus Beispiele, Vergleiche und Episoden mündlich eingefügt. Die lernpsychologische Funktion ist eine doppelte. Erstens eine tiefe Verarbeitung für jene Person, welche die kognitive Landkarte anfertigt. Zweitens eine „gute Ordnung" für jene Person, der diese kognitive Landkarte als „Advance Organizer" präsentiert wird (vgl. hierzu auch die Ausführungen zur zweiten Phase des Lerntempoduetts)

Ist eine Person mit der Aneignungsphase fertig, so signalisiert sie nonverbal, dass sie bereit ist in die zweite Arbeitsphase einzutreten. Dies kann durch schlichtes Aufstehen geschehen, durch das Hochhalten einer Arbeitsunterlage, durch die Verwendung einer Farbkarte (analog zu der von Gerbig & Gerbig-Calcagni, 1998 entwickelten ‚Bauklötzchenmethode' in EDV Schulungen) oder durch Wechsel an einen dafür vorgesehenen Ort (z. B. Stillarbeitsecke im Klassenzimmer oder Flur bzw. Nebenraum in der Erwachsenenbildung). Wichtig ist, dass dies alles ohne große Reibungsverluste, also möglichst unauffällig vor sich geht, damit die anderen Lernenden nicht gestört werden. Die Erfahrungen von der Grundschule bis zur Erwachsenenbildung zeigen, dass es nicht schwierig ist, hierfür die organisatorischen Voraussetzungen zu schaffen.

Sobald eine Person mit dem komplementären Lerninhalt ebenfalls signalisiert, dass sie fertig ist, schließen sich die beiden Personen zusammen und beginnen mit dem wechselseitigen Austausch. (Beim Lerntempoterzett sind es drei Teile und damit drei Personen; beim Lerntempoquartett vier Teile und entsprechend vier Personen usw.).

In der **zweiten Phase** des Lerntempoduetts **(Vermittlungs-Phase)** führen sich die beiden Personen gegenseitig in die Lerninhalte ein. Ziel ist es zunächst nicht, eine vollständige Vermittlung zu erreichen wie etwa bei der Partnerpuzzlemethode. Vielmehr sollen nur die wesentlichen Grundgedanken oder Grundprinzipien weitergegeben werden. Im Grunde werden also gegenseitige „Advance Organizer" präsentiert. Ein „**Advance Organizer**" (vgl. Ausubel, 1974) stellt eine im Voraus gegebene Strukturierung der Lerninhalte dar, die helfen soll, die danach folgenden Detailinformationen besser zu verankern. Die in der ersten Arbeitsphase erstellten Visualisierungen dienen als derartige „organizers in advance". Sie geben einen gut strukturierten und zugleich mehrfachcodierten Einblick in den noch nicht bekannten Teil der Lerninhalte. Sie ermöglichen eine vernetzte Vorausschau auf die in der dritten Phase zu bearbeitenden Lerninhalte. Die lernpsychologische Funktion des wechselseitigen Austausches von „organizers in advance" ist wiederum eine doppelte: Einerseits Vertiefung der eigenen Verarbeitung durch den Zwang die visualisierte Struktur zu verbalisieren und mit Analogien, Beispielen etc. anzureichern. Andererseits Erhalt einer vernetzten Struktur der noch kommenden Lerninhalte, was zu einem deutlich verbesserten Vorverständnis führt (vgl. hierzu auch Mandl & Fischer, 2000, S. 6 f.). Vom zeitlichen Umfang her ist der Austausch der beiden „Advance Organizer" eher kurz bemessen. Ziel ist es ja nicht, alle Informationen weiterzugeben, sondern es wird lediglich angestrebt, eine Orientierung für die folgenden Aneignungsprozesse zu geben.

In der **dritten Phase** des Lerntempoduetts **(Aneignungs-Phase)** eignen sich die Lernenden jenen Teil des Lernstoffes an, der ihnen gerade in vernetzter Form vorgestellt wurde. Die komplementären Textteile werden gelesen, die noch fehlenden Experimente durchgeführt, Problemlösungen für den zweiten Teil der Rechenaufgaben angewendet, die noch ausstehenden Bewegungen oder musikalischen Elemente erworben usw.. Dies geschieht wie bei der ersten Aneignungsphase in **Einzelarbeit** um erneut ein persönliches Lerntempo zu ermöglichen. Den Lernenden werden dieses Mal die Lernstrategien frei gestellt. Sie sollen selbst entscheiden, wie sie an die komplementären Inhalte herangehen möchten. Das Erstellen einer kognitiven Landkarte ist im Gegensatz zur ersten Aneignungs-Phase nicht mehr verbindlich vorgeschrieben. Die Lernenden prüfen selbst, ob es ihnen hilft, ihr Wissen sichtbar zu machen bzw. die Lehrenden geben Anregungen für sinnvolle Vorgehensweisen, falls die Lernenden Mühe haben, eine solche Entscheidung autonom zu treffen. Die hohe Individualität in Lerntempo und den gewählten Lernstrategien zieht – um einen Vergleich aus dem

Sport zu wählen – „das Feld weit auseinander". Ist eine Person fertig, so signalisiert sie wiederum nonverbal, dass sie bereit ist in die vierte Arbeitsphase einzutreten. Sobald eine andere Person ebenfalls signalisiert, dass sie fertig ist, schließen sich die beiden Personen zusammen. Es muss nicht mehr darauf gewartet werden, bis eine Person mit dem komplementären Teil fertig ist. Da beide Personen beide Teile durchgearbeitet haben, können die Dyaden beliebig gebildet werden.

In der **vierten Phase** des Lerntempoduetts **(Verarbeitungs-Phase)** vertiefen die Lernenden die erworbenen Inhalte. Dazu wird eine umfangreiche Liste von **Aufgaben** angeboten. Ein erster Aufgabentypus bezieht sich auf die Sicherung und Vernetzung der Lerninhalte. Hier können beispielsweise vielfältige Übungsaufgaben, eine Sortieraufgabe oder die Struktur-Lege-Technik (vgl. Wahl, 2001) hilfreich sein. Andere Aufgaben beziehen sich auf die kritische Auseinandersetzung mit dem Gelernten und fordern zum Beziehen von Positionen, zum Bewerten oder zur Meinungsbildung auf. Ein dritter Aufgabentypus regt zum Transfer des Gelernten auf Praxissituationen an. Ein vierter Aufgabentypus stellt die Reflexion über den eigenen Lern- und Arbeitsprozess in den Mittelpunkt. Die Lernenden wählen selbstständig aus, in welcher Form sie weiterarbeiten möchten. Die Menge der Aufgaben sollte dabei so reichlich bemessen sein, dass auch sehr schnelle Lernpaare genügend ansprechende Arbeitsmöglichkeiten finden.

Das Lerntempoduett endet mit einem **Abschluss-Plenum**. Eine besondere Herausforderung ist es dabei, jenen **Zeitpunkt** zu wählen, zu dem man ins Plenum zurückkehren will. Abbruchkriterium kann keinesfalls sein zu warten, bis alle Lernenden alle Aufgaben bearbeitet haben. Das würde die Idee eines Lerntempoduetts konterkarieren, weil dann die schnelleren Lernenden über einen langen Zeitraum beschäftigungslos warten müssten, bis alle anderen genauso weit gekommen wären. Vom Lerngeschehen her gesehen gibt es drei sinnvolle Abbruchkriterien, vorausgesetzt, es ist genügend Zeit verfügbar: (1.) Die Plenums-Phase beginnt dann, wenn die langsamsten Lernenden wenigstens **eine** Aufgabe aus der vierten Phase, der Verarbeitungs-Phase zu Ende geführt haben. Dieses Abbruchkriterium kann gewählt werden, wenn die Lerntempounterschiede in engen Grenzen liegen. Ist jedoch das „Feld weit auseinander gezogen", dann empfiehlt es sich (2.) die Plenums-Phase dann zu beginnen, wenn die langsamsten Lernenden die dritte Phase **abgeschlossen**, sich also den komplementären Inhalt angeeignet haben. Damit ist zumindest gewährleistet, dass sich die Lernenden mit den wesentlichen Details auseinander gesetzt haben. (3.) Bei ganz extremen Lerntempounterschieden, wie sie zum Teil in der Erwachsenenbildung (aber auch in Grundschulen) vorkommen, kann die Plenums-Phase dann gestartet werden, wenn die langsamsten Lernenden sich gegenseitig ihre **„organizers in advance"** gegeben haben. Damit ist gewährleistet, dass alle zumindest ein Vor-Verständnis von allen Lerninhalten haben. – Ist die Zeit, in der das Lerntempoduett durchgeführt wird, durch **externe Grenzen** markiert (in schulischen Kontexten z. B. durch das Ende der Lektion, in der Erwachsenenbildung z. B. durch festgelegte Pausen, Mahlzeiten oder das Tagesende), so wird schon zu Beginn des Lerntempoduetts eine **feste Zeit** für das Abschluss-Plenum angegeben. Es empfiehlt sich, den Lernenden einige Minuten **vor** diesem Fixpunkt noch einmal einen Zeithinweis zu geben, wie wir ihn von Bahnreisen her kennen: „In wenigen Minuten erreichen wir ….". Analog könnte der Hinweis beispielsweise lauten: „ In 5 Minuten, also Punkt 11:30 Uhr, treffen wir uns im Plenum." Die Lernenden haben damit die Chance, jene Tätigkeit, mit der sie im Moment befasst sind, abzuschließen und müssen nicht mitten aus ihrem Arbeitsprozess herausgerissen werden.

Das Abschluss-Plenum selbst kann mit verschiedenen Zielvorstellungen durchgeführt werden. Es kann sich **inhaltsorientiert** mit ausgewählten Fragen beschäftigen, die in besonderem Maße sachlich schwierig oder interessant oder meinungs- bzw. bewertungsmäßig umstritten waren. Es kann **prozessorientiert** im Sinne einer Lernweg-Reflexion auf die bevorzugten Lernstrategien und gewählten Aufgaben- typen eingehen. Es kann **transferorientiert** die inhaltliche Thematik weiterführen. Insgesamt ist es wohl das Wichtigste, dass die Lehrperson, die ja während des Lern- tempoduetts selbst vom Prozess weitgehend ausgeschlossen war, nicht aus lauter Freude über ihre zurückgewonnene Mittelpunktsrolle versucht den gesamten Stoff noch einmal in eigenen Worten zu wiederholen oder noch schlimmer, ihn durch die Lernenden zusammentragen zu lassen. Vielmehr wird es darauf ankommen, in an- gemessener Weise die Prozesse und Ergebnisse des Lerntempoduetts aufzugreifen und weiterzuführen, insbesondere aber auf die in Phase 4 bearbeiteten Aufgaben einzugehen.

2. Warum ist das Lerntempoduett wirksam?

Das Lerntempoduett ist eine Methode des „Lernens durch wechselseitiges Lehren". Sie entstand in meinen eigenen Kursen der Erwachsenenbildung aus der Überlegung heraus, dass bei Formen des „Lernens durch wechselseitiges Lehren" erhebliche War- tezeiten dadurch entstanden, dass die einen Lernenden längst zum Austausch bereit waren, während sich die anderen noch mitten im Aneignungsprozess befanden. So versuchte ich die Wartezeiten dadurch zu verringern, dass jene Personen, die mit der Aneignungsphase fertig waren, sofort in die Austauschphase durften. Dadurch ergab sich jedoch zuerst nur eine ungewollte Verschärfung des Problems: da die schnelleren Lernenden auch die Austauschphase schneller durchliefen, trat am Ende eine noch größere zeitliche Diskrepanz zu den langsamer lernenden Personen auf. Folglich mussten Aufgabenformen entwickelt werden, die es erlaubten, Personen mit einem hohen Lerntempo zu einer anspruchsvollen Auseinandersetzung mit den Lerninhalten zu bringen, und die zugleich nicht als „Strafe für unzulässig schnelles Lernen" empfunden wurden. Darüber hinaus zeigte es sich als erforderlich, in vorauslaufenden metakommunikativen Phasen die Lernenden darauf aufmerksam zu machen, dass große Lerntempounterschiede deutlich sichtbar werden würden, dass es aber dennoch darauf ankäme, ganz bewusst zu den eigenen Lerngewohnheiten zu stehen und sich nicht dem Tempo anderer Lernender anzupassen. Dieser Hinweis war vor allem für langsame Lernende erforderlich, die ihr Hinterherhinken im zeitlichen Ablauf als Misserfolg interpretierten. Sie sollten das Lerntempoduett als ungewöhnlich günstige Chance sehen lernen, endlich einmal im eigenen Tempo lernen zu können. Schließlich war noch herauszufinden, zu welchem Zeitpunkt ein Lerntempoduett abzuschließen sei (Abbruchkriterien) und wie es insgesamt abgerundet werden könnte. So entstand im Laufe mehrerer Jahre die hier vorgeschlagene Form des Lerntempoduetts, die wegen ihrer vielfältigen Unterschiede zu Methoden wie Partner- oder Gruppenpuzzle durchaus als eigenständige Methode betrachtet werden kann.

Ausgangspunkt der theoretischen Überlegungen war die Individualität menschlichen Lernens, das aus Sicht des Forschungsprogramms Subjektive Theorien (vgl. Groeben, Wahl, Schlee und Scheele, 1988) in der Einzigartigkeit menschlichen Denkens, Fühlens und Agierens begründet ist. Die hohe Individualität von Lernprozessen hat ihre Ursachen in der Unterschiedlichkeit allgemeiner und bereichsspezifischer Vorkenntnisstrukturen, in großen Differenzen in der Bevorzugung von Lernstrategien (vgl. Friedrich & Ballstaedt, 1995) und in der Verschiedenartigkeit motivationaler Voraussetzungen (vgl. Rheinberg, 1995). Als Ergebnis zeigen sich deutliche Unterschiede in der aufzuwendenden Lernzeit. Nach Bloom (1973) gehen in Grundschulen die daraus resultierenden Tempounterschiede bis zum Faktor fünf, das bedeutet, dass bei bestimmten Lerninhalten die langsamsten Lernenden fünf Mal mehr Zeit benötigen um ein definiertes Lernziel zu erreichen als die schnellsten. Im von mir geleiteten Kontaktstudium Erwachsenenbildung ergaben sich bei der Begleitforschung zu den Selbststudienphasen noch gravierendere Unterschiede. Hier benötigten die langsamsten Lernenden bis zu neun Mal mehr Zeit um den Studientext zu lesen und die dazu gehörenden Arbeitsaufgaben zu bearbeiten. (Beispiel: bei einem 60 Seiten umfassenden Studientext über die „Interaktion zwischen Lehrenden und Lernenden" lagen die gemessenen Zeiten zum Lesen des Textes plus Lösen der Aufgaben zwischen 2 und 18 Stunden. Die Teilnehmenden waren allesamt Kursleiterinnen und Kursleiter, zwischen 25 und 55 Jahren alt und hatten Vorbildungen, die vom Hauptschulabschluss bis zur Promotion reichten). Verlaufen Lernprozesse in kollektiven Phasen, so haben die Lernenden keine Möglichkeit im eigenen Tempo zu lernen. Sie müssen sich vielmehr dem gemeinsamen Lerntempo anpassen. Für die schnelleren

Lernenden bedeutet dies, ihr Tempo bewusst herabzusetzen oder einfach längere Wartephasen in Kauf zu nehmen. Die langsameren Lernenden müssen umgekehrt ihr Tempo heraufsetzen, was impliziert, dass sie Lernstrategien vom Typus „surface approach" wählen, weil „deep-approach-Strategien" (vgl. Friedrich und Ballstaedt, 1995) zu viel Zeit erfordern würden. Das Lernen verläuft also für beide Gruppen recht unbefriedigend. Deshalb ist es sinnvoll, nach Lehr- und Lernmethoden zu suchen, die es ermöglichen, wenigstens zeitweise im eigenen Tempo zu lernen.

Ein Großteil der derzeit in Schule, Hochschule und Erwachsenenbildung realisierten Lernumgebungen lässt ein Lernen im eigenen Tempo nur bedingt zu. Nach Hage et al. (1985) verlaufen im Gymnasium etwa 80 % der Lernphasen in einem gemeinsamen Lerntempo. An Universitäten liegen die Werte noch höher. Da erscheint es in besonderem Maße wichtig, jene Zeiträume zu vermehren, in denen anknüpfend an eigene bereichsspezifische Vorkenntnisse mit selbst gewählten Lernstrategien im eigenen Tempo gelernt werden kann.

Umgekehrt muss man sich nicht wundern, wenn das z. B. im Lerntempoduett realisierte Lernen im eigenen Tempo zu einer ganzen Reihe von Schwierigkeiten führt. **Die Lehrenden** tun sich außerordentlich schwer mit dem Gedanken, dass in gleicher Zeit Verschiedenes gelernt werden kann und darf. Sie hängen mehrheitlich der bei einer genauen gedanklichen Analyse als unsinnig erscheinenden Idee nach, dass es aus Gründen der Gleichbehandlung wichtig sei, dass alle Lernenden das Gleiche lernen. Wird durch Formen wie das Lerntempoduett deutlich sichtbar, wie verschiedenartig Lernprozesse und Lernergebnisse ausfallen, dass also die einen Lernenden in der gleichen Zeit zum Beispiel viel mehr lernen als die anderen, dass sie weiter kommen und tiefer verstehen, dann sperren sich viele Lehrende innerlich dagegen und zeigen kontraproduktive Formen des Umgangs mit Lerntempounterschieden. Darüber hinaus fehlt es vielen Lehrenden an didaktischen und methodischen Kompetenzen, unterschiedliche Lernprozesse über längere Zeiten zuzulassen. Das würde ja vom weitgehend kollektiv geführten Lernen wegführen und hin zu schon seit der Reformpädagogik geforderten Formen der Differenzierung. Letztere sind, obwohl sattsam bekannt, in der Praxis immer noch selten anzutreffen. Auch für die Lernenden ist es nicht einfach, mit Lerntempounterschieden umzugehen, wenn sie so offenkundig werden wie beim Lerntempoduett. In einer Gesellschaft, die auf soziale Vergleiche hin ausgerichtet ist, bilden sich Fähigkeitskonzepte und Selbstbilder unter anderem dadurch heraus, dass die Leistungen einer Person als ‚besser' oder ‚schlechter' interpretiert werden als die von anderen (vgl. Helmke, 1992, Meyer, 1984). So wird auch das raschere Durchlaufen der Aneignungs- und Austauschphasen gerne als ‚Erfolg', das geringere Lerntempo entsprechend der bisherigen biografischen Erfahrungen als ‚Versagen' interpretiert. Viele langsam lernende Personen berichten in der Lernwegreflexion von widerstreitenden Gefühlen, wenn sie bemerken, dass andere eine Phase schon abgeschlossen haben, in der sie noch mittendrin sind. Sollen sie nun anfangen zu hetzen oder so zu tun, als seien sie fertig, nur um nicht als Letzte die Phase zu beenden, oder sollen sie zu ihrem eigenen Lerntempo stehen und so vorgehen, wie sie es sinnvoller Weise leisten können? – Formen wie das Lerntempoduett beinhalten eine andere Vorstellung vom Lernen und erfordern damit langfristig ein Umdenken bei Lehrenden und Lernenden. Langfristig gesehen entfaltet das Lerntempoduett wie nahezu alle anderen in diesem Band vorgestellten Methoden seine volle Wirkung erst dann, wenn die gesamte Lernumgebung entsprechend gestaltet ist

Das Lerntempoduett ist bisher wenig empirisch untersucht. Doch erste Ansätze sind im Rahmen des Forschungsprojektes WELL gemacht. Die Erprobungen des Lerntempoduetts und die dabei bisher gemachten Erfahrungen weisen darauf hin, dass die nachfolgenden Hypothesen nicht unbegründet sind:

■ Selbstbestimmtes Lernen im eigenen Tempo

Das Arrangement des Lerntempoduetts zielt darauf ab, über weite Strecken im eigenen Tempo lernen und arbeiten zu lassen. Doch wird diese Chance auch wahrgenommen? Die bisherigen Erfahrungen zeigen, dass sich trotz einer vorauslaufenden metakommunikativen Phase bei der ersten Durchführung eines Lerntempoduetts langsamer Lernende unter enormem Druck sehen und häufig ihr Lernverhalten entsprechend biografisch erworbener Gewohnheiten in Richtung auf oberflächlich-schnelles Vorgehen verändern. Dieser Effekt verliert sich jedoch bei weiteren Durchführungen des Lerntempoduetts, weil die Lernenden zunehmend erkennen, dass es nicht auf soziale Vergleiche ankommt, sondern auf selbstbestimmtes Lernen. Deshalb ist es auch keine Überraschung, wenn Kuhn (2002) bei einem Vergleich von herkömmlichem Grundschulunterricht und Lerntempoduett die größten Unterschiede in der Skala „Selbstbestimmung" zugunsten des Lerntempoduetts findet.

■ Aufmerksamkeit und Lernerfolg

Selbstbestimmtes Lernen im eigenen Tempo sollte nach allem, was man heute über Lernprozesse weiß, zu einer günstigeren Verteilung der Aufmerksamkeit führen als fremdbestimmtes Lernen in einem kollektiven Lerntempo. Erste Studien in diesem Feld bringen jedoch noch uneinheitliche Ergebnisse. So fand Fischer (2002) bei der Beobachtung von Schülerinnen und Schülern des vierten Grundschuljahres mit dem Münchner Aufmerksamkeitsinventar (vgl. Helmke & Renkl, 1992), dass manche Lernende im herkömmlichen Unterricht aufmerksamer waren (z. B. Fallbeispiel Mike: 73 % ON Task im herkömmlichen Unterricht gegen 59 % ON Task beim Gruppenpuzzle) während andere Lernende beim Lernen durch wechselseitiges Lehren die höhere Aufmerksamkeit zeigten (z. B. Fallbeispiel Marianne: 46 % ON Task bei herkömmlichem Unterricht gegen 66 % ON Task beim Gruppenpuzzle). Durchschnittlich war das Gruppenpuzzle in den Aufmerksamkeitswerten mit 62,6 % gegenüber 61,1 % ON Task dem herkömmlichen Unterricht nur leicht überlegen. Unsere Beobachtungen vor allem in der Erwachsenenbildung weisen jedoch darauf hin, dass noch wesentlich größere Unterschiede in den Aufmerksamkeitswerten zu erwarten sind, wenn derartige Untersuchungen systematisch mit dem Lerntempoduett durchgeführt werden. Entsprechend groß müssten auch die Unterschiede im Lernerfolg ausfallen.

■ Nutzung günstiger Lernstrategien

Das Lerntempoduett ist in hohem Maße „lernstrategiehaltig" ! Die Lernenden werden zu einem „deep approach" angehalten, weil ihnen abverlangt wird schon in der ersten Phase ihr Wissen sichtbar zu machen. Dies führt zu einer intensiven Auseinandersetzung mit den Lerninhalten (vgl. auch Mandl & Fischer, 2000). Durch die vorgeschriebene Mehrfachcodierung sind sie gezwungen die Sachverhalte in verschiedenen Darstellungsmodi aufzubereiten. Auch hierdurch wird eine tiefere Verarbeitung unterstützt. In der ersten Austauschphase müssen sie das von ihnen selbst strukturierte Wissen zusätzlich verbalisieren, damit sie es einer anderen Person verständlich machen können. Dies setzt einen weiteren aktiven Verarbeitungsprozess voraus. Umgekehrt erhalten sie in dieser Austauschphase eine fremde Vor-Struktur, die sie in der anschließenden Einzelarbeit mit Details füllen, bestätigen oder falsifizieren können. Vor allem die Auseinandersetzung mit Widersprüchen, Unklarheit und Unstimmigkeiten führt in der nach dem Austausch folgenden Einzelarbeit zu einer intensiven Beschäftigung mit den Lerninhalten. Das Aufeinanderprallen einer fremden Vor-Struktur mit dem eigenen Verstehen erweist sich hier als besonders fruchtbar. Schließlich sind auch die in der vierten Arbeitsphase vorgelegten Arbeitsaufgaben hilfreich für Erwerb und Einsatz von Lernstrategien. Man denke nur an die Sortieraufgabe, die Struktur-Lege-Technik, Transferaufgaben oder die Akzentuierung von Metakognitionen durch abverlangte Lernwegreflexionen. Der zweimalige Wechsel von Einzel- und Partnerarbeit erweist sich für alle eben genannten Prozesse als äußerst vorteilhaft, weil er einerseits das Arbeiten innerhalb der eigenen gedanklichen Konstruktionen erlaubt, weil er aber andererseits auch die Auseinandersetzung mit fremden gedanklichen Konstruktionen zwingend vorschreibt.

■ Kompetenzerleben und Anstrengungskalkulation

Wie bei vielen anderen kooperativen Lernmethoden ist zu erwarten, dass das Erleben der eigenen Wirksamkeit (vgl. Flammer, 1990) eine zentrale Quelle der Anstrengungskalkulation darstellt. Die Lernenden machen die Erfahrung, dass das Arbeiten im eigenen Tempo zu guten Lernfortschritten führt, bei den Schnellen ebenso wie bei den Langsamen. Die Betonung des eigenen Lernzuwachses wirkt wie ein „naturwüchsiges Motivänderungsprogramm" (vgl. Rheinberg, 1980) und steigert zunehmend den Kräfteeinsatz. Langfristig können sich dadurch Fähigkeits- bzw. Selbstkonzepte ändern (vgl. Meyer, 1984; Helmke, 1992). Die Ergebnisse von Kuhn (2002) deuten in diese Richtung. Bei der Erprobung des Lerntempo-Duetts in einer dritten Grundschulklasse zeigten sich hohe Werte in Kompetenzerleben und Lernmotivation, wobei die entsprechenden Werte herkömmlichen Unterrichts jeweils übertroffen wurden.

3. Wo setze ich das Lerntempoduett ein ?

Das Lerntempoduett (entsprechend Lerntempoterzett, Lerntempoquartett) lässt sich didaktisch in ganz verschiedener Weise nutzen. Es kann für das Durchführen von **Experimenten** eingesetzt werden. Hierbei führt die eine Hälfte der Lernenden Experiment A aus, die andere Hälfte Experiment B. Sobald zwei Lernende mit verschiedenen Experimenten fertig sind, erklären sie sich gegenseitig anhand einer Visualisierung die Grundgedanken des jeweils anderen Experiments und führen dieses anschließend im Detail durch. Darauf folgen weitere Aufgaben, die im Nachlesen theoretischer Erklärungen z. B. im Lehrbuch, in der kritischen Betrachtung des Versuchsaufbaus, in weiterführenden Experimenten oder in der Reflexion des eigenen Lernprozesses bestehen können. Im Abschluss-Plenum können dann wichtige Fragen aufgegriffen, diskutiert und geklärt werden.

Das Lerntempoduett kann auch für **Übungsaufgaben** verwendet werden. Während die eine Hälfte der Lernenden Aufgaben vom Typus A bearbeitet, bearbeitet die andere Hälfte Aufgaben vom Typus B. In der Austauschphase erläutern sich die Lernenden gegenseitig ihre Vorgehensweisen und bearbeiten danach die jeweils andere Hälfte der Aufgaben. In der vierten Phase können dann weiterführende Aufgaben oder Lernweg-Reflexionen im Mittelpunkt stehen.

Das Lerntempoduett kann auch zum **Erwerb neuer Lerninhalte** eingesetzt werden. Hierbei erhält die eine Hälfte der Lernenden Text A, die andere Hälfte Text B. In der Aneignungsphase eignen sich die Lernenden die Inhalte an und visualisieren sie. Nach den „Advance Organizer" in der Austauschphase beschäftigen sie sich mit dem jeweils anderen Text. Danach wählen sie unter verschiedenen Aufgabentypen aus.

Auf der beiliegenden CD finden Sie Beispiele für den Einsatz des Lerntempoduetts in Schule und Erwachsenenbildung.

• Schule:
Autorin: Annette Bernhart
Klasse: Grundschule, Klasse 4
Thema: Heimat- und Sachunterricht: Ritter

• Erwachsenenbildung:
Autor: Diethelm Wahl
Kurs: Lehramts-Studierende im Fach Sport
Thema: Seminar Motivationspsychologie

4. Was gewinne ich mit dem Lerntempoduett?

Die Lernenden
• arbeiten im eigenen Lerntempo
• sind hoch aktiv
• verwenden Methoden zum Sichtbarmachen von Wissen
• lernen Sachverhalte auf den Punkt zu bringen (Prägnanz).

Sie als Lehrende
• können sich um einzelne Lernende gezielt kümmern
• haben einen verhältnismäßig geringen Vorbereitungsaufwand.

Steckbrief Partner- bzw. Gruppeninterview   (Diethelm Wahl)

1. Wie läuft die Methode ab?

Einführung

Aneignungsphase (Einzelarbeit)

Sich selbst einarbeiten in einen Teil der Inhalte in Einzelarbeit: Expertin oder Experte werden für einen Teil des Lernstoffs

Austauschphase (Partner- oder Gruppenarbeit)

Wechselseitiges Lehren & Lernen in Partner- oder Gruppenarbeit: wechselseitig die eigenen Aufgaben stellen – sie bearbeiten lassen – sich bei der Bearbeitung coachen und – gemeinsam diskutieren

Abschluss

Nach einer ersten organisatorischen Gelenkstelle (Erläutern der Aufgabenstellung, Verteilen der Arbeitsunterlagen usw.) versetzen sich die Lernenden in einen Expertenstatus (Aneignungsphase). In der zweiten organisatorischen Gelenkstelle formieren sich verschiedenartige Experten zu Paaren (Partnerinterview) oder zu Gruppen (Gruppeninterview). Nun werden die Aufgaben wechselseitig bearbeitet. Die Teilnehmenden unterstützen sich dabei gegenseitig (Austauschphase). In der abschließenden organisatorischen Gelenkstelle wird der Austauschprozess beendet. Rückmeldungen, Fragen und Probleme werden im Plenum thematisiert. Dort findet auch die Weiterführung des Lernprozesses statt.

2. Warum ist die Methode wirksam?

Partnerinterview, Gruppeninterview und Multi-Interview wurden in Anlehnung an das von Slavin (1983) vorgeschlagene „Gruppenturnier" entwickelt.
Alle drei Formen sind wirksam,
• weil sie zu einer tiefen und nachhaltigen Auseinandersetzung mit den Lerninhalten führen,
• weil sie zum Schließen von Lernlücken beitragen,
• weil sie den persönlichen Lernfortschritt deutlich vor Augen führen und
• weil sie das Erleben eigener Kompetenzen und Fähigkeiten erhöhen.

3. Wo setze ich die Methode ein?

• Zu Beginn eines Lernprozesses können bereichsspezifische Vorkenntnisse aktiviert und Interessen geweckt werden.
• Am Ende einer Lernphase können Lernlücken geschlossen, das Verstehen vertieft und der Transfer vorbereitet werden.
• Möglich in allen Altersstufen und bei fast allen Themengebieten.

3.5 Das Partner- bzw. Gruppeninterview

Diethelm Wahl

1. Wie läuft das Partner- bzw. Gruppeninterview ab?

Grundidee des Partner- bzw. Gruppeninterviews ist es, Lerninhalte zu wiederholen, zu vertiefen und zu diskutieren. Dies geschieht mit wechselnden Rollen, wobei sich jede Person für einen Teil der Lerninhalte verantwortlich fühlt.

In einer **organisatorischen Gelenkstelle** des Partner- bzw. Gruppeninterviews werden den Lernenden ihre Aufgaben zugewiesen. Dies geschieht in der Regel nach dem Zufallsprinzip anhand farbiger oder anders markierter Aufgabenblätter.

In der **ersten Phase** des Partner- bzw. Gruppeninterviews **(Aneignungs-Phase)** beschäftigen sich die Lernenden mit **einem** Aspekt der Lerninhalte: sie machen sich zu Expertinnen und Experten für einen Teil der Fragen, der Aufgaben, der Übungen, der Versuche, der Bewegungen, der Techniken usw. Dies geschieht in Einzelarbeit. In der **ersten Variante** sind Fragen vorgegeben, aber noch keine Lösungen. (Es können auch Rechenaufgaben sein, ein Fremdsprachentext, eine Turnübung, ein naturwissenschaftliches Experiment oder eine Maltechnik.) Wichtig ist, dass die Lerninhalte schon einmal behandelt wurden, sei es in einem vorauslaufenden Lehr – Lern – Prozess (Unterricht, Kurs, Seminar usw.) oder in einer vorauslaufenden Selbststudienphase (Hausaufgabe, Lektüre, E-Learning, Gruppenarbeit usw.). In der **zweiten Variante** sind nicht nur die Aufgaben vorgegeben, sondern zugleich auch Musterlösungen beigefügt.

Die **Tätigkeit** in der Aneignungsphase besteht darin, den vorgegebenen Aspekt der Lerninhalte so gründlich aufzubereiten, dass er von der betreffenden Person wirklich gut beherrscht wird. Als Sozialform ist **Einzelarbeit** vorgesehen, damit jede Person gezwungen ist noch einmal ganz persönlich zu prüfen, ob sie die Lerninhalte grundlegend verstanden hat. Die Lehrperson steht beratend und unterstützend zur Verfügung.

Alternativ ist es denkbar, die Aneignungsphase in Experten-Paaren oder in Experten-Gruppen durchzuführen. Dieses Vorgehen ist dann angezeigt, wenn die Lernenden über eine **geringe bereichsspezifische Expertise** verfügen und deshalb auf die Hilfe anderer Lernender angewiesen sind oder wenn sie sich in den Lerninhalten so unsicher fühlen, dass sie motivational gesehen eine gemeinsame Vergewisserung benötigen.

Bei der ersten Variante (keine Lösungsvorgabe) werden die erarbeiteten **Lösungen** in einer passenden Form **festgehalten** (z. B. Notizen zu einem Versuchsaufbau, Festhalten von Rechenwegen und Rechenergebnissen, Herausschreiben kritischer Passagen bei einer Übersetzung, Notieren von Schritten beim Erlernen einer Maltechnik, Aufschreiben von Beobachtungs- oder Beurteilungsmerkmalen bei einer Turnübung usw.). Bei der zweiten Variante (Vorgabe von Musterlösungen) arbeiten die Lernenden mit Unterstreichen, Hervorheben, Herausschreiben wesentlicher Einzelheiten oder anderen Formen der persönlichen Auseinandersetzung mit der vorgegebenen Lösung.

Ist die für die Aneignungsphase zur Verfügung gestellte Zeit verbraucht, so geht es in der **zweiten organisatorischen Gelenkstelle** darum, Misch-Paare (beim Partnerinterview) oder Misch-Gruppen (beim Gruppeninterview) zu bilden. Diese Übergangsstelle sollte mit möglichst wenig Reibungsverlusten bewältigt werden. Es hat sich bewährt, mit unterschiedlichen Farben oder Markierungen zu arbeiten, sodass jede Person problemlos erkennen kann, wie die Paare oder Gruppen zusammenzusetzen sind.

In der **zweiten Phase** des Partner- bzw. Gruppeninterviews **(Austauschphase)** prüfen die Lernenden gegenseitig, in welchem Ausmaß die Gegenüber die Lerninhalte beherrschen. Dazu stellen sie genau jene Aufgaben, die sie eben noch selbst bearbeitet haben. Die Lernenden in der **Novizenrolle** versuchen die Aufgaben zu bewältigen. Die Lernenden in der **Expertenrolle** überwachen den Bearbeitungsprozess, geben Hinweise oder Hilfestellungen oder arbeiten mit anderen Formen des Coachens. Ziel ist es, den Novizinnen und Novizen zum gleichen Expertisegrad zu verhelfen wie ihn die Personen in der Expertenrolle besitzen. Diese Austauschphase ist das **Kernstück** des Partner- bzw. Gruppeninterviews. Hier findet **wechselseitiges** Lehren und Lernen statt, das durch den ständigen Rollenwechsel angenehm **symmetrisch** verläuft.

In der **dritten Phase** des Partner- bzw. Gruppeninterviews **(Abschluss-Plenum)** werden offene Fragen geklärt und Rückmeldungen über die abgelaufenen Lehr- und Lernprozesse eingeholt. Die Lehrperson, die das Partner- bzw. Gruppeninterview aufmerksam beobachtet hat, entscheidet, ob sie diese Phase mit geringem oder mit hohem didaktisch-methodischen Aufwand gestaltet. Eine wenig aufwändige Gestaltung ist dann angezeigt, wenn die vier Phasen ohne große Probleme zu verlaufen schienen. Hier reichen dann allgemeine Fragen wie: „Was muss inhaltlich noch geklärt werden?", „Wo gab es Schwierigkeiten in der Zusammenarbeit?", „An welchen Punkten wart ihr euch noch unsicher?", „Was hat gut geklappt, was weniger gut?". Die Lernenden haben die Möglichkeit, noch einmal den einen oder anderen Sachverhalt zu thematisieren. Dagegen ist eine aufwändige Gestaltung des Abschluss-Plenums angezeigt, wenn es inhaltliche Probleme gab, wenn es Interaktionsprobleme gab oder wenn gar beides vorlag. In diesen Fällen sollte als erste Maßnahme stets eine Vergewisserungsphase angeboten werden, in der die Lernenden ein oder zwei Minuten Zeit haben die Austauschphase unter inhaltlichen und interaktionellen Gesichtspunkten durchzugehen. Danach bieten sich verschiedene Instrumente an. Ein einfaches Instrument wäre das Blitzlicht, bei dem die Lernenden reihum über inhaltliche oder interaktionelle Erfahrungen berichten. Eine zweites Instrument könnte die Ampelmethode sein, bei der die Lernenden mit den Farben Grün, Gelb und Rot zu Aussagen der Lehrperson Stellung nehmen. So könnte die Lehrperson formulieren: „Ich habe noch inhaltliche Fragen" und definieren Grün = ja, wichtige Fragen; Gelb = ja, aber weniger wichtige Fragen; Rot = keine Fragen. Die Lernenden, die eine grüne Karte hochhalten, werden nacheinander aufgefordert ihre Fragen zu stellen. Bei genügend Zeit können auch noch jene mit den gelben Karten ihre Fragen einbringen. Anschließend könnte die Lehrperson formulieren: „Die Zusammenarbeit in der Austauschphase verlief positiv" und definieren: Grün = ja, Gelb = kleinere Interaktionsprobleme, Rot = größere Interaktionsprobleme. Die Lernenden mit den roten Karten kämen als erste zu Wort und würden ihre Schwierigkeiten bei der Kooperation verbalisieren, danach kämen jene mit den gelben Karten und schließlich jene mit den grünen Karten. Auf diese Weise könnte das Partner- bzw. Gruppeninterview mit einer metakommunikativen Phase abgeschlossen werden.

2. Warum ist das Partner- bzw. Gruppeninterview wirksam?

Das Partner- bzw. Gruppeninterview ist eine Methode des „Lernens durch wechselseitiges Lehren". Seine Grundgedanken entstammen dem „Gruppenturnier" nach Slavin (1983), in deutscher Sprache erstmals dargestellt von G. Huber (1985). Die Durchführung von TGTs (Teams-Games-Tournaments) oder Gruppenturnieren erwies sich in der europäischen Lehr-Lern-Kultur im Gegensatz zur amerikanischen als nahezu unmöglich: die Einteilung von Lernenden in leistungshomogene Gruppen und das wöchentliche Organisieren von Turnieren mit systematischer Auswertung und Leistungsrückmeldung wurde einerseits als zu aufwändig und andererseits als unangemessen konkurrenzorientiert kritisiert. Was in unseren Erprobungen als umsetzbar übrig blieb, war die faszinierende Idee, dass sich die Lernenden am Ende eines Lernprozesses in Gruppen abwechselnd Aufgaben stellen und diese vertiefend bearbeiten sollten. Der Konkurrenzgedanke sollte dabei in den Hintergrund treten. Umgekehrt sollte der Kooperationsaspekt besondere Beachtung finden. So kopiert das Gruppeninterview lediglich die Turnierphase des Gruppenturniers, bei der sich die Schüler in Dreiergruppen reihum Aufgaben stellen, verzichtet aber auf die Zusammenstellung leistungshomogener Lerngruppen und vor allem auf das Gewinnen von Punkten für erfolgreiche Bearbeitung sowie auf die damit verbundenen Leistungsvergleiche. Statt dessen wird als zentrales neues Ziel gesetzt die Lerninhalte mit gegenseitiger Hilfe zu wiederholen, zu vertiefen und zu diskutieren.

Das Partner- bzw. Gruppeninterview sind einfache Formen des Lernens durch wechselseitiges Lehren. Sie werden in der Praxis häufig eingesetzt, sind im Gegensatz dazu aber empirisch wenig untersucht. Geht man bei der Suche nach Anhaltspunkten zur Wirksamkeit des Partner- bzw. Gruppeninterviews auf Untersuchungen zum Gruppenturnier zurück, so landet man bei Slavin (1995). In einer Metaanalyse berichtet er über 12 Studien zum Gruppenturnier, bei denen 9 positive Ergebnisse erbrachten (vgl. hierzu auch die Zusammenstellung bei A. Huber, 1999, S.43). Auch in den Untersuchungen von Okebukula (1985 und 1986) zeigten sich ganz eindeutige positive Effekte (vgl. auch A. Huber, 1999, S. 52). Unsere umfangreichen Erprobungen von Partner- und Gruppeninterviews in Primarschule, Sekundarstufe I, Sekundarstufe II, Studium, Lehrerbildung und Erwachsenenbildung lassen folgende Hypothesen zur Wirksamkeit des Partner- bzw. Gruppeninterviews als sinnvoll erscheinen:

• Intensive Auseinandersetzung mit den Lerninhalten in der Aneignungsphase motiviert durch den **angezielten** Expertenstatus;
• Erfahrung der eigenen Wirksamkeit in der Austauschphase in der **Rolle** als Expertin oder Experte. Positive Rückwirkung auf die Anstrengungskalkulation durch ein verbessertes Fähigkeitskonzept.
• Systematisches Schließen von Lernlücken in Aneignungs- wie in Austauschphase. Dadurch Aufbau guter **bereichsspezifischer Kenntnisse** als dem wichtigsten Prädiktor für den Lernerfolg in einem definierten Bereich.
• Erleben von **persönlichem Lernzuwachs** sowohl in der Aneignungsphase als auch in der Austauschphase, was nach Rheinberg (1980) einem „naturwüchsigen Motivänderungsprogramm" gleichkommt.
• Förderung einer aktiven Auseinandersetzung mit dem Lernstoff durch die Prozesse des **wechselseitigen Beratens** und **Unterstützens** in der Austauschphase.

Damit sind wesentliche Hypothesen genannt, wie sie auch für andere WELL – Methoden gelten (vgl. A. Huber, Konrad & Wahl, 2001, S. 39 ff.)

3. Wo setze ich das Partner- bzw. Gruppeninterview ein ?

■ Zeitpunkte

Das Partner- bzw. Gruppeninterview kann zu verschiedenen Zeitpunkten im Lehr-Lernprozess eingesetzt werden. Am **Anfang** eines Lernprozesses dient es dazu, die für den Lernprozess erforderlichen bereichsspezifischen Vorkenntnisse zu aktivieren bzw. bereitzustellen. Die Aufgaben stammen also aus zurückliegenden Unterrichtsstunden, Seminaren, Kursen oder Vorlesungen. Durch die Wiederholung können Lernlücken geschlossen und damit die Voraussetzungen für eine erfolgreiche Fortsetzung des Lernprozesses geschaffen werden. Beispielsweise kann ein Gruppeninterview den Einstieg in ein Hochschul-Seminar bilden, zu dem vorbereitend Selbststudientexte gelesen werden sollten. Die einzelnen Aufgaben garantieren einerseits, dass die wesentlichen Aussagen noch einmal wiederholt werden (Beispiel CD Frage 3a, Wissen: „Was ist unter dem ‚epistemologischen Subjektmodell‘ zu verstehen?"), sie regen andererseits aber auch zur individuellen Auseinandersetzung mit dem Thema an (Beispiel CD Frage 5b, Stellungnahme: „Gibt es eine Handlungsweise, die du gerne an dir ändern möchtest ?"). Die verschiedenartigen Aufgabenstellungen machen es möglich, nicht nur das erforderliche Wissen aufzubereiten, sondern auch Anknüpfungspunkte für die didaktisch-methodische Weiterarbeit zu setzen.

Am **Ende** eines Themas oder eines Themenbereiches hat das Partner- bzw. Gruppeninterview die Funktion die Lernlücken zu schließen, das Verstehen zu vertiefen und den Transfer vorzubereiten. Beispiele: Die Frage (Geografie, Thema: Plattentektonische Prozesse) „Erkläre den Aufbau der Erde" steht prototypisch für das Schließen von Wissenslücken. Die Aufgabe (Geografie, Thema: Wüstengebiete der Erde) „Warum wandert die junge Bevölkerung aus den Oasen aus ?" steht prototypisch für Vertiefung des Verstehens. Die Aufgabe (Geografie, Vulkanismus) „Interpretiere die folgende aktuelle Zeitungsmeldung über den bevorstehenden Ausbruch des Ätna" steht prototypisch für eine Transferaufgabe.

■ Themengebiete und Altersstufen

Das Partner- bzw. Gruppeninterview kann in nahezu allen Themengebieten und Fächern und auf nahezu allen Altersstufen eingesetzt werden. In der Primarschule kann es von dem Zeitpunkt an verwendet werden, zu dem die Kinder lesen können. Bis hinauf zur Erwachsenenbildung können die Lernenden erfolgreich mit dieser Methode lernen. Selbst in universitären Massenveranstaltungen findet es bei den Studierenden positiven Anklang.

Auf der beiliegenden CD finden Sie Beispiele für den Einsatz des Partner- und Gruppeninterviews in Schule und Erwachsenenbildung.

• Partnerinterview (Beispiel aus der Sekundarstufe I):
Autorinnen: Carmen Ehresmann und Heike Lanz
Klasse: Sekundarstufe I, Klasse 9, Realschule
Thema: Mathematik: Erster und zweiter Strahlensatz

• Partnerinterview (Beispiel aus der Hochschuldidaktik):
Autor: Diethelm Wahl
Kurs: Lehramtsstudierende aller Semester (Großvorlesung)
Thema: Vorlesung Emotionen

• Partnerinterview (Beispiel aus der Lehrerweiterbildung):
Autor: Diethelm Wahl
Kurs: Lehrerinnen und Lehrer (Großveranstaltung, 200 Teilnehmende)
Thema: Neue Formen des Lehrens und Lernens: Der Advance Organizer

• Gruppeninterview (Beispiel aus der Hochschuldidaktik):
Autor: Diethelm Wahl
Kurs: Lehramtsstudierende im Hauptstudium (Hauptseminar)
Thema: Hauptseminar Subjektive Theorien

4. Was gewinne ich mit dem Partner- oder Gruppeninterview?

Die Lernenden
• aktualisieren ihre Vorkenntnisse
• wiederholen hoch aktiv den behandelten Lernstoff
• vertiefen ihr Verstehen
• bereiten den Transfer vor.

Sie als Lehrende
• können auf einer sicheren Grundlage den Unterricht fortsetzen.

Steckbrief Multi-Interview   (Diethelm Wahl)

1. Wie läuft die Methode ab?

Aneignungsphase (Einzelarbeit)	Austauschphase (ständig wechselnde Dyaden)

Sich selbst einarbeiten in einen Teil der Inhalte in Einzelarbeit: Expertin oder Experte werden für einen Teil des Lernstoffs	Die Teilnehmenden treffen sich in ständig wechselnden Dyaden, um sich wechselseitig die eigenen Aufgaben zu stellen – sie bearbeiten zu lassen – sich bei der Bearbeitung zu coachen und – gemeinsam zu diskutieren

Einführung

Abschluss

Nach einer ersten organisatorischen Gelenkstelle (Erläutern der Aufgabenstellung, Verteilen der Arbeitsunterlagen usw.) versetzen sich die Lernenden in einen Expertenstatus (Aneignungsphase).
In der zweiten organisatorischen Gelenkstelle wird eine Art Marktplatzsituation geschaffen, in der sich die verschiedenartigen Experten in ständig wechselnden Dyaden treffen. Nun werden die Aufgaben wechselseitig bearbeitet. Die Teilnehmenden unterstützen sich dabei gegenseitig (Austauschphase).
In der abschließenden organisatorischen Gelenkstelle wird der Austauschprozess beendet. Rückmeldungen, Fragen und Probleme werden im Plenum thematisiert. Dort findet auch die Weiterführung des Lernprozesses statt.

2. Warum ist die Methode wirksam?

Partnerinterview, Gruppeninterview und Multi-Interview wurden in Anlehnung an das von Slavin (1983) vorgeschlagene „Gruppenturnier" entwickelt.
Alle drei Formen sind wirksam,
- weil sie zu einer tiefen und nachhaltigen Auseinandersetzung mit den Lerninhalten führen,
- weil sie zum Schließen von Lernlücken beitragen,
- weil sie den persönlichen Lernfortschritt deutlich vor Augen führen und
- weil sie das Erleben eigener Kompetenzen und Fähigkeiten erhöhen.

3. Wo setze ich die Methode ein?

- Zu Beginn eines Lernprozesses können bereichsspezifische Vorkenntnisse aktiviert und Interessen geweckt werden.
- Am Ende einer Lernphase können Lernlücken geschlossen, das Verstehen vertieft und der Transfer vorbereitet werden.
- Möglich in allen Altersstufen und bei fast allen Themengebieten.

3.6 Das Multi-Interview als spezielle Variante des Partner- bzw. Gruppeninterviews

Diethelm Wahl

1. Wie läuft ein Multi-Interview ab?

Das Multi-Interview stellt eine Weiterentwicklung des Partner- bzw. Gruppeninterviews dar. Die theoretischen Grundlagen sind die gleichen. **Neu** ist der Gedanke, die am wechselseitigen Interview beteiligte **Personenzahl** deutlich zu **erhöhen**. Dies geschieht dadurch, dass man jeder Person nur eine einzige Aufgabe oder Frage gibt. Bezogen auf eine Schulklasse mit z. B. 24 Schülerinnen und Schülern würde dies bedeuten, sich zu den Lerninhalten 24 verschiedene Aufgaben oder Fragen auszudenken. Jede Person sucht dann zu ihrer Aufgabe die passende Lösung (**Aneignungsphase**). Die **Austauschphase** erfolgt dann in einer Art „**Marktplatzsituation**". Jede Person sucht sich ein Gegenüber, stellt die eigene Aufgabe und coacht die andere Person beim Bearbeiten – danach wechseln die Rollen. Um im obigen Beispiel zu bleiben: es bilden sich 12 Paare. Sind die Paare mit der ersten Runde fertig, so lösen sie sich auf und es bilden sich erneut 12 Paare. Auf diese Weise ergeben sich viele Gesprächsrunden, in der eine Person immer wieder die gleiche Frage stellt, umgekehrt aber pro Runde eine andere Frage zu beantworten hat. Sind alle Runden durchlaufen oder ist die für das Multi-Interview vorgesehene Zeit verstrichen, so treffen sich alle Personen im Plenum. Jede Person berichtet dabei, wie gut die von ihr gestellte Aufgabe bewältigt wurde. Die Lehrperson wie auch die Lernenden erhalten durch die Berichtsphase einen Eindruck vom Stand des Lernprozesses. (Wegen dieser **Berichtsphase** trug das Multi-Interview ursprünglich die Bezeichnung „Reporterspiel"; vgl. hierzu Wahl, Weinert, G. Huber, 1984, S. 313 f. und 93 f.).

Da es nicht immer einfach ist, so viele verschiedene Aufgaben oder Fragen zu definieren wie es Lernende sind, kann das Multi-Interview auch in Untergruppen ablaufen. Würde man ein Themengebiet zum Beispiel mit 8 Fragen abdecken können, so würden sich Achter-Gruppen bilden. Jede Person hätte eine der 8 Fragen. Die Marktplatzsituation würde unter diesen 8 Personen stattfinden, d. h. es gäbe maximal 7 Austausch-Runden. Damit die Gruppen sich nicht versehentlich mischen, sollten die Aufgabenblätter jeder Untergruppe eine andere Papierfarbe erhalten. So gab es beispielsweise im vierzigköpfigen Seminar „Beratung" fünf Achtergruppen. Jede hatte eine andere Farbe. Die jeweils 8 Fragen waren aber identisch.

2. Warum ist das Multi-Interview wirksam?

Weil jede Person nur eine Frage hat, erhält sie viel Zeit, diese differenziert zu beantworten, also einen **hohen** Expertenstatus zu erwerben. Entsprechend **inhaltsreich** verläuft der Austausch in den Dyaden. Weil jede Person wiederholt die gleiche Frage stellt, erwirbt sie darüber hinaus eine zunehmende Expertise im Coachen und Erklären. Dies unterstützt einen qualitativ **anspruchsvolle**n Verarbeitungsprozess.

Durch den ständigen Wechsel des Gegenübers wird sie mit zahlreichen anderen Aufgaben oder Fragen konfrontiert. Sie lernt andere Denkweisen und Auffassungen zum gleichen Thema kennen. Das Multi-Interview wird deshalb als **abwechslungsreich** und interessant erlebt, aber auch als inhaltlich tiefgehend.

Abwechslungsreiche und zugleich tiefe Verarbeitung lassen das Multi-Interview in besonderem Maße dafür geeignet erscheinen, ein Thema abzuschließen bzw. eine Leistungsüberprüfung vorzubereiten. Die Berichtsphase im Plenum gibt darüber hinaus Hinweise auf Teilfragen, in denen es noch Nachholbedarf gibt. Ebenso gibt es auch den umgekehrten Weg: Es können die **Vorkenntnisse** zu einem Thema **aktiviert**, vertieft und gedanklich geordnet werden. Die Vorkenntnisse können dabei über vorauslaufenden Unterricht, Texte, E-Learning oder andere Formen erworben worden sein. Die Berichtsphase im Plenum zeigt die Lernlücken auf und gibt wichtige Hinweise für das weitere didaktische Vorgehen.

Nachteilig gegenüber dem Partner- bzw. Gruppeninterview ist sicherlich der höhere organisatorische Aufwand in der Austauschphase (Schaffen einer Marktplatzsituation, ggfs. Bilden farblich markierter Untergruppen). Weil das Bilden ständig wechselnder Dyaden im Multi-Interview eine recht ungewohnte Interaktionsform darstellt, wird es sicherlich auch einige Zeit dauern, bis die Lernenden damit zurechtkommen. Insgesamt stellt das Multi-Interview eine sinnvolle Ergänzung zu den gebräuchlicheren Formen des Partner- und Gruppen-Interviews dar.

Auf der beiliegenden CD finden Sie Beispiele für den Einsatz des Multi-Interviews in Schule und Erwachsenenbildung.

• Schule:
Autorin: Carmen Ehresmann und Heike Lanz
Klasse: Sekundarstufe I, Klasse 9, Realschule
Thema: Mathematik: Satz des Pythagoras und Strahlensatz

• Erwachsenenbildung:
Autor: Diethelm Wahl
Teilnehmende: Betriebliche Fortbildner
Thema: Prinzipien und Methoden der Erwachsenenbildung

3. Was gewinne ich mit dem Multi-Interview?

Die Lernenden
• wiederholen und vertiefen die Inhalte in einer sehr lebendigen Form
• helfen sich mit hoher Sachkompetenz gegenseitig
• bereiten sich nachhaltig auf Prüfungen, Examen, Tests vor.

Sie als Lehrende
• quälen sich nicht mit langweiligen Wiederholungen
• haben Zeit zum Beraten und Unterstützen.

Steckbrief Strukturierte Kontroverse
(Anne A. Huber)

1. Wie läuft die Methode ab?

| Erste Lernphase (Aneignungsphase) | Zweite Lernphase (Vermittlungsphase) | Dritte Lernphase (Verarbeitungsphase) |

Erste Lernphase (Aneignungsphase)

- vier Personen pro Gruppe

- Expertenpaare innerhalb der Gruppe bereiten ihre Seite der Kontroverse vor

Pro — Kontra

Einführung

Zweite Lernphase (Vermittlungsphase)

- die Paare präsentieren sich gegenseitig ihre Argumente

Präsentation

Dritte Lernphase (Verarbeitungsphase)

- die Paare diskutieren ihre Positionen
- die Paare tauschen ihre Rollen und diskutieren erneut (fakultativ!)
- zum Schluss versuchen die Gruppenmitglieder sich auf eine begründete Position zu einigen

Diskussion

Abschluss

Voraussetzung für den Einsatz der Strukturierten Kontroverse ist ein Thema, für das kontroverse Standpunkte vorhanden sind, wie z. B. Pro und Kontra „Kooperatives Lernen". Die Gruppeneinteilung erfolgt am leichtesten mit Spielkarten. Die Zahl oder Person bestimmt die Zugehörigkeit zu einer Vierergruppe, die Kartenfarbe, die Position, die übernommen wird (schwarz = Kontra und rot = Pro). Für überzählige Personen werden Joker mit in den Kartensatz aufgenommen, die frei wählen dürfen, welcher Gruppe und Position sie sich zuordnen (nicht mehr als ein Joker pro Viererggruppe).

2. Warum ist die Methode wirksam?

Die Strukturierte Kontroverse wurde von D. W. Johnson und R. T. Johnson (1994) entwickelt. Die Wirksamkeit der Strukturierten Kontroverse beruht auf verschiedenen Faktoren:
- der Förderung und Strukturierung der kontroversen Auseinandersetzung durch geeignete Aktivitäten (Präsentation, Diskussion, Perspektivenübernahme, Konsensfindung)
- und der intensiveren Auseinandersetzung mit dem Lernstoff durch den Expertenstatus und das Arbeiten in Paaren und Kleingruppen.

3. Wo setze ich die Methode ein?

Erfahrungen mit dem Einsatz der Strukturierten Kontroverse liegen u. a. für die Auseinandersetzung mit kontroversen Themen in Schule und Erwachsenenbildung vor. Die Methode kann ab Klassenstufe 6 angewandt werden. Voraussetzung ist, dass die Schülerinnen und Schüler über die notwendigen kommunikativen Kompetenzen verfügen. Sofern dies nicht der Fall ist, müssen wichtige strategische Verhaltensweisen beigebracht werden, wie beispielsweise das prägnante Präsentieren der eigenen Position, das aufmerksame Zuhören bei der Präsentation der Gegenposition, das wirkungsvolle Argumentieren oder das nachhaltige Vertreten der eigenen Meinung. Außerdem müssen die Teilnehmenden lernen, dass es nicht darum geht, Personen zu kritisieren, sondern sich auf einer Sachebene auseinander zu setzen.

3.7 Die Strukturierte Kontroverse

Anne A. Huber

1. Wie läuft die Strukturierten Kontroverse ab?

Voraussetzung für den Einsatz der Strukturierten Kontroverse ist, dass Sie ein Thema behandeln wollen, für das kontroverse Standpunkte vorhanden sind, wie z. B. „Pro und Kontra Abtreibung".

Für die Einteilung in Viierergruppen und innerhalb dieser in Pro- und Kontra – Paare haben sich Spielkarten bewährt. Dabei wird bestimmt, welche Kartenfarbe welche Position übernehmen soll (z. B. schwarz = Kontra und rot = Pro). Für überzählige Personen werden Joker mit in den Kartensatz aufgenommen. Diese dürfen sich dann frei einer Viererguppe und einem Paar zuordnen (nicht mehr als ein Joker pro Viiererruppe). Es wird eine leistungsheterogene Zusammensetzung der Viererguppen und Paare empfohlen.

Die Strukturierte Kontroverse läuft in 3 Phasen ab :
In der **ersten Lernphase (Aneignungsphase)** werden die Teilnehmenden in Gruppen zu je vier Personen aufgeteilt. Innerhalb der Gruppen werden Paare gebildet, die sich mit den konträren Positionen (These und Antithese) des Themas beschäftigen. In dieser gezielten Vorbereitung liegt eine eindeutige Stärke der Methode: die Lernenden machen sich zu Experten für einen Standpunkt, vergleichbar der ersten Phase des Gruppenpuzzles.

In der **zweiten Lernphase (Vermittlungsphase)** soll jedes Paar seine Position anschließend möglichst überzeugend in der Gruppe präsentieren. Hierin besteht die zweite Stärke der Methode: die Präsentationen erfolgen nicht im Plenum wie bei der bekannten Methode „Pro und Kontra", sondern in Viererguppen. Dadurch wird erreicht, dass alle Lernenden eine aktive Rolle spielen können, auch jene, die sich bei einer Plenumsdiskussion zurückhalten würden.

In der **dritten Lernphase (Verarbeitungsphase)** folgt auf die Präsentationen eine Diskussion, in deren Verlauf die Paare ihre Rollen wechseln und für die Gegenseite argumentieren. Dieser schwierige Schritt zwingt die Lernenden zu einem radikalen Perspektivenwechsel. Da der Rollenwechsel manchmal auch als künstlich erlebt wird, kann man sich auch überlegen ihn wegzulassen. Sicherlich sinnvoll ist er jedoch, wenn es sich um stark emotional besetzte Positionen handelt. Hier kann es wichtig sein für das Verständnis der Gegenseite, im Verlaufe der Auseinandersetzung auch einmal die Position übernehmen zu müssen, mit der man selbst überhaupt nicht übereinstimmt. Außerdem verhindert der Rollenwechsel, dass die Diskussionsteilnehmer mit der von ihnen vertretenen Position, die ihnen ja einfach per Zufall zugewiesen wurde, identifiziert werden. Zum Abschluss sollen die Gruppenmitglieder sich auf eine begründete Position einigen.

Es empfiehlt sich, den Lernenden Hilfsmittel (z. B. Moderationskarten, Flipchartmaterial, Pinwände, Stifte) für die Visualisierung ihrer Argumente zur Verfügung zu stellen. Sofern Lernende noch nicht über notwendige kommunikative Kompetenzen für den Einsatz der Methode verfügen, müssen diese vorher geübt werden.

Vor dem Einsatz der Strukturierten Kontroverse ist es wichtig, dass Sie darauf hinweisen, dass es bei der Auseinandersetzung mit dem kontroversen Thema nicht ums Gewinnen oder Verlieren geht, sondern darum, alle Argumente für beide Positionen möglichst gut kennen zu lernen und sich dann eine Meinung zu bilden, die diese Argumente berücksichtigt. Im Anschluss an die Durchführung der Methode sollte man Zeit einplanen um die verschiedenen Gruppenergebnisse miteinander vergleichen zu können und die Zusammenarbeit zu reflektieren.

Die **Übergänge** zwischen den Lernphasen bzw. Gelenkstellen müssen Sie genau planen, dazu gehört:
- wie Sie die Einführungsphase gestalten
- wie Sie die Vierergruppen und Pro- und Kontra-Paare einteilen
- wie viel Zeit Sie den Lernenden für die einzelnen Phasen geben
- was Sie mit Gruppen machen, die schneller sind (z. B. Zusatzaufgaben zur Verfügung stellen)
- wie Sie die Lernenden darüber informieren, was sie genau tun sollen (die Instruktion sollte auf jeden Fall schriftlich vorliegen!)
- wie Sie die Abschlussphase gestalten.

2. Warum ist die Strukturierte Kontroverse wirksam?

Die Strukturierte Kontroverse wurde von D. W. Johnson und R. T. Johnson (1994) entwickelt.
Die Wirksamkeit der Strukturierten Kontroverse beruht auf verschiedenen Faktoren:
- Förderung und Strukturierung der kontroversen Auseinandersetzung durch geeignete Aktivitäten (Präsentation, Diskussion, Perspektivenübernahme, Konsensfindung) in Kleingruppen und Paaren
- und der intensiveren Auseinandersetzung mit dem Lernstoff durch den Expertenstatus beim Lernen.

Partner- oder Gruppenarbeit ist für sich genommen kein Garant, dass sich die Lernenden intensiv mit dem Lernstoff auseinander setzen (Cohen, 1994). Die Wahrscheinlichkeit, dass Interaktionen auf einem relativ oberflächlichen Niveau stattfinden, ist relativ hoch. Daher werden bei der Strukturierten Kontroverse Lernaktivitäten vorgegeben, die eine intensive und qualitativ hochwertige Auseinandersetzung mit dem Lernstoff gewährleisten sollen. So müssen die Lernenden neben einer Präsentation ihrer Argumente und der Diskussion ihrer Standpunkte auch die Perspektive der Gegenseite einnehmen und zu einer begründeten Position finden. Dadurch findet eine intensive und gründliche Beschäftigung mit den beiden Standpunkten statt. Das Aufeinandertreffen unterschiedlicher Sichtweisen, Meinungen und Lösungsideen in der Interaktion mit anderen regt die Neugier an und damit die intensive Auseinandersetzung mit den einzelnen Positionen (Johnson & Johnson, 1994). Dies wird auch als zentraler Mechanismus innerhalb des kognitiv-entwicklungspsychologischen Ansatzes in der Tradition von Piaget (1926) gesehen (Slavin, 1995). Hier geht man davon aus, dass kognitive Konflikte und deren Auflösung zu tieferen Niveaus des Verstehens führen.

Auch der Expertenstatus, den die Lernenden in der ersten Lernphase für ihre Position erarbeiten, sollte eine intensive Beschäftigung mit dem Lernstoff fördern. Durch diese Lehr-Rolle erleben sich die Lernenden als kompetent und wichtig für das Lernen und sollten sich daher nach Rheinberg (1995) stark engagieren. Durch die mit der Lehr-Rolle verknüpften Erwartungen sollten sich die Lernenden intensiv mit ihrer Position auseinander setzen (Renkl, 1997, 1998; Allen, 1983; Allen & Feldman, 1976). Den Erwerb eines Expertenstatus hat die Strukturierte Kontroverse mit den anderen Methoden des „Wechselseitigen Lehrens und Lernens" gemeinsam.

Der Einsatz der Strukturierte Kontroverse wirkt sich nach D. W. Johnson und R. T. Johnson (1989) positiv auf die Lernleistung und den Transfer auf andere Lernsituationen aus. Soziale Kompetenzen und gegenseitige Wertschätzung der Lernenden nehmen zu.

3. Wo setze ich die Strukturierte Kontroverse ein?

Erfahrungen mit dem Einsatz der Strukturierten Kontroverse liegen für die Auseinandersetzung mit kontroversen Themen in Schule und Erwachsenenbildung vor.

■ Der Einsatz der Strukturierten Kontroverse in der Erwachsenenbildung

Die Strukturierte Kontroverse eignet sich sehr gut um in einem Seminar oder Kurs vermittelte Positionen nochmals zu wiederholen und zu vertiefen und die Lernenden dazu zu bringen, sich eine eigene, gut begründete Meinung dazu zu bilden – zum Beispiel zu „Pro und Kontra das Sandwich-Prinzip in der Hochschullehre" (siehe Unterrichtsbeispiel auf der CD).

Sie können die Methode aber auch verwenden um die Auseinandersetzung mit einem kontroversen Thema erst anzuregen, zum Beispiel darüber, ob man E-Learning im eigenen Lernfeld einsetzen sollte oder nicht. Um dafür oder dagegen argumentieren zu können, müssen die Lernenden die Gelegenheit bekommen, begründete Argumente aus vorgegebenen Materialien herauszusuchen oder aber durch eigene Recherchen zu finden. Als weniger günstig hat es sich erwiesen, ihnen die Argumente bereits auf einem Silbertablett (d. h. Argument 1, 2, 3 etc.) anzubieten. Dies wird dann leicht als banal erlebt und motiviert eher weniger, noch intensiv darüber zu diskutieren.

■ Der Einsatz der Strukturierten Kontroverse im Schulunterricht einer 10. Klasse im Fach Geschichte und Gemeinschaftskunde (Konrad & Traub, 2001)

Konrad und Traub (2001) berichten über den Einsatz der Strukturierten Kontroverse im Fach Geschichte und Gemeinschaftskunde in einer 10. Realschulklasse. Thema der Stunde war Pro und Kontra Einführung des Euro. Dabei sollten die Schülerinnen und Schüler eine von zwei Positionen vertreten:

* zum einen die Perspektive der Staatschefs der Europäischen Union, die ihren Gegnern glaubhaft machen wollten, dass die Euroeinführung Vorteile für Europa und Deutschland bringen würde
* und zum anderen die Perspektive einer Gruppe deutscher Abgeordneter, die gegen die Einführung des Euro in Deutschland ist.

Diese Strukturierte Kontroverse wurde im Ablauf etwas modifiziert. Im Folgenden wird dargestellt, wie man in einer 10. Realschulklasse die Strukturierte Kontroverse einsetzen kann:

* In der **ersten Lernphase** werden die Vierergruppen und Paare gebildet und die Paare arbeiten mit Hilfe von Arbeitsblättern und dem Schulbuch ihre Argumente aus, sodass sie ihre Argumente belegen und bekräftigen und die der Gegner entkräften können.
* Die **zweite Lernphase** wird ausgelassen. Die Schülerinnen und Schüler gehen gleich in die dritte Lernphase, da sie sich in der ersten Lernphase bereits in den Paaren mit möglichen Gegenargumenten auseinander gesetzt haben.
* In der **dritten Lernphase** werden die Positionen diskutiert und dann die Rollen gewechselt. Die Schülerinnen und Schüler sollen schließlich in Plakatform ihre jeweiligen Argumente übersichtlich darstellen um sie dann in der Gesamtklasse zu präsentieren.

Im Deutschunterricht kann die Strukturierte Kontroverse übrigens gut eingesetzt werden um eine Erörterung vorzubereiten.

Die Methode kann ab Klassenstufe 6 angewandt werden. Voraussetzung ist, dass die Schülerinnen und Schüler über die notwendigen kommunikativen Kompetenzen verfügen. Sofern dies nicht der Fall ist, müssen den Schülerinnen und Schülern wichtige strategische Verhaltensweisen vermittelt werden, wie beispielsweise das prägnante Präsentieren der eigenen Position, das aufmerksame Zuhören bei der Präsentation der Gegenposition, das wirkungsvolle Argumentieren oder das nachhaltige Vertreten der eigenen Meinung. Außerdem müssen die Teilnehmenden lernen, dass es nicht darum geht, Personen zu kritisieren, sondern sich auf einer Sachebene auseinander zu setzen.

Auf der beiliegenden CD finden Sie Beispiele für den Einsatz der Strukturierten Kontroverse in Schule und Erwachsenenbildung.

• Schule:
Autorin: Brigitte Haaf
Klasse: Sekundarstufe I, Klasse 9, Realschule
Thema: Deutsch: Schreiben eines Streitgesprächs

• Erwachsenenbildung:
Autorin: Anne A. Huber
Kurs: Freier Fortbildungsträger
Thema: Fortbildung für Hochschullehrende: „Pro und Kontra das Sandwich-Prinzip in der Hochschullehre"

4. Was gewinne ich mit der Strukturierten Kontroverse?

Die Lernenden
• setzen sich intensiv mit den kontroversen Standpunkten eines Themas auseinander
• setzen sich auch intensiv mit Argumenten auseinander, die nicht ihrer eigenen Meinung entsprechen (Perspektivenübernahme)
• üben argumentativ eine Position zu vertreten
• haben die Möglichkeit sich eine eigene, begründete Meinung zu bilden.

Sie als Lehrende
• haben die Gelegenheit hoch motivierte Lernende zu beobachten
• bekommen mit, wie gut die Lernenden bereits argumentieren können
• werden vielfältige und interessante Positionen zur Kontroverse erleben können.

Steckbrief Gruppenrallye

(Diethelm Wahl)

1. Wie läuft die Methode ab?

Einführung	Einzelarbeit	Gruppenarbeit (leistungshetero- gene Gruppen)	Einzelarbeit	Abschluss
vorauslaufende Auseinandersetzung mit dem Thema	 Feststellen des Leistungsstandes durch Test, Sortieraufgabe, Fallstudie usw.	 Üben in Kleingruppen anhand vorgegebener Materialien mit selbstgewählten Lernstrategien	 Feststellen des Lernzuwachses durch Test, Sortieraufgabe, Fallstudie usw.	Rückmeldung des Lernzuwachses und Reflexion der Lernstrategien

Der Gruppenrallye voraus läuft eine längere Auseinandersetzung mit dem Thema im Plenum, im Selbststudium, in Form des E-Learning usw. Danach wird der Leistungsstand jedes einzelnen Lerners erhoben (Einzelarbeit). Die Lernenden werden anschließend in leistungsheterogene Lerngruppen eingeteilt (organisatorische Gelenkstelle). Jetzt üben die Lernenden anhand vorgegebener Materialien mit selbstgewählten Lernstrategien (Gruppenarbeit). Hinterher wird der Lernzuwachs gemessen (Einzelarbeit). Den Gruppen wird der Lernzuwachs der Gruppe zurückgemeldet. Die erfolgreichen Gruppen präsentieren ihre Lernstrategien in der abschließenden Lernkonferenz (Plenum).

2. Warum ist die Methode wirksam?

Die Gruppenrallye wurde 1978 unter dem Begriff „Student teams and achievement divisions" (STAD) von Robert E. Slavin und seiner Forschungsgruppe an der John Hopkins Universität in Baltimore (USA) entwickelt. Bei der Übernahme dieser Methode in den deutschen Sprachraum wurde der Begriff mit „Gruppenrallye" übersetzt, um eine ähnlich anschauliche Metapher zu schaffen wie beispielsweise „Gruppenpuzzle". Die Gruppenrallye ist wirksam,

- weil sie den persönlichen Lernfortschritt, die individuelle Bezugsnorm besonders betont,
- weil sie das Erleben eigener Kompetenzen und Fähigkeiten erhöht,
- weil sie zum Zusammenhalt der Gruppenmitglieder beiträgt und
- weil sie die Reflexion von Lernstrategien begünstigt.

3. Wo setze ich die Methode ein?

Ganz eindeutig zum Festigen, Vertiefen und Vernetzen schon eingeführter Inhalte. Einsetzbar in fast allen Themenbereichen und fast allen Altersstufen (z. B. ab Klasse 2)

3.8 Die Gruppenrallye

Diethelm Wahl

1. Wie läuft eine Gruppenrallye ab ?

Grundidee der Gruppenrallye ist es, Lernende in leistungsheterogenen Gruppen die Lerninhalte vertiefen zu lassen. Der bildliche Vergleich mit einer „Autorallye" wurde gewählt, weil sich dort ganz unterschiedliche Fahrzeuge auf den Weg machen. Sinngemäß ist dies auch bei der Gruppenrallye der Fall: Lernende mit unterschiedlichen Vorkenntnissen und Lernstrategien begeben sich auf einen gemeinsamen Lernweg, kommen aber unterschiedlich voran. Ausführliche Beschreibungen der Gruppenrallye finden sich zum Beispiel in Slavin (1984, S. 60–79) und im DIFF – Studienbrief „Lernen in Schülergruppen" (herausgegeben von G. Huber, 1985, S. 23–30).

Vorauslaufendes Lernen. Die Gruppenrallye knüpft an einen vorausgegangenen Lernprozess an. Es ist ihr Ziel, das dort Erarbeitete zu festigen, zu vertiefen und zu vernetzen. Der vorauslaufende Lernprozess kann unterschiedlich geartet sein. In schulischen Kontexten wird es sich meist um Unterrichtseinheiten handeln. In der Erwachsenenbildung können aber auch Selbststudienphasen vorangehen, in denen mit Studientexten oder auch E-Learning-basiert die wesentlichen Inhalte erworben werden.

Feststellen des Leistungsstandes. Am Ende des vorauslaufenden Lernprozesses wird der Leistungsstand jeder Person erhoben. Dies muss in Einzelarbeit geschehen (die Gruppe darf nicht helfen!), damit für jede Person ein verlässlicher Ausgangswert vorliegt. Dieser wird nicht nur für die Einteilung in leistungsheterogene Kleingruppen gebraucht, sondern auch für die Ermittlung des persönlichen Lernzuwachses, bei Slavin (1984, S. 69) auch „Verbesserungswerte" genannt. Der Leistungsstand kann auf viele verschiedene Arten ermittelt werden. Wichtig ist, dass das Ergebnis in irgendeiner Weise in Zahlen oder Kompetenzstufen ausgedrückt wird, damit der Lernzuwachs bestimmt werden kann. Für schulische Kontexte können die dort üblichen Formen der Leistungsmessung verwendet werden. Als Basiswerte können z. B. die in einem Test erreichten Punktzahlen oder die Fehler in einem Diktat dienen, im Sport können es Zentimeter oder Sekunden sein. Zensuren eignen sich nicht als Maße für den Lernzuwachs, weil sie in der Regel an der sozialen Bezugsnorm orientiert sind. In der Erwachsenenbildung wird häufig die Sortieraufgabe eingesetzt. Hierbei bestimmen die Lernenden beispielsweise, wie viele der zentralen Begriffe sie schon kennen und wie viele ihnen noch fehlen. In EDV Schulungen wird gerne mit komplexen Fallbeispielen gearbeitet (vgl. Gerbig, 1997; Gerbig & Gerbig-Calcagni, 1999), die zu Beginn und am Ende der Übungsphase zu bearbeiten sind. Wichtig beim Feststellen des Leistungsstandes ist – und das wird sehr häufig nicht beachtet – dass die Maßnahme zum Feststellen des Leistungsstandes zu **Beginn** der Übungsphase und am **Ende** der Übungsphase in Form und Schwierigkeitsgrad **identisch** sein muss, denn nur dann sind Verbesserungswerte bestimmbar. Macht man hingegen die Eingangsmessung leicht (weil die Lernenden ja noch nicht geübt haben) und die Abschlussmessung schwer (weil der Stoff ja jetzt beherrscht sein sollte), dann ist nicht exakt erkennbar, was eine Person wirklich dazugelernt hat. Aber genau darauf kommt es bei der Gruppenrallye an!

Ganz wesentlich beim Feststellen des Leistungsstandes ist die Art und Weise, in der den Lernenden der Sinn dieses ersten Schrittes erläutert wird. Es ist ja in unserer Lernkultur ungewöhnlich, die Leistung zu messen, lange bevor der Lernprozess abgeschlossen ist bzw. zu messen, bevor intensiv geübt werden konnte. Erfahrungsbedingt streben die Lernenden bei Vorkenntniserhebungen nach möglichst guten Leistungen und setzen dabei entsprechende Strategien des Abschreibens, des Schönens usw. ein. Solche Einstellungen und Handlungsweisen gefährden den Erfolg der Gruppenrallye in zweifacher Hinsicht: Erstens verringern künstlich erhöhte Ausgangswerte den zu erwartenden individuellen Lernzuwachs, der ja eine der stärksten Motivationsquellen der Gruppenrallye darstellt. Zweitens untergräbt die Konfrontation mit einem schlechten Abschneiden in der ersten Leistungsmessung die Anstrengungskalkulation, führt also zum Gefühl den Aufgaben nicht gewachsen zu sein. Deshalb sollten Sie genau an diesem Punkt vollkommen transparent machen, dass die Leistungen in der ersten Messung notwendigerweise niedrig sein müssen, eben weil noch nicht geübt werden konnte und eben weil der Lernprozess noch an seinem Anfang steht. Damit verbunden sollten Sie die Lernenden dazu ermuntern, die Ergebnisse der ersten Leistungsfeststellung weder nach oben noch nach unten zu korrigieren, sondern so realitätsgerecht wie möglich zu erbringen, damit der zu erwartende Lernzuwachs aussagekräftig ermittelt werden kann. In dieser Phase der Gruppenrallye benötigen Sie eine hohe Überzeugungskraft, vor allem bei jenen Lernenden, die – was häufig vorkommt – bei der ersten Leistungsfeststellung keine einzige Aufgabe bewältigt haben. Letztendlich ist es das Überzeugendste, an dieser Stelle den Ablauf und die Ziele der Gruppenrallye transparent zu machen.

Einteilen der Lernenden in leistungsheterogene Übungsgruppen. Anhand der Punktzahlen oder Kompetenzstufen bilden Sie die Übungsgruppen. Entsprechend der Idee, dass wechselseitiges Lehren den Lernprozess unterstützt, sollen sich in den Übungsgruppen Lernende mit guten, durchschnittlichen und geringen Vorkenntnissen zusammenschließen. Slavin (1984) schlägt vor jeweils vier Lernende in eine Gruppe zu packen: eine Person mit guten, zwei mit durchschnittlichen und eine mit geringen Vorkenntnissen. Es empfiehlt sich, dass Sie diesen Schritt sehr behutsam angehen. Wir haben gute Erfahrungen mit folgendem Vorgehen gemacht: Sie geben den Lernenden die Gruppeneinteilung namentlich bekannt, behalten aber die erreichten Punktzahlen oder Kompetenzstufen zunächst für sich. Dadurch wird das Selbstwertgefühl jener Lernenden geschützt, die geringere Basiswerte haben. Ganz praktisch kann dies so geschehen, dass Sie die Leistungsmessung zu Hause (oder auch in einer Pause) auswerten, die heterogenen Gruppen bilden und die Namen der Lernenden nach Gruppen geordnet jeweils in alphabetischer Reihenfolge an Tafel oder Flipchart schreiben. Damit ist lediglich bekannt, wer mit wem in einer Gruppe arbeiten wird. Es sind jedoch keine Informationen über die Rangfolge enthalten.

Üben in Kleingruppen. Nun kann der Lernprozess durch Festigen, Vernetzen und Vertiefen fortgesetzt werden. Dazu benötigen die Lernenden zunächst einmal Materialien. Dies können – abgestimmt auf die vorauslaufende Erarbeitungsphase – Aufgabenblätter sein, Schulbücher, Sportgeräte, Musikinstrumente, Fallbeispiele usw. Bei einer Gruppenrallye zum Thema „Groß- und Kleinschreibung" können z. B. als Materialien Übungsblätter mit verschiedenartigen Aufgabenstellungen angeboten werden (Lückentexte, Tabellen, Ankreuzaufgaben, Zuordungsaufgaben usw.), Blätter mit Rechtschreib-Regeln oder Übungsdiktate.

Wie sollen nun die Lernenden mit den angebotenen Materialien arbeiten? Dies wird bewusst offen gelassen. Die einzelnen Gruppen sollen sich darüber unterhalten, wie sie vorgehen möchten. Das Reflektieren der Lernstrategien ist eine zweite wichtige Wirk-Komponente der Gruppenrallye. Sie sollten den Gruppen aber durchaus Lernstrategien anbieten, die Lernenden jedoch selbst entscheiden lassen, ob diese auch übernommen werden.

So schlägt beispielsweise G. Huber (1988) speziell für die Gruppenrallye das SEPP-Prinzip vor. SEPP bedeutet:

S = Schwierigkeiten mit dem neuen Stoff als Erstes aufdecken, d. h. Fragen stellen und eigene Verständnislücken offen legen;
E = Erklärungen geben, den anderen nicht nur fertige Lösungen vorsetzen;
P = Praktizieren mit den Übungsmaterialien;
P = Prüfen, ob alle im Team wirklich alles verstanden haben

Eine weitere bewährte Lernstrategie bei der Gruppenrallye ist, ab und zu in die Gruppenarbeit auch Phasen der **Einzelarbeit** einzuschieben, in denen jede Person für sich selbst überprüfen kann, wie weit sie im Lernprozess vorangekommen ist und wo noch Schwierigkeiten liegen. Das SEPP – Prinzip könnte also mehrfach durchlaufen werden, wobei dann z. B. die in Einzelarbeit durchgeführte Prüf-Phase (zweites P) wieder den Ausgangspunkt für die Gruppendiskussion der noch vorhandenen Schwierigkeiten (S) bilden könnte. Schließlich könnten Sie den Lernenden vorschlagen zu überlegen, ob es nicht an bestimmten Punkten des Lernprozesses sinnvoll sein könnte, die Gruppe in **Tandems** aufzuteilen, z. B. um sich gegenseitig abzuhören oder sich wechselseitig zu coachen. Falls das Kollegium eine Schulentwicklung durchlaufen hat, deren Schwerpunkt es war, die Methodenkompetenz der Lernenden zu erhöhen (vgl. hierzu z. B. das auf 6 Jahre angelegte Methodencurriculum der Realschule Enger, 2001), so können die Lernenden auch auf die in diesem Zusammenhang behandelten Lernmethoden hingewiesen werden (kognitive Landkarten, Mehrfachcodierung, Lesetechniken usw.). Entscheidend ist jedoch bei all diesen Vorschlägen, dass die Gruppe in einer metakommunikativen Startphase überlegt, welche Lern-Strategien besonders sinnvoll sind, bezogen auf die zur Verfügung stehende Zeit, die vorliegenden Materialien und die Unterschiedlichkeit der Vorkenntnisse. Ob diese Überlegungen richtig waren, wird sich im Abschlussplenum zeigen, wenn die Wirksamkeit der einzelnen Lernstrategien an den tatsächlich erzielten Gruppen-Verbesserungswerten sichtbar wird.

Die Dauer der Übungsphase in Kleingruppen kann unterschiedlich sein. In der Literatur werden als Faustregel ein bis zwei Lektionen vorgeschlagen. (Slavin, 1984, S. 66; DIFF Studienbrief, G. Huber, 1985, S. 26). In Primarschulen können kürzere Zeiten gewählt werden, weil die Selbstregulation in Gruppen noch schwierig ist. In der Erwachsenenbildung kann auch mehr Zeit zur Verfügung gestellt werden, weil die Autonomie der Lernenden deutlich höher ist.

Aus dieser Darstellung geht als wichtige Botschaft hervor, dass die Übungsphase in Kleingruppen überlegt angeleitet werden muss, soll sie den erwünschten Lernerfolg nach sich ziehen (vgl. hierzu auch Slavin, 1984, S. 66 f. und DIFF-Studienbrief, G. Huber, 1985, S. 26 f.). Denn im Gegensatz zu Methoden wie dem Gruppenpuzzle, dem Lerntempoduett, dem Gruppeninterview, der Strukturierten Kontroverse usw. weist die Kleingruppenarbeit bei der Gruppenrallye einen deutlich niedrigeren Strukturierungsgrad auf. Das ist eine Chance für Lernende mit hohen Selbststeuerungskompetenzen und hoher Teamfähigkeit, aber auch eine Gefahr für Lernende mit geringen Kompetenzen und vor allem für Lernende mit niedriger Motivation.

Feststellen des Lernzuwachses. Am Ende des Lernprozesses soll gemessen werden, wie groß die Lernfortschritte jeder einzelnen Person waren (persönlicher Lernzuwachs – individuelle Bezugsnorm). Darüber hinaus werden die Zuwachswerte jeder Kleingruppe addiert (Verbesserungswerte der Gruppen). Es wird das identische Messverfahren gewählt wie beim Feststellen des Leistungsstandes vor Beginn der eigentlichen Übungsphase. In Mathematik können dies veränderte Zahlenwerte bei vergleichbarer Aufgabenstellung sein, in Rechtschreibung ein abgewandeltes, jedoch gleich schwieriges Diktat, im Bodenturnen eine andere Reihung der Elemente bei gleichem technischen Anspruch usw. In manchen Fällen muss das Messverfahren nicht modifiziert werden, z. B. in Sport, wenn es um Zentimeter und Sekunden geht oder in der Erwachsenenbildung, wenn eine eingangs gegebene Sortieraufgabe noch einmal eingesetzt wird. Das Feststellen des Lernzuwachses erfolgt in Einzelarbeit. Die Gruppe darf nicht helfen.

Rückmeldung des Lernzuwachses und Reflexion der Lernstrategien. Die Lernenden erhalten Informationen über ihren persönlichen Lernzuwachs sowie über den Lernzuwachs der Gruppen. Sind die Leistungen in irgendeiner Weise schriftlich festgehalten, so geschieht die Rückmeldung am einfachsten dadurch, dass jeder Person die Ergebnisse aus erster und zweiter Leistungsmessung ausgeteilt werden. So kann jede Person selbst den eigenen Lernfortschritt berechnen und jede Gruppe kann darüber hinaus ihren Verbesserungswert selbst ermitteln. Hernach teilen die Gruppen ihre Verbesserungswerte dem Plenum mit. Die Gruppenwerte werden an Tafel oder Flipchart festgehalten. In der Reihenfolge der Gruppenergebnisse berichten die Gruppen, welche Lernstrategien sie benützt haben, wie der Gruppenprozess verlief und worauf sie das (hohe oder geringe) Ausmaß ihrer Lernfortschritte zurückführen. Dies ist der zweite wirklich heikle Punkt in der Gruppenrallye. Bestand bei der Eingangsmessung das Problem, dass die Lernmotivation durch niedrige Basiswerte untergraben werden konnte, so sind bei der Bekanntgabe der Verbesserungswerte Enttäuschungen und Verärgerungen über das Gruppenergebnis möglich. Als Folge ist es nicht selten, dass einzelnen Gruppenmitgliedern die Schuld für ein schwaches Abschneiden der ganzen Gruppe zugewiesen wird. Aus diesem Dilemma helfen zwei Schritte: erstens sollte die Lehrperson den Fokus der Aufmerksamkeit auf die in den Gruppen verwendeten Lern-Strategien lenken, um damit allen die Chance zu geben, ihr eigenes Lernen allgemein und das Lernen in Gruppen speziell in Zukunft zu verbessern. Zweitens sollte sie alle Lernenden auffordern den ganz persönlichen Lernzuwachs zu betrachten, also inhaltlich wie zahlenmäßig zu überlegen, welche Fortschritte sie selbst in der Übungsphase gemacht haben. Da diese in der Regel ganz hervorragend sind (vgl. die empirischen Ergebnisse zur Effektivität von Gruppenrallyes), können die durch sozialen Vergleich hervorgerufenen negativen Gefühle in den Hintergrund treten. Die Diskussion der beiden heiklen Punkte der Gruppenrallye macht deutlich, dass diese im Prinzip sehr einfache Form kooperativen Lernens (Leistungsfeststellung – Üben in Kleingruppen – Feststellen des Lernzuwachses) den Lehrenden ein hohes Ausmaß an Kompetenz und Fingerspitzengefühl abverlangt, die ausgelösten starken motivationalen und emotionalen Prozesse in die richtigen Bahnen zu lenken.

2. Warum ist die Gruppenrallye wirksam?

Die Gruppenrallye wurde 1978 unter dem Begriff „Student teams and achievement divisions" (STAD) von Robert E. Slavin und seiner Forschungsgruppe an der John Hopkins Universität in Baltimore (USA) entwickelt. Bei der Übernahme dieser Methode in den deutschen Sprachraum wurde der Begriff mit „Gruppenrallye" übersetzt, um eine ähnlich anschauliche Metapher zu schaffen wie beispielsweise „Gruppenpuzzle". Die Gruppenrallye ist eine Methode des kooperativen Lernens in Gruppen. Sie kann bedingt dem „Lernen durch wechselseitiges Lehren" (WELL) zugeordnet werden, weil in der Übungsphase die Lernenden mit höherer Expertise ihre Einsichten an die Lernenden mit geringerer Expertise weitergeben. Es besteht jedoch keine vollständige Symmetrie dieser Beziehungen, wie sie beispielsweise im Gruppenpuzzle, im Gruppeninterview oder im Lerntempoduett allein durch die Strukturierung dieser Methoden gegeben ist. In der Gruppenrallye sind verschiedene, zum Teil außerordentlich wirksame Komponenten für effektives Lernen enthalten:

■ Persönlicher Lernfortschritt

Nach Rheinberg (1980) wirkt das Verwenden der individuellen Bezugsnorm (an Stelle der üblichen sozialen Bezugsnorm) wie ein „naturwüchsiges Motivänderungsprogramm". Das liegt vor allem daran, dass den Lernenden ihre Fortschritte zurückgemeldet werden. Sie erkennen, dass sie dazulernen und dass sie selbst die Verursacher dafür sind. Dies wiederum hat positive Auswirkungen auf das Fähigkeitskonzept (Meyer, 1984), das Selbstvertrauen (Helmke, 1992) und letztendlich auf den Kräfteeinsatz bzw. die „Anstrengungskalkulation" (Rheinberg, 1995, S. 124 ff.). Im Hintergrund dieses Motivationsgeschehens stehen subjektive Theorien über die eigenen Kompetenzen, bei Bandura (1977) self-efficacy und bei Flammer (1990) Selbstwirksamkeit genannt. Hierzu eine analoge Erfahrung: Im von mir selbst entwickelten und in der unterrichtlichen Praxis erprobten Programm „Der rote Punkt" (vgl. Wahl, Weinert & G. Huber, 1984, S. 418–422) wird die individuelle Bezugsnorm ganz gezielt zur Motivationsförderung eingesetzt. Dabei wird die Lernleistung vor Beginn des Lernprozesses und nach Ende des Lernprozesses gemessen, also genau wie bei der Gruppenrallye. Die Differenz beider Werte wird in einen roten Punkt auf jener Karteikarte eingetragen, auf der die Messergebnisse festgehalten sind, daher der Name der Methode. Im Unterschied zur Gruppenrallye ist zwischen den beiden Messzeitpunkten jedoch kein spezielles kooperatives Übungsverfahren vorgesehen, sondern es findet einfach der übliche Unterricht statt. Die langjährigen Erfahrungen mit dem „roten Punkt" zeigen, dass die Rückmeldungen des persönlichen Lernzuwachses, also die Verwendung der individuellen Bezugsnorm, die theoretisch postulierten positiven Effekte in hohem Maße hervorrufen. Vergleichbare Effekte zeigen sich bei der Gruppenrallye. Vor allem die Lernenden mit geringerer Expertise haben gute Chancen zum Gruppenergebnis beizutragen. Sie haben die niedrigeren Basiswerte. Da durch Prozesse des wechselseitigen Lehrens Lernlücken rasch geschlossen werden können, erzielen schwache Lernende im Durchschnitt recht hohe Verbesserungswerte und sind deshalb besonders **wertvoll** für das zahlenmäßige **Gruppenergebnis**. Die Lernenden mit höherer Expertise haben in der Regel geringere Chancen erhebliche Verbesserungswerte zu erreichen, weil sie dem gesetzten Ziel von Anfang an näher sind. Für sie ist es eine neue und manchmal verwirrende Erfahrung, dass die Schwächeren zahlenmäßig manchmal mehr zum Gruppenergebnis beitragen als die Stärkeren. Umgekehrt ist es aber gleichzeitig auch ihr Verdienst, dass die Schwächeren so gut vorangekommen sind, denn sie haben ja beim Erklären ihre Expertise in den Gruppenprozess eingebracht. Die Stärkeren sind also besonders **wertvoll** für den **Gruppenprozess**. Daraus wird deutlich, dass sich das motivationale Geschehen bei der Gruppenrallye aus mehreren Quellen speist. Eine Quelle ist der persönliche Lernfortschritt. Sie sprudelt eher für die Schwächeren und führt dazu, dass diese ihre Kräfte während der Übungsphase einsetzen. Eine andere Quelle ist, wie gleich ausgeführt wird, das gemeinsame Gruppenziel. Diese Quelle fließt eher für die Stärkeren und erhöht deren Bereitschaft in die Lehrenden-Rolle zu schlüpfen.

■ Aufeinander angewiesen sein

Nach Slavin (1984) ist die zweite starke Wirk-Komponente die wechselseitige Abhängigkeit. Durch das gemeinsame Ziel als Gruppe möglichst gut abzuschneiden entsteht auf dem Hintergrund der sozialen Kontakthypothese (vgl. A. Huber, Konrad & Wahl, 2001, S. 42f.) die Bereitschaft die Kräfte für das Gruppenergebnis einzusetzen. Dabei differenzieren sich die Rollen asymmetrisch aus. Die Lernenden mit höherer Kompetenz tragen, wie oben schon angedeutet, vor allem durch ihre Lehrleistungen zum Gruppenerfolg bei. Würden sie sich verweigern, so würden die Lernenden mit geringerer Kompetenz geringere Verbesserungswerte erreichen. Die Lernenden mit geringerer Kompetenz tragen durch ihre zahlenmäßig hohen Lernfortschritte zum Gruppenerfolg bei. Sie bringen ihre Lernbereitschaft in die Gruppe ein. Slavin (1984, S. 62) formuliert dies so: „Da der Erfolg der Gruppe vom individuellen Lernen abhängt, sind die Gruppenmitglieder motiviert, einander den Lehrstoff zu erklären und sich wechselseitig zu Anstrengungen zu ermutigen".

■ Lernwegreflexion

Die Reflexion von Lernstrategien in der Startphase der Übungsgruppen sowie die Reflexion erfolgreicher Lernstrategien im Abschluss-Plenum lässt erhebliche Verbesserungen im Lernprozess erwarten. Diese beziehen sich einmal ganz speziell auf das Lernen in Gruppen, erhöhen also die Teamfähigkeit. Zum anderen beziehen sie sich auf Lernstrategien, die jede einzelne Person für sich selbst nutzen kann (z.B. Lesetechnik, Multicodierung, kognitive Landkarten usw.). Da verbesserte Lernstrategien im Verbund mit dem Schließen themenspezifischer Vorkenntnislücken zu erheblichen Lernfortschritten führen, ist mit einem deutlichen Anstieg der Lernleistungen zu rechnen. Die Metakommunikation über Lernstrategien macht bewusst, welche Vorgehensweisen besonders hilfreich sind und welche wenig Erfolg versprechen. Dadurch kann sich das Lernverhalten nachhaltig ändern.

Diese drei Wirk-Komponenten dürften ganz erheblich dazu beigetragen haben, dass die bisherigen empirischen Erprobungen der Gruppenrallye so positiv ausfielen. Was die Lernfortschritte bzw. die erzielten Lernleistungen anbetrifft, so zeigt sich durchgängig, dass die Gruppenrallye im Vergleich zu herkömmlichem Unterricht einerseits und im Vergleich zu anderen kooperativen Lernmethoden andererseits besonders gut abschneidet. Dies erbrachten schon die frühe Studie von G. Huber, Bogatzki & Winter (1982) sowie die erste Zusammenstellung von 11 empirischen Untersuchungen durch Slavin (1984, S. 63 f.): Die Gruppenrallye war in der überwiegenden Zahl der Untersuchungen den jeweiligen Kontrollgruppen in der Leistung deutlich überlegen. In die gleiche Richtung weisen auch Ergebnisse aus der Erwachsenenbildung, wie sie in Untersuchungen von Koppensteiner (1988) und Tesar (1988) berichtet werden. Auch hier zeigten sich in den Rallye-Gruppen bessere Lernfortschritte als in den Kontrollbedingungen. So kommen insgesamt in zahlreichen Überblicksarbeiten verschiedene Autoren zum Schluss, „dass kooperatives Lernen dann am effektivsten ist, wenn Gruppen Anerkennung oder Belohnung auf der Grundlage des individuellen Lernens ihrer Mitglieder erhalten" (A. Huber, 1999, S. 41). Zu diesem Ergebnis gelangt auch Slavin (1995) beim Vergleich von 64 empirischen Studien, bei denen auch die Gruppenrallye untersucht wurde. In 50 Studien (78 %) waren die Experimentalgruppen überlegen, in 14 Studien (22 %) zeigten sich keine Unterschiede, in keiner Studie waren die Vergleichsgruppen besser. Auch beim Vergleich kooperativer Lernmethoden **untereinander** schneidet die Gruppenrallye ganz hervorragend ab. In einer Studie von Okebukola (1985) ist die Rallye mit einer Effektgröße von +2,52 allen anderen kooperativen Lernmethoden leistungsmäßig überlegen (Gruppenturnier + 2,41; Gruppenpuzzle + 1,41; Methode des gemeinsamen Lernens + 0,95). Ein Jahr später erweist sich die Gruppenrallye (Effektstärke 5,14) erneut deutlich wirksamer als die Methode des gemeinsamen Lernens (Effektstärke 3,43). Eine ausführlichere Darstellung und Diskussion der empirischen Ergebnisse findet sich bei A. Huber (1999, S. 35–55). Über die Lernleistung hinaus erweist sich die Gruppenrallye auch bezüglich anderer Variablen als wirksam: Im Bereich der **Lernstrategien** berichtet Koppensteiner (1988), dass sich diese insgesamt verbessern, wobei das Modell-Lernen eine entscheidende Rolle spielt. Tesar (1988) findet abnehmende Angstwerte, die daher rühren, dass sich die Lernenden in der Übungsgruppe sicher fühlen. Insgesamt scheint die Gruppenrallye zu einem besseren **Lernklima** zu führen: die Lernenden fühlen sich entspannter, offener und ausgeglichener als Lernende der Kontrollgruppe (Tesar, 1988). Ihr **Selbstwertgefühl** hebt sich durch die Akzeptanz in der Gruppe und den großen persönlichen Lernzuwachs (vgl. auch Slavin, 1984). Dies alles führt zu den in allen Untersuchungen einheitlich berichteten verbesserten **sozialen Beziehungen**, die sich typischerweise bei allen Methoden des kooperativen Lernens positiv entwickeln.

3. Wo setze ich die Gruppenrallye ein?

Der didaktische Ort der Gruppenrallye ist eindeutig zu bestimmen. Es handelt sich um das Festigen, Vertiefen und Vernetzen schon eingeführter Inhalte. Stichworte sind Üben und Wiederholen. Für das Einführen neuer Inhalte ist die Gruppenrallye nicht gedacht. Hierfür dürfte die Kleingruppen-Situation zu wenig strukturiert sein. Methoden wie Gruppenpuzzle und Lerntempoduett eignen sich hierfür besser. In einzelnen Themenbereichen kann die Gruppenrallye besonders erfolgreich zur vertiefenden Aneignung eingesetzt werden. Als besonders geeignet haben sich Mathematik (schon ab der zweiten Klasse der Primarschule), Deutsch, Fremdsprachen, EDV-Kurse und Sport erwiesen, also Fächer, in denen das Üben schon immer besonders relevant war. Die Gruppenrallye stellt hierbei eine besonders attraktive und zugleich besonders effektive Alternative zu den herkömmlichen Formen einer nachhaltigen Aneignung dar.

Auf der beiliegenden CD finden Sie ein Beispiel für den Einsatz der Gruppenrallye in der Schule.

- Schule:
Autorin: Dunja Walter
Klasse: Sekundarstufe I, Klasse 7, Realschule
Thema: Deutsch: Groß- und Kleinschreibung

4. Was gewinne ich mit der Gruppenrallye-Methode?

Die Lernenden
- üben eigenständig und nachhaltig
- erklären sich gegenseitig schwierige Sachverhalte
- verbessern ihre Lernstrategien
- erleben, wie sie vorankommen.

Sie als Lehrende
- erkennen Lernlücken
- erhalten Aufschluss über Lernfortschritte
- können den Leistungsstand besser einschätzen.

Steckbrief Problemdiskursmethode (Anne A. Huber)

1. Wie läuft die Methode ab?

Einführung

Erste Lernphase (Planungsphase)	Zweite Lernphase (Ausführungs- und Überwachungsphase)	Dritte Lernphase (Evaluationsphase)
1. Worin besteht das Problem? 2. Was wissen wir bisher über das Problem? 3. Wie sieht unser Plan aus? 4. Gibt es eine andere Möglichkeit, dies zu tun? 5. Wofür entscheiden wir uns und warum?	1. Verwenden wir unseren Plan? 2. Hat sich unser Ziel verändert und wenn ja, wie? 3. Sind wir auf dem richtigen Weg? 4. Kommen wir unserem Ziel näher?	1. Was hat funktioniert? 2. Was hat nicht funktioniert? 3. Was würden wir das nächste Mal anders machen?

Wiederholung, bis Problem gelöst ist

Abschluss

Bei der Problemdiskursmethode arbeiten die Lernenden in Dreiergruppen zusammen. Jedes Gruppenmitglied ist dafür verantwortlich, dass im Prozess des Problemlösens ein bestimmter Typ von Fragen gestellt und beantwortet wird: Planungsfragen, Überwachungsfragen oder Evaluationsfragen. Beim Lösen eines Problems dürfen sich dabei die aufeinander folgenden Lernphasen und Fragetypen wiederholen. Das Lernen ist beendet, wenn eine für alle zufrieden stellende Problemlösung gefunden wurde.

2. Warum ist die Methode wirksam?

Die Problemdiskursmethode wurde in Anlehnung an King (1999) entwickelt
Ihre Wirksamkeit beruht auf :
- der Perspektivenvielfalt beim Problemlösen durch die Zusammenarbeit mit andern
- dem strukturierten Vorgehen beim Problemlösen durch entsprechende Fragen
- der Anregung wichtiger kognitiver und metakognitiver Aktivitäten.

3. Wo setze ich die Methode ein?

Die Problemdiskursmethode setzt voraus, dass die Lernenden mit einer Aufgabenstellung betraut werden, die ein Problem beinhaltet, das gelöst werden soll. Es kann sich dabei um Probleme handeln, für die es eine richtige Lösung bzw. klare Zielkriterien gibt aber auch um solche, für die die Zielkriterien offen sind.
Wichtig ist, dass die Lernenden nicht schon über ganz spezifische und wirksame Problemlösestrategien für ihr Vorgehen verfügen, da die Methode sonst insbesondere bei älteren Schülerinnen, Schülern und Erwachsenen als künstlich erlebt wird.

3.9 Die Problemdiskursmethode

Anne A. Huber

1. Wie läuft die Problemdiskursmethode ab?

Bei der Problemdiskursmethode arbeiten die Lernenden in Dreiergruppen zusammen. Dabei ist jedes Gruppenmitglied dafür verantwortlich, dass im Prozess des Problemlösens ein bestimmter Typ von Fragen gestellt und beantwortet wird: Planungsfragen, Überwachungsfragen oder Evaluationsfragen. Verantwortlich dafür zu sein, dass bestimmte Fragen gestellt werden, bedeutet nicht, dass ausschließlich die verantwortliche Person die Fragen stellen darf, es bedeutet aber, dass sie dafür sorgen muss, dass die Fragen beim Problemlösen auf jeden Fall thematisiert werden und sich die Problemlöser auch genügend Zeit nehmen, sie zu beantworten. Dabei müssen die Problemlöser nicht dem genauen Wortlaut der Fragen folgen, sondern sie dürfen die Fragen den Gegebenheiten anpassen und sollen ruhig auch weiterführende Fragen stellen.

Beim Lösen eines Problems werden sich die aufeinander folgenden Lernphasen und Fragetypen in der Regel wiederholen. Das Lernen ist dann beendet, wenn eine für alle zufrieden stellende Problemlösung gefunden wurde.

Lässt sich die Anzahl der Teilnehmer nicht durch drei teilen, so können Sie auch größere oder kleinere Gruppen bilden. Sie müssen dann einfach nur die Zuständigkeiten für das Stellen der Fragen anders auf die Problemlöser verteilen.

Vor der ersten Anwendung der Methode ist es sinnvoll, dass Sie den Lernenden erklären, warum diese Methode gut ist und ihnen ein Beispiel geben, wie die Methode funktioniert. Je nach Alter und Erfahrungshintergrund der Lernenden kann es wichtig sein, das Vorgehen gemeinsam zu üben.

Dem Problemlösen vorausgehen kann eine Unterrichtseinheit, in der Wissen zu dem Problembereich vermittelt wird, sodass die Lernenden auf Informationen zurückgreifen können, die hilfreich sind, um das Problem oder das Fallbeispiel zu lösen.

Nach Beendigung der Partner- oder Gruppenarbeit können Sie im Plenum verschiedene Problemlösungen herausgreifen und miteinander vergleichen. Auch eine Reflexion des Problemlöseprozesses im Plenum kann sinnvoll sein.

Die **Übergänge** zwischen den Lernphasen bzw. Gelenkstellen müssen Sie genau planen, dazu gehört:
• wie Sie die Einführungsphase gestalten
• wie Sie die Dreiergruppen einteilen
• wie viel Zeit Sie den Lernenden insgesamt geben
• was Sie mit Gruppen machen, die schneller sind (z. B. Zusatzaufgaben zur Verfügung stellen)
• wie Sie die Lernenden darüber informieren, was sie genau tun sollen (die Instruktion sollte auf jeden Fall schriftlich vorliegen!)
• wie Sie die Abschlussphase gestalten.

2. Warum ist die Problemdiskursmethode wirksam?

Die Problemdiskursmethode wurde in Anlehnung an King (1991, 1999) entwickelt. Ihre Wirksamkeit beruht darauf, dass die aktive Auseinandersetzung der Lernenden mit dem Problem durch Fragen unterstützt wird, die für das Problemlösen sinnvoll sind. Dadurch wird erreicht, dass sich die Problemlöser nicht einfach auf einen wenig reflektierten Versuchs- und Irrtums-Weg begeben, sondern systematisch und strukturiert vorgehen. Dabei werden durch die Fragen wichtige kognitive und metakognitive Aktivitäten beim Problemlösen angeregt, die sowohl die Qualität der Interaktionen als auch der Problemlösung erhöhen. Die Problemlöser lernen, wie man sinnvoll an Probleme herangeht.

In einer Studie mit Schülerinnen und Schülern einer fünften Klassenstufe konnte King (1991) zeigen, dass Paare, die mit Hilfe dieser Fragetypen einfache Denksportaufgaben am Computer lösten (z. B. „Wie kann man einen Kreis mit vier gewellten Linien in vier gleiche Teile aufteilen?") bessere Ergebnisse erzielten als Paare, die sich zwar wechselseitig Fragen stellen sollten, jedoch ohne die vorgegebenen Fragetypen. Sie waren auch besser als Paare, die ohne Anweisungen die Probleme lösen sollten.

Die Fragen, die gestellt werden sollen, richten sich nach den Phasen beim Problemlösen (Gick, 1986; Polya, 1957):
• Problemverständnis aufbauen: Problemidentifikation und -repräsentation,
• Suche nach einem Lösungsweg,
• Implementation des Lösungswegs und
• Bewertung des Erfolgs.

Durch die Fragen soll die Aufmerksamkeit auf wichtige Schritte beim Problemlösen gelenkt und das Vorwissen der Problemlöser aktiviert werden.

Da die Fragen in einer Gruppe gestellt werden, können sozio-kognitive Konflikte bzw. Meinungsverschiedenheiten zwischen den Gruppenmitgliedern auftreten. Die Auflösung dieser Meinungsverschiedenheiten sollte eine bessere Elaboration des Problembereichs bewirken (Mugny & Doise, 1978). Durch die Fragen werden außerdem wichtige kognitive und metakognitive Prozesse beim Problemlösen sichtbar, sodass alle Beteiligten im Sinne des Modelllernens davon profitieren können. Die Problemlöser lernen auf diesen Weg, wie man beim Problemlösen systematisch vorgehen kann, d. h. welche Schritte dabei wichtig sind. In einer Gruppe ist es umso wichtiger systematisch vorzugehen, weil dadurch der Problemlöseprozess verlangsamt wird und so auch Personen, die weniger schnell sind, die Chance haben sich am Prozess zu beteiligen. Wichtige Beiträge gehen so der Gruppe nicht verloren und der Problemlöseprozess selbst wird für alle nachvollziehbarer. Dies gilt allerdings nur dann, wenn sich die Problemlöser auch daran halten, die Fragen zu stellen und sich die Zeit für eine zufrieden stellende Beantwortung nehmen.

3. Wo setze ich die Problemdiskursmethode ein?

Die Problemdiskursmethode setzt voraus, dass die Lernenden mit einer Aufgabenstellung betraut werden, die ein Problem beinhaltet, das gelöst werden soll. Es kann sich dabei um Probleme handeln, für die es eine richtige Lösung bzw. klare Zielkriterien gibt, wie etwa bei vielen Aufgaben im Bereich der Mathematik, aber auch um solche, für die klare Zielkriterien offen sind, wie etwa bei der Suche nach Lösungen für viele Alltagsprobleme.

Die Fragen, die man den Lernenden vorgibt, stellen eine Richtschnur für das Problemlösen dar. Sie müssen von Lehrenden und Lernenden an die spezifische Situation angepasst werden. So kann es etwa sein, dass bei der Bearbeitung von Fallbeispielen etwas andere Fragen notwendig sind, als etwa bei der Bearbeitung von mathematischen Problemstellungen. Auch die Alters- und Kompetenzstufe der Problemlöser stellt andere Anforderungen an die Formulierung der gestellten Fragen.

Wichtig ist, dass die Lernenden keine Experten für den Problembereich sind, da sie sonst bereits über ganz spezifische und wirksame Problemlösestrategien für ihr Vorgehen verfügen und die Methode vermutlich eher als hinderlich erleben (Gruber, 1998). Besser ist es in so einem solchen Fall, die Lernenden darum zu bitten, laut zu beschreiben, welche Schritte sie beim Problemlösen vollziehen, sodass andere die Chance haben, über Modelllernen davon zu profitieren bzw. nachzufragen und eventuell korrigierend einzugreifen.

Bisher liegen noch wenige Erfahrungen mit dem Einsatz der Problemdiskursmethode vor. In der Erwachsenenbildung haben wir die Methode erfolgreich für die Bearbeitung von Fallbeispielen verwendet (siehe Beispiel auf der CD). Dabei entwickeln die Lernenden in der Planungsphase einen Plan, wie das Fallbeispiel gelöst werden soll. In der Ausführungs- und Überwachungsphase arbeiten sie ihre Lösungsidee konkret aus. In der Bewertungsphase schließlich reflektieren sie, wie ihre Zusammenarbeit funktioniert hat und was sie nächstes Mal anders machen würden.

Im Bereich der Schule haben wir die Problemdiskursmethode im Mathematikunterricht für das Lösen von Knobel – Aufgaben eingesetzt (siehe Beispiel auf der CD). Hier zeigte sich, dass ca. die Hälfte der Schülerinnen und Schüler auf Anhieb gut mit der Methode zurecht kam und sie auch als sinnvoll empfand. Die andere Hälfte der Klasse empfand die Methode eher als schwer. Für diese Schülerinnen und Schüler wäre es wichtig gewesen, sich bei der Einführung der Methode mehr Zeit zu lassen bzw. schrittweise vorzugehen, z. B. indem man die einzelnen Problemlösephasen mit den Schülerinnen und Schülern ausführlich übt, bevor man die Methode als Ganzes einsetzt.

Auf der beiliegenden CD finden Sie Beispiele für den Einsatz der Problemdiskursmethode in Schule und Erwachsenenbildung.

• Schule:
Autorin: Annette Bernhart
Klasse: Sekundarstufe I, Klasse 7, Realschule
Thema: Mathematik: Knobel – Aufgaben

• Erwachsenenbildung:
Autorin: Anne A. Huber
Kurs: Pädagogische Hochschule
Thema: Seminar Psychologische Ansätze zur Förderung überfachlicher Kompetenzen: Lösung eines Fallbeispiels

4. Was gewinne ich mit der Problemdiskursmethode?

Die Lernenden
- gehen beim Lösen der gestellten Problemaufgabe strukturiert vor
- bringen sich alle beim Lösen der Aufgabe ein
- lernen ein sinnvolles Vorgehen beim Lösen von Problemaufgaben.

Sie als Lehrende
- können sich einen Eindruck über die Kompetenzen der Lernenden verschaffen
- erhalten bessere Ergebnisse beim Lösen der Problemaufgabe.

Steckbrief Kleingruppenprojekte (Klaus Konrad)

1. Wie läuft die Methode ab?

Problem-definition	Planung der Projekt-durchführung	Realisierung der Projekt-durchführung	Planung der Präsentation	Präsentation der Ergebnisse	Evaluation der Ergebnisse
In der ersten Phase legen die Lernenden nach eigenem Interesse Unterthemen fest und bilden Arbeitsgruppen.	In der zweiten Phase planen die Gruppenmitglieder die Bearbeitung ihres Interessensgebietes. Sie legen fest, wer was bis wann zu erledigen hat.	In der dritten Phase werden die gewählten Projekte in die Tat umgesetzt.	Die vierte Phase dient der Erstellung des Abschlussberichts und der Planung der Präsentation der Gruppenarbeiten.	In der fünften Phase präsentiert die Gruppe ihre Ergebnisse den anderen Gruppen.	In der sechsten Phase erfolgt die Bewertung der Gruppenleistung, z. B. in der Form, dass sich die Gruppen Fragen zu ihrem Teilgebiet ausdenken, welche die Mitglieder der anderen Gruppen beantworten müssen.

Kleingruppenprojekte bzw. „Group Investigation" bezeichnet eine Form des projekt-basierten Lernens und wurde von Shlomo und Yael Sharan und ihren Kollegen (1976) in Israel entwickelt. Kleingruppenprojekte laufen in sechs Phasen ab. Daneben müssen auch Zwischenphasen eingeschoben werden, die die Koordination der Aktivitäten und die Metakommunikation über die Prozesse bei der Zusammenarbeit betreffen. Es empfiehlt sich, vor dem Lernen Gruppenbildungsaktivitäten durchzuführen und kommunikative und soziale Fertigkeiten zu trainieren. Voraussetzung für den Einsatz des Verfahrens ist, dass der gewählte Lerngegenstand in unabhängige aber aufeinander bezogene Lerninhalte unterteilt werden kann.

2. Warum ist die Methode wirksam?

Bei dieser Methode haben die Lernenden vielfältige Handlungsspielräume und flexible Handlungsmöglichkeiten, wie bei keiner anderen der vorgestellten Methoden. Sie ermöglicht damit in hohem Maße selbstgesteuertes Lernen, setzt aber auch eine Reihe von Kompetenzen auf Seiten der Lernenden voraus.
Kleingruppenprojekte teilen dabei die Kernelemente kooperativen Lernens:
• positive wechselseitige Abhängigkeit,
• individuelle Verantwortlichkeit
• und die Bedeutung sozialer Fertigkeiten.

3. Wo setze ich die Methode ein?

Die Anwendung von Kleingruppenprojekten in Schule und Erwachsenenbildung erscheint vor allem dann angemessen, wenn Maßnahmen der Gruppenbildung sowie soziale Fertigkeiten gefördert werden sollen. Auch das eigenständige individuelle Denken und Handeln wird von dieser Methode profitieren. Die Methode ist insbesondere dann angebracht, wenn realistische Problemstellungen bearbeitet werden sollen.

3.10 Kleingruppenprojekte

Klaus Konrad

1. Wie läuft ein Kleingruppenprojekt ab?

„Group Investigation" bezeichnet eine Form des projekt-basierten Lernens (project-based learning) und wurde von Shlomo und Yael Sharan und ihren Kollegen (1976) in Israel entwickelt. Andere Bezeichnungen für diese Methode sind „Gruppenrecherche", „Kleinprojekte in Gruppen", „Kleingruppenprojekt" und „Group Investigation Method". Im Folgenden wird der Begriff "Kleingruppenprojekte" verwendet. Wie die Wortwahl bereits nahe legt, bestehen enge Beziehungen zur bekannten Projektmethode.

Kleingruppenprojekte zeichnen sich durch drei Merkmale aus (Sharan & Sharan, 1992):
• Es handelt sich um eine kooperative Lernstrategie.
• Sie verknüpft Interaktion und Kommunikation im Unterricht mit Sachthemen und Problemstellungen.
• Die Methode macht Lernarrangements zu einem sozialen Gefüge. Schüler und Erwachsene kooperieren in kleinen Gruppen und der Umgang dieser Gruppen miteinander wird in besonderer Weise koordiniert.

Die Methode zielt darauf ab, unterrichtsbezogene Themen und Aufgaben in ihren unterschiedlichen Facetten und Dimensionen zu beleuchten. Um diesen Anspruch einlösen zu können vereinen Kleingruppenprojekte vier Komponenten:

• Projektorientierung/Recherche
• Interaktion
• Interpretation und
• Intrinsische Motivation

Alle Elemente vollziehen sich simultan, wobei die intrinsische Motivation häufig einen Sonderstatus erhält. Sie kann als Resultat der anderen Faktoren interpretiert werden (Sharan & Sharan, 1994).

Bei G. Huber (1991) werden Kleingruppenprojekte als Methode zum Problemlösen und zur Wissensanwendung verstanden. Wesentliche Unterschiede zu dem in den Niederlanden konzipierten „Kooperativen Problemlösen" betreffen den Inhalt, weniger den Prozess des Lernens: Problemorientierte Kooperation oder kooperatives Problemlösen befasst sich mit Problemsituationen, für die es eine eindeutige Lösung gibt, beispielsweise ein defektes Fahrrad zu reparieren. „Kleingruppenprojekte" befassen sich dagegen vorzugsweise mit „dialektischen" Problemen, die nicht eine richtige, sondern mehrere plausible, annehmbare Lösungen haben können. Beispiele hierfür sind die Vorbereitung auf eine Klassenarbeit oder die Festlegung einer Reiseroute.

Kleingruppenprojekte laufen üblicherweise in sechs Schritten ab. Zusätzlich können im Lernprozess zwei Zwischenphasen wiederholt eingeschaltet werden. Ein detaillierter Phasenablauf dieser Methode findet sich bei Sharan & Sharan (1994) sowie bei G. Huber (1985).

■ 1. Phase: Problemdefinition

Am Anfang steht die Auswahl spezifischer Teilthemen oder Interessengebiete innerhalb eines umfassenderen Problemfeldes, die zumeist von der Lehrkraft initiiert wird. Zu den hauptsächlichen Aufgaben der Lehrperson in dieser Phase gehört das Motivieren und Ermutigen. Sie stellt zudem Lerngelegenheiten zur Verfügung, hält sich aber mit eigenen Vorschlägen und Direktiven zurück.

Ergebnis der Diskussion ist eine Liste von Unterthemen, die im Folgenden bearbeitet werden müssen. Zu dieser Liste werden Quellen gesichtet, Fragen formuliert und bestimmte Kategorien entwickelt. Die daraus resultierenden Themenfelder stellen die Grundlage für die Entscheidung der Teilnehmenden dar. Nun bilden die Lernenden Kleingruppen, deren Mitgliederzahl von den individuellen Vorlieben für das Teilthema abhängt. Von Fall zu Fall entstehen aufgabenorientierte und heterogene Gruppen aus 2–6 Mitgliedern.

Die Zusammensetzung der Gruppen sollte mit Sorgfalt geschehen. Manchmal muss die Lehrkraft intervenieren und zu große Gruppen aufteilen oder umgekehrt verwandte Themen zur Bearbeitung in einer einzigen Gruppe zusammenfassen, wenn sonst keine oder zu kleine Gruppen zustande kämen.

■ 2. Phase: Planung der Projektdurchführung

Die Gruppenmitglieder planen die Bearbeitung ihres im ersten Schritt gewählten Interessengebietes. Sie legen zunächst fest, welche Aktivitäten und Ressourcen zur Bearbeitung des gewählten Themas nötig sind. Außerdem befinden sie darüber, wie sie vorgehen wollen und wer was bis wann erledigen sollte.

Schließlich muss klargestellt werden, wie das Arbeitsergebnis aussehen soll und wie viel Zeit für jeden Arbeitsschritt zur Verfügung steht. Das Ergebnis ist der Projektplan.

■ 3. Phase: Realisierung des Projekts

Die Gruppenmitglieder bearbeiten anschließend ihre Aufgaben (Unterthema aus der Projektliste) selbstständig. Dabei müssen sie in Kontakt mit den anderen Gruppen bleiben, da Fortschritte und Ergebnisse der Gruppen synchronisiert werden sollen. Das Resultat ist ein Produkt, das die Projektgruppe am Ende den anderen Gruppen präsentiert oder mit ihnen diskutiert.

In dieser Phase sollte das Lernen eine Bandbreite von Aktivitäten und Fertigkeiten einschließen. Die Gruppenmitglieder sammeln, organisieren und analysieren Informationen aus unterschiedlichen Quellen: Sie ordnen ihre Ergebnisse und formulieren angemessene Schlussfolgerungen. Schließlich diskutieren sie ihren Lernfortschritt mit dem Ziel Ideen und Informationen auszutauschen und diese zu erweitern, zu klären und zu integrieren. Die Lehrperson hält sich in Phase 3 zurück. Ihre Aufgabe ist es, falls erforderlich, Unterstützung und Hilfe anzubieten.

■ 4. Phase: Planung der Präsentation

Die Lernenden bereiten einen gemeinsamen Abschlussbericht sowie eine Präsentation vor. Dazu analysieren und bewerten sie die im 3. Schritt gesammelten Informationen.

■ 5. Phase: Präsentation der Ergebnisse

Jede Gruppe stellt den anderen die eigenen Arbeitsergebnisse ebenso wie die Wege, auf denen sie zu ihren Erkenntnissen gelangt ist, vor. Die Präsentation erfolgt vor der ganzen Klasse oder Lerngruppe. Um eine möglichst breite Perspektive auf die Themen zu gewinnen und das Interesse der Zuhörer zu wecken, sollen unterschiedliche Möglichkeiten genutzt werden (z. B. Vortrag, Poster, Arbeitsbericht, Vorführung, Ausstellung).

■ 6. Phase: Evaluation der Ergebnisse

Das Publikum beurteilt die Klarheit und den Appell einer jeden Präsentation ebenso wie die professionelle Qualität der Darstellung. Da jede Gruppe eine andere Teilaufgabe bearbeitet hat, kann man die Ergebnisse nicht durch einen Vergleich mit dem Durchschnitt der Gesamtgruppe bewerten. Lehrende und Lernende müssen darum Kriterien für verschiedene Aufgaben entwickeln. Die Bewertung kann einzelne Personen oder die ganze Lerngruppe einschließen.

Mit Blick auf die Förderung von selbstgesteuertem Lernen erscheint es sinnvoll, die Schüler und Schülerinnen wechselseitig ihre Ergebnisse bewerten zu lassen. Alternativ dazu kann eine Auswahl aus einer größeren Zahl von Testfragen vorgelegt werden, welche die einzelnen Gruppen selbst formuliert haben. Schließlich ist es denkbar, einen Wissenstest über das gesamte Problemgebiet durchzuführen, mit dem sich das gemeinsame Projekt beschäftigt hat.

Zwei Zwischenphasen unterstützen die Wirksamkeit von Kleingruppenprojekten und sorgen für ihren reibungslosen Ablauf:

■ **Zwischenphase – Typ I: Koordination**

Von Zeit zu Zeit treffen sich die Gruppen um ihre Arbeit aufeinander abzustimmen, Ressourcen zu teilen (Austausch von Lexika, Videobändern usw.) und Variationsmöglichkeiten der Ergebnispräsentation zu besprechen. Bei zeitlich längerfristig angelegten Projekten empfiehlt es sich, ein gemeinsames „Kommunikationszentrum" oder „Informationszentrum" (z.B. Klassenzimmer oder Gruppenraum) mit bestimmten „Öffnungszeiten" (z.B. jeden Vormittag von 9 bis 10 Uhr) zu etablieren. Umfasst das Kleingruppenprojekt nur eine oder wenige Stunden wird diese Zwischenphase sinnvoller Weise im Klassenzimmer oder Seminarraum stattfinden und zeitlich flexibel gehandhabt. Ihre Bedeutung für die Projektorganisation und Gruppenkommunikation sollte aber auch bei zeitlich kompakten Projekten keinesfalls ignoriert werden.

Bemerkenswert sind an dieser Stelle die Querverbindungen zur Projektmethode nach Frey (1996). Dort werden gemeinsame Treffen („Fixpunkte") bedarfsorientiert als organisatorische Schaltstelle eingesetzt um eine produktive Zwischenbilanz zu erstellen. Ferner eignet sich diese Koordinationsphase dazu, Beziehungsprobleme innerhalb der Gruppe aufzuarbeiten. Die Projektteilnehmer setzen sich aus einer gewissen Distanz mit ihrem eigenen Tun und über den vorher abgesteckten Verständigungsrahmen auseinander.

Abgesehen von den Aufgaben der Reflexion und Metainteraktionen über das Geschehen in den Gruppen, fungiert die Koordinationsphase wesentlich auch als organisatorische Schaltstelle. Die Schülerinnen und Schüler sprechen ihre Präsentationen ab, tauschen Materialien aus und organisieren den Einsatz benötigter Medien. In der Regel werden hier die zuvor gewählten Gruppensprecher zu Wort kommen und die konkreten Anliegen ihrer Gruppen vortragen.

■ **Zwischenphase – Typ II: Metakommunikation**

Da kooperatives Lernen nicht nur den Wissenserwerb, sondern auch soziales Lernen sowie das Lernen des Lernens fördern sollte, treffen sich die Lernenden in gewissen Zeitabständen um die Dynamik der Interaktion in ihren Kleingruppen, Probleme, persönliche Erfahrungen usw. zu diskutieren. Gemeinsam versuchen sie dabei, Möglichkeiten zu finden, wie sie ihre Kooperation verbessern können. Die Effizienz des Lernens in den einzelnen Gruppen hängt wesentlich von dieser Kombination der Lernziele und -aktivitäten ab.

Wenn Sie Kleingruppenprojekte als Lernarrangements nutzen, sollten Sie
• Arbeitsaufträge klar formulieren
• den Teilnehmenden angemessene Handlungsfreiräume lassen
• die Zwischenphasen I und II ernst nehmen und sorgfältig realisieren
• für alle Teilnehmenden genügend Materialien bereitstellen
• die aktive Teilnahme aller Gruppenmitglieder am Lerngeschehen unterstützen.

2. Warum sind Kleingruppenprojekte wirksam?

Kleingruppenprojekte zählen zweifellos zu den prominentesten Ansätzen des kooperativen Lernens. Mit anderen in diesem Buch beschriebenen Methoden (z. B. Gruppenpuzzle oder „Learning together"; Johnson, Johnson & Holubec, 1992; Konrad & Traub, 2001; siehe auch die Beiträge von A. Huber zum Gruppen- und Partnerpuzzle) teilen Kleingruppenprojekte die Kernelemente kooperativen Lernens: positive wechselseitige Abhängigkeit, individuelle Verantwortlichkeit und die Bedeutung sozialer Fertigkeiten. Unterschiede zu anderen Ansätzen betreffen die Rolle der Lehrerin/ des Lehrers sowie das Ausmaß der den Lernenden zugestandenen Autonomie und Flexibilität. Für Kleingruppenprojekte sind vielfältige Handlungsspielräume und flexible Handlungsmöglichkeiten aller Beteiligten von zentraler Bedeutung. Entsprechend betonen die Begründer der Methode die Vorzüge der „group investigation" für die weitgehend eigenständige Bearbeitung von selbst gewählten Aufgaben. Dabei sind die Themen und Inhalte des Projekts („investigation") ebenso wichtig wie die sozialen Aspekte der Gruppenarbeit.

Im Unterschied zu anderen kooperativen Verfahren sind Kleingruppenprojekte weniger strukturiert. Daraus können sich spezifische Probleme ergeben, vor allem dann, wenn es sich um unerfahrene Lerngruppen handelt.

Wie bereits angedeutet, sollten Lernende, die an Kleingruppenprojekten teilnehmen, umfassend darauf vorbereitet werden. Vorauslaufende Vermittlungsphasen oder Übungen sollten das Hauptaugenmerk auf soziale und metakommunikative Kompetenzen legen, da diese in Kleingruppenprojekten in hohem Maße erforderlich sind. Ein Beispiel für eine mögliche Vorbereitung wurde bereits im letzten Abschnitt angeführt.

Die Methode der Kleingruppenprojekte bietet zahlreiche Gelegenheiten zum aktiven Lernen, zur Selbststeuerung der eigenen Lernprozesse. Hauptsächliches Anliegen ist nicht die Lösung des gegebenen Problems. Die Lernenden müssen also nach dem kooperativen Problemlösen nicht notwendigerweise die „einzig richtige" Lösung eines bestimmten Problems kennen. Vielmehr kommt es in erster Linie darauf an, den Lernenden den Zugang zu **Strategien des Lernens und Problemlösens** zu ermöglichen. Mit anderen Worten: Die Teilnehmenden sollen lernen, wie man lernt, effektiv an Probleme heranzugehen. Sie sollen herausfinden, wie sie die eigenen Lernprozesse organisieren können, indem sie Schritte wie Orientierung über mögliche Ziele, Zielauswahl, Planung, Wissenserwerb usw. durchlaufen.

Shlomo Sharan und seine Kollegen haben in zahlreichen Großversuchen die Wirksamkeit von Kleingruppenprojekten überprüft. Einige Studien erforschten die Lernleistungen von Schülerinnen und Schülern in der Primar- und der Sekundarstufe. Klassen, die nach der Methode Kleingruppenprojekte unterrichtet wurden, zeigten im Allgemeinen ein höheres Leistungsniveau als jene Mitschülerinnen und Mitschüler, die an einem herkömmlichen Klassenunterricht teilnahmen (z. B. Shachar & Sharan, 1994). Mehrere Studien weisen über den Verlauf des Schuljahres einen signifikanten Zuwachs im Motivationsniveau der Schüler nach, die nach der „Group Investigation" Methode unterrichtet wurden. Außerdem fördert der Ansatz die Lernleistung sowie die sozialen Beziehungen zwischen den Schülern und Schülerinnen.

Interessierte Leser können die Methoden und Ergebnisse dieser und anderer Forschungsarbeiten etwa bei Sharan (1994) und Sharan, Shachar und Levine (1999) nachlesen.

3. Wo setze ich Kleingruppenprojekte ein?

Die Anwendung von Kleingruppenprojekten in Schule und Erwachsenenbildung erscheint vor allem dann angemessen, wenn Maßnahmen der Gruppenbildung sowie soziale Fertigkeiten gefördert werden sollen. Auch das eigenständige individuelle Denken und Handeln wird von dieser Methode profitieren. Voraussetzung für den Einsatz des Verfahrens ist, dass der gewählte Lerngegenstand in unabhängige, aber aufeinander bezogene Lerninhalte unterteilt werden kann.

Aus lernpsychologischer Sicht hat kooperatives (und zugleich problemorientiertes) Lernen mit Hilfe von Kleingruppenprojekten einige Vorteile. Die realitätsnahe Problembeschreibung motiviert zu umfassender Orientierung über mögliche und nötige Ziele des Lernens. Weiter regt sie die Lernmotivation an, da realistische Problemdarstellungen die Distanz zwischen Lernsituation und Situationen der Anwendung des erworbenen Wissens verkürzen. Die Lernenden entscheiden individuell oder in Kleingruppen kooperativ über ihre eigenen Lernziele, die damit fast automatisch subjektive Bedeutsamkeit gewinnen. Vor allem analysieren sie selbstständig ihr eigenes verfügbares Wissen und ihr Verständnis für das gegebene Problem und die möglichen Erklärungen oder Lösungen.

Es ist klar, dass sich diese Ansprüche nicht ohne Vorbereitung einlösen lassen. Insbesondere erscheint es sinnvoll, die sozialen Fertigkeiten vor Beginn der Gruppenaktivitäten angemessen zu üben. Diese Empfehlung gilt auch dann, wenn entsprechende Fertigkeiten im Lernprozess selbst ebenfalls überwacht und praktiziert werden.

Exemplarisch für andere kommunikative Fertigkeiten sei hier auf das „Zuhören können" verwiesen. Zuhören können ist nicht von Natur gegeben. Wir verstehen oft nicht, was wir hören, und wir werden von anderen oft nicht verstanden, weil wir in dem, was wir selbst sagen wollen, so verfangen sind, dass wir praktisch nur einen Teil von dem wahrnehmen, was unser Gegenüber mitteilt. Zur Lösung solcher Probleme könnte der Lehrer bzw. die Lehrerin die folgende Übung durchführen, bei der die Schülerinnen und Schüler ihre Aufmerksamkeit wechselseitig nachprüfen (Gorman, 1975):

- Der Lehrer/die Lehrerin schreibt drei oder vier Diskussionsthemen an die Tafel, von denen anzunehmen ist, dass sie das Interesse der Schüler finden.
- Die Klasse wird in Dreiergruppen aufgeteilt, wobei die Mitglieder jeder Gruppe so nahe wie möglich beieinander und die Gruppen als Ganze möglichst weit voneinander entfernt sitzen sollten.
- Nachdem die Gruppen eines der Themen gewählt haben, diskutieren sie darüber. Es gilt die folgende Regel: Jeder Sprecher muss die Bemerkungen des vorhergehenden Sprechers zusammenfassen, bevor er mit seiner eigenen Aussage beginnen darf.
- Die Diskussionen dauern etwa fünf Minuten. Anschließend diskutiert jede Gruppe drei Minuten lang darüber, wie gut die Mitglieder sich gegenseitig bei ihren Aussagen zugehört haben.
- Die gesamte Klasse diskutiert über die Übung. Die folgenden Fragen könnten das Gespräch initiieren: „War es schwierig, die Bemerkungen deines Vorredners zusammenzufassen?", „Lag die Schwierigkeit darin, dass die Aussage selbst unverständlich war?", „Oder lag es an der Zahl der Gedanken, die darin zum Ausdruck gebracht wurden?"
- Die Klasse bespricht Möglichkeiten, wie man die Verständigung untereinander verbessern könnte.

Eine weitere Voraussetzung für den Erfolg der Methode ist, dass die Lernenden – natürlich im Rahmen der Problemstellung, die das Projekt definiert – die Möglichkeit erhalten, sich **aktiv** eigene Ziele zu setzen, diese zu verfolgen und zu reflektieren. Schließlich ist die Rolle der Lehrperson von zentraler Bedeutung. Eine dominierende Rolle des Experten, der Schülerinnen und Schülern oder Kursteilnehmerinnen und

Kursteilnehmern wenig Entfaltungsspielräume lässt, ist kaum mit den Anliegen der Kleingruppenprojekte zu vereinbaren.

Je nach Bedarf sollte die Lehrperson die Lernenden führen, beraten und unterstützen. Ihre Aufgabe besteht ferner darin, die Aktivitäten aller Gruppen zu koordinieren.

Um Missverständnissen vorzubeugen ist zu betonen, dass der reibungslose Ablauf in sechs oder acht Phasen eher idealtypisch zu verstehen und keineswegs immer gewährleistet ist. Außerdem können – wie bei anderen Gelegenheiten des selbstgesteuerten Lernens auch – bei der selbstständigen Problembearbeitung ernsthafte Probleme zum Vorschein kommen. In schwierigen Lernsituationen können beispielsweise Zweifel über alternative Strategien oder Ungewissheit in Bezug auf das eigene Problemverständnis auftreten. Wer auf solche Schwierigkeiten trifft, sollte sich nicht gleich entmutigen lassen und sich vergegenwärtigen, dass substantielle Veränderungen nicht von heute auf morgen geschehen können.

Auf der beiliegenden CD finden Sie Beispiele für den Einsatz der Kleingruppenprojekte in Schule und Erwachsenenbildung.

• Schule:
Autor: Klaus Konrad
Kurs: Sekundarstufe I, Klasse 10
Thema: Kaffee

• Erwachsenenbildung:
Autor: Klaus Konrad
Kurs: Studierende einer Hochschule
Thema: Seminar Empirische Forschungsprojekte

4. Was gewinne ich mit Kleingruppenprojekten?

Durch den Einsatz von Kleingruppenprojekten
• werden Schülerinnen und Schüler teamfähig
• lernen sie selbstgesteuert zu arbeiten
• Kleingruppenprojekte fördern die individuelle Motivation
• sie unterstützen die Reflexionsfähigkeit der Teilnehmer und Teilnehmerinnen
• Wissen wird gründlicher erworben und tiefer in vorhandenen Wissenselementen verankert
• wird anwendungsrelevantes Wissen gefördert.

4. Gestaltung von Lernumgebungen

Anne A. Huber & Günter L. Huber

„Umgebung" als wichtige Determinante von Lernen zu berücksichtigen ist in der Psychologie nichts aufregend Neues. Verhaltenstheoretische Ansätze gehen davon aus, dass Erfahrungen in und mit der Umwelt relativ dauerhafte Veränderungen des Verhaltens vermitteln, selbst angeborene Verhaltensweisen können durch Erfahrungen mit der Umwelt verändert werden (Watson & Tharp, 1972). Auch in konstruktivistischen Ansätzen wird Lernen (und Entwicklung) als Ergebnis unter anderem von Auseinandersetzungen der Person mit ihrer Umgebung aufgefasst, und zwar sowohl der physischen als auch der sozialen Umgebung (Piaget, 1970).

Der Begriff der Lernumgebung soll zum Ausdruck bringen, dass Lernen von ganz verschiedenen Umgebungsfaktoren abhängig ist. Diese Faktoren lassen sich in unterschiedlichem Ausmaß von außen gestalten. Lernen findet nicht in einem historisch-gesellschaftlich neutralen Raum statt, sondern immer unter spezifischen räumlichen, zeitlichen, sozialen, kulturellen und wirtschaftlichen Kontextbedingungen. Eine Lernumgebung besteht außerdem aus einem Arrangement von Unterrichtsmethoden, Lernmaterialien und Medien (Reinmann-Rothmeier & Mandl, 2001). Dabei sollen Lernumgebungen nicht nur zu guten Lernergebnissen führen, sondern den Lernenden auch Erfahrungen ermöglichen, die in deren Arbeits- und Lebenswelt wichtig sind. Von Hentig (1994) weist eindringlich darauf hin, dass eine Lernumgebung auch ein „Lebensort" sein muss. Konkret heißt dies, man muss in dieser Umgebung „-… auch die wichtigsten Lebenserfahrungen machen – mit den Schwierigkeiten und Versprechungen, die unsere Gesellschaft für uns bereithält" (von Hentig, 1994, S. 191).

Im Folgenden soll geklärt werden, wie die Anforderungen aussehen, die die Lebens- und Arbeitswelt heute an Lernende stellt und inwiefern Schule und Erwachsenenbildung diesen Anforderungen genügen. Anschließend wird aufgezeigt, welche grundlegenden Lernumgebungen unterschieden werden können und skizziert, wie eine ideale, auf zukünftige Anforderungen zugeschnittene Lernumgebung aussehen könnte. Dabei wird auch darauf eingegangen, welche Rolle kooperative Lernformen in einer solchen Lernumgebung spielen.

1. Wie sehen die Anforderungen der zukünftigen Lebens- und Arbeitswelt an die Lernenden aus?

Man kann davon ausgehen, dass ein herausragendes Merkmal zukünftiger Lebens- und Arbeitswelten ihre permanente Veränderung sein wird. Die Institutionen der Aus-, Fort- und Weiterbildung stehen bei ihren Planungen in der paradoxen Situation, dass als übergreifende Gewissheit die Ungewissheit künftiger Lebens- und Arbeitssituationen postuliert wird. Lernumgebungen müssen also so gestaltet werden, dass sie auf diese Ungewissheit vorbereiten. Die Bedingungen des Lehrens und Lernens müssen den veränderten Lebensbedingungen und ihrer permanenten Veränderung angepasst werden.

Weiter kann man erwarten, dass die Industriegesellschaften künftig nicht mit weniger Arbeit auskommen – aber mit weniger gering qualifizierter Arbeit. Dementsprechend sind in den letzten Jahren die Zahlen junger Menschen beständig gestiegen, die Abschlüsse der Sekundarstufe II anstreben und auch die Möglichkeit des Zugangs zu Hochschulen nutzen. Bedarfsplanungen, z.B. der OECD oder des deutschen Wissenschaftsrats aus dem Jahr 1993, gehen davon aus, dass mindestens ein Drittel jedes Altersjahrgangs zur Sicherung des Standards entwickelter Gesellschaften ein Hochschulstudium beginnen muss – und hoffentlich erfolgreich abschließt. Weder Schulen noch Universitäten können sich angesichts dieser veränderten gesellschaftlichen Anforderungen als elitäre Institutionen verstehen, die lediglich jene Lerner und Lernerinnen auslesen, die schon günstige Lernvoraussetzungen mitbringen. Als Konsequenz würden jene jungen Menschen „fehl am Platz" erscheinen, die das bestehende Lehrangebot nicht effektiv zu nutzen verstehen. Vielmehr müssen die Lernumgebungen so verändert werden, dass mehr junge Menschen eine Chance der Förderung durch qualifizierte Ausbildung bekommen. Niedrige Schülerquoten im gymnasialen Bildungsbereich des dreigliedrigen Schulsystems sind also kein Qualitätsmerkmal, sondern ein Indikator künftiger Probleme des Bildungssystems.

Was muss aus solchen Perspektiven konkret folgen? Wir fassen die Herausforderungen für die Gestaltung von Lernumgebungen in drei Thesen zusammen:

■ **These 1: Lernende müssen fähig werden mit anderen zusammenzuarbeiten. Es ist davon auszugehen, dass viele Probleme nicht mehr von einer Einzelperson lösbar sind, sondern dass dazu Wissen und Kompetenzen verschiedener Personen notwendig sind.**

Das Leitbild der Ausbildung war bisher die „Autorität", d.h. die Lernenden sollten Experten für ein Fachgebiet werden. Bezeichnender Weise sprechen die Medien über einen Experten oft als „Papst" eines Wissensgebiets. Umgekehrt sind noch immer viele Menschen zufrieden, wenn sie hören können, was ein Experte oder eine Expertin denn eigentlich für eine Meinung vertritt, um dann den Expertenstandpunkt einfach zu übernehmen.

Allerdings sind die meisten Lebenszusammenhänge und wissenschaftlichen Disziplinen heute so komplex und unübersichtlich geworden, verlaufen die meisten Entwicklungen so rasch, dass die „Autorität", der „Papst" eines Sachgebiets nur noch als ein Ideal vergangener Zeiten gelten kann. Die Vermehrung des Wissens hat dazu geführt, dass „Autoritäten" heute Spezialisten sind, die fast alles über fast nichts wissen. Wir benötigen daher heute schon und künftig immer mehr Experten, die fähig und bereit sind, im Dienste der Analyse und Lösung von komplexen Problemen ihre spezifischen Ressourcen mit anderen zu teilen. Das heißt aber nichts anderes, als die „einsame Autorität" durch teamfähige, kooperationsfähige Fachleute abzulösen.
In der Arbeitswelt zeichnete sich diese Entwicklung schon lange ab: Bereits vor über zehn Jahren hat die „Süddeutsche Zeitung" das Ergebnis einer Analyse der Stellenanzeigen für gehobene Positionen in den Wochenendausgaben der vier größten deutschen Zeitungen publiziert: Was die Personalchefs über fachliche Kompetenz hinaus von ihren künftigen verantwortlichen Mitarbeitern erwarteten, war damals schon fast ohne Ausnahme die Fähigkeit im Team zu arbeiten.

Wo und wie aber können Lernende in unserem Bildungssystem diese Kompetenz erwerben? Es müssen für sie Möglichkeiten geschaffen werden, einerseits Expertise zu erwerben, andererseits begrenztes Expertentum mit anderen auszutauschen. So können sie auch lernen, Probleme und Projekte im Team zu bearbeiten.

■ These 2: Lernende müssen befähigt werden Problemstellungen zu erkennen.

Die Entwicklung der Wissenschaften hat zu einer immer rasanteren Vermehrung des verfügbaren Wissens geführt. Noch vor wenigen Jahrzehnten schätzte man, das Wissen verdopple sich alle zehn Jahre. Heute müssen wir davon ausgehen, dass das Wissen sich alle fünf bis sieben Jahre verdoppelt, in „jungen" Disziplinen wie der Informatik und Informationstechnologie oder einigen Biowissenschaften wird diese Zeitspanne sogar auf nur drei Jahre geschätzt. Gerade auf diese Disziplinen aber konzentriert sich der Wettbewerb, von ihnen hängen Bestand und Fortschritt moderner Volkswirtschaften und Gesellschaften im globalen Wettbewerb ab. Anders herum gedacht: Wenn sich das einschlägige Wissen in diesen kurzen Zeitspannen verdoppelt, ist die Wahrscheinlichkeit groß, dass die Hälfte des Wissens in drei, fünf oder sieben Jahren schon wieder veraltet ist. Der Rohstoff Wissen ist also nur mehr begrenzt lagerungsfähig; er hat eine immer kürzere „Halbwertszeit".

Welchen Sinn macht es dann noch, in faktisch immer längeren und immer differenzierteren Ausbildungsgängen umfassendes Wissen, Problemanalysen und -lösungen nach Maßgabe eines festen Ausbildungskanons anzubieten? Die Situation der Lernenden gleicht der des Hasen im Märchen vom Wettlauf zwischen Hase und Igel. Die Lernenden werden nie genau das Wissen mitbringen, das sie später brauchen werden, da sich bis dahin die benötigten Wissensbestände schon wieder verändert haben. D. h. der Hase wird immer langsamer sein als der Igel.

Das bedeutet nun nicht, dass kein Wissen mehr vermittelt werden soll. Im Gegenteil, sicherlich gibt es einen Kanon an grundlegenden Fertigkeiten und Wissensbausteinen, die vermittelt werden müssen und zudem findet Lernen immer im Konkreten statt, d. h. in der Auseinandersetzung mit bestimmten Themenstellungen. Es ist jedoch zwecklos zu glauben, man könne die Lernenden tatsächlich vorab mit allen Inhalten versorgen, über die sie später einmal Bescheid wissen müssen. Die Frage ist, ob diese Strategie je funktioniert hat – man muss sich nur selbst klar machen, was von dem, was man einmal gelernt hat, nie wieder relevant war und was man alles erst noch dazulernen musste um in einem Berufsfeld zu bestehen.
Lernumgebungen müssen heute die Schwerpunkte anders setzen: Es kommt nicht nur darauf an, sich in möglichst kurzer Zeit möglichst viel Wissen anzueignen, sondern vor allem auch zu lernen, wie man in der kaum überschaubaren Menge des Wissens die für ein aktuelles Problem relevanten Elemente findet und auswählt. Dazu gehört als Voraussetzung, dass die Lernenden befähigt werden Probleme zu erkennen und für die Problemlösung relevantes Wissen aufzufinden.

■ These 3: Lernende müssen befähigt sein sich notwendiges Wissen selbstständig anzueignen.
Die beschleunigte Vermehrung und gleichzeitig Veraltung des Wissens macht weiter reichende Veränderungen nötig. In einer überschaubaren, gewissen und vorhersagbaren Welt mag es ausreichend gewesen sein, die Ziele eines Ausbildungsgangs in Aufgaben und Fragestellungen zu verstecken und die Studierenden nach Lösungen suchen zu lassen. Angesichts der Ungewissheit künftiger Lebenssituationen aber werden die Grenzen dieses Lehrens und Lernens rasch offenbar. Wenn die Randbedingungen sich ändern, erweisen sich die rezipierten Wissensbestände als wenig hilfreich. Denn dann müssten die Ausgebildeten in der Lage sein, in der veränderten Situation die kritischen Fragen und Aufgaben selbstständig zu finden und sich neue Kenntnisse und Fertigkeiten zu erarbeiten.

Unter dieser Perspektive kann die Organisation des Studiums von Lehrern und Lehrerinnen in den meisten Ländern als klares Beispiel dafür angeführt werden, wie die Akzente des Studiums in der Zukunft nicht mehr gesetzt werden dürfen. Angehende

Lehrer und Lehrerinnen studieren in der Regel zwei wissenschaftliche Disziplinen als Grundlage ihrer späteren Lehrtätigkeit. Wie man aber die Inhalte dieser Fächer am besten erlernt, und vor allem, wie man selbstständig und selbstverantwortlich – beides verbreitete Vokabeln im Curriculum der Schulen – lebenslang weiterlernt, haben sie selbst höchstens am Rande erfahren. Sie hören vielleicht darüber, aber sie machen keine selbstständigen Erfahrungen im eigenen Studium. Vor allem aber werden sie nicht zu den Experten ausgebildet, die sie werden müssten: Experten für Lernprozesse.

„Selbstständigkeit" und „Selbstverantwortung" gehören zu den gefälligen Worthülsen, an denen es in den Diskussionen um die Ziele der Bildung nicht mangelt. Solche Wörter klingen gut. Sie aktivieren den Eindruck pädagogisch hochrangiger Werthaltungen, man kann gar nicht dagegen sein – aber was wird eigentlich dafür getan, das zu verwirklichen, wofür diese Wörter stehen? Auf die Herausforderungen der Komplexität und Ungewissheit der gegenwärtigen und erst recht der künftigen Welt kann das Bildungssystem nicht länger nach der Formel „mehr vom gleichen" reagieren. „Weniger ist mehr" könnte die neue Formel sein. Die Qualität statt Quantität des neuen Lehrens und Lernens muss sich vor allem darin zeigen, dass die Lernenden sich dafür interessieren, nicht nur Antworten auf Fragen zu suchen, die ihre Lehrer oder die Lehrbücher an sie stellen, sondern selbstständig neue Fragen zu finden und darauf unabhängig von äußerer Unterstützung angemessene Antworten zu entwickeln. Wesentliches Merkmal einer qualifizierten Ausbildung wird es künftig sein, ob jemand gelernt hat über die Ausbildungszeit hinaus selbstständig und selbstverantwortlich weiterzulernen.

2. Wie sehen Lernumgebungen in Schule und Erwachsenenbildung bisher aus und können sie die oben genannten Anforderungen erfüllen?

Die PISA-Studie hat gezeigt, dass Schülerinnen und Schüler in Deutschland große Probleme mit der Problemlösekompetenz haben. Sie können ihr Wissen in Anwendungssituationen nicht adäquat einsetzen. Dies ist nicht verwunderlich, wenn man sich ansieht, wie v. a. in der Schule unterrichtet wird.

Schon früher hat Meyer (1987) aufgezeigt, dass Frontalunterricht die häufigste der vier Sozialformen des Unterrichts ist und etwa drei Viertel der gesamten Unterrichtszeit einnimmt. Dies wird sehr deutlich in der Studie von Hage u. a. (1985). Hier wurden in drei verschiedenen Schularten (Gesamtschule, Gymnasium und Hauptschule) in Klassenstufe sieben und acht jeweils zwei Unterrichtsstunden bei jeweils 88 Lehrerinnen und Lehrern beobachtet und festgestellt, dass drei Viertel der Zeit für Klassenunterricht verwendet wurden. Die zweithäufigste Form war die Einzelarbeit, gefolgt vom Gruppenunterricht. Am seltensten wurde Partnerarbeit beobachtet.

Nach Meyer (1987) finden im Frontalunterrichts in der Regel während zwei Dritteln der Zeit gelenkte Unterrichtsgespräche statt. Rein quantitativ ist das gelenkte Unterrichtsgespräch nach Meyer das wichtigste Handlungsmuster innerhalb der Schule überhaupt.

Denkt man über diese Beobachtungen nach, so muss man zu dem Schluss kommen, dass zumindest in der Schule (für die Erwachsenenbildung können keine auf empirischen Untersuchungen basierende Aussagen gemacht werden) ein Lehrstil bevorzugt wird, bei dem die Lehrenden vorwiegend aktiv, die Lernenden aber vorwiegend passiv und rezeptiv sind. Auch der Einsatz von Unterrichtsgesprächen ändert daran nichts. In der Regel sind hier nur wenige Lernende beteiligt und meist geht es darum zu erraten, was die Lehrenden denn nun genau hören wollen – sicherlich keine schlechte Vorbereitung auf Quiz-Sendungen, aber wohl kaum auf die sonstige Lebens- und Arbeitswelt. Außerdem werden durch diese Art der Klassenführung viele Lernende nicht entsprechend ihren Möglichkeiten angeregt und gefördert, da keine Rücksicht auf unterschiedliche Lerntempi genommen werden kann. Schätzungen besagen, dass sich individuelle Lerngeschwindigkeiten um den Faktor fünf unterscheiden können, d. h. wenn eine Person fünf Minuten benötigt um eine Sache zu lernen, gibt es andere Personen, die für die gleiche Aufgabe 25 Minuten zur Verfügung haben sollten. Man kann also davon ausgehen, dass bei einem auf durchschnittliches Lerntempo abgestimmten Klassenunterricht ein Teil der Schülerinnen und Schüler überfordert und ein anderer Teil unterfordert wird – was sehr leicht zu Unlust, Disziplinproblemen und Leistungsverweigerung führen kann. Es ist mehr als fraglich, ob in einem solchen Unterricht optimal gefördert wird, wie man Probleme auffindet, Problemlösekompetenzen erwirbt, mit anderen zusammenarbeitet und Selbstregulationsfertigkeiten entwickelt. Diese Form des Unterrichts entspricht am ehesten einer kognitivistischen Lernumgebung, worauf wir weiter unten noch zurückkommen werden (siehe Tabelle 1).

Über Universitäten liegen Untersuchungen von Schaeper (2001) vor. Danach sind Vorlesungen zu 96 Prozent der Zeit und Seminare zu 80 Prozent der Zeit durch Vortragselemente geprägt. Auch hier ist die Lehre am ehesten am Modell einer kognitivistischen Lernumgebung orientiert. Dabei spielt jedoch das gelenkte Unterrichtsgespräch eine viel geringere Rolle als in der Schule.

Lehrpläne, Studienordnungen, Kursangebote umschreiben meist eine wohl definierte Menge von Kenntnissen und Fertigkeiten, die an die Lernenden weiterzugeben sind. Wenn nicht einfach nur doziert wird, versteckt man die Zielelemente in Aufgaben und Fragestellungen und lässt die Lernenden nach Lösungen suchen. In einer vorhersagbaren Welt mag dieses Konzept ausreichend erscheinen. Wenn aber die Randbedingungen sich ändern, erweisen sich ausschließlich übernommenes Wissen und Handlungsrezepte als wenig hilfreich.

Bisher wird beim Lehren und Lernen einseitig geübt in klar umschriebenen Situationen klar definierte Lernziele zu erreichen, d. h. für vorgegebene Probleme die definierten Lösungen zu suchen. Aber die Lehrenden und die Lernenden müssen künftig auch mit Situationen umgehen können, in denen die Ziele der Lerntätigkeit erst einmal zu finden und festzulegen sind. Dazu müssen sich alle – die Lehrenden und die Lernenden – Fertigkeiten aneignen, die sie befähigen sich den Anforderungen solcher zunächst vieldeutiger und unklarer Situationen zu stellen.

3. Worin unterscheiden sich typische Lernumgebungen?

Reinmann-Rothmeier und Mandl (2001) unterscheiden zwei grundlegende Formen von Lernumgebungen: kognitivistische oder aber konstruktivistische. Dabei handelt es sich in der Regel um eine idealtypische Einteilung, da in der Praxis diese Formen nur selten in Reinform auftreten. Folgende Tabelle soll eine Übersicht über die beiden Typen geben:

	Kognitivistische Lernumgebungen	**Konstruktivistische Lernumgebungen**
Zentrale Idee	Im Mittelpunkt steht der Versuch den Lernenden den Wissensausschnitt bzw. Lerngegenstand so zu übermitteln, dass sie später über ein möglichst genaues Abbild davon verfügen.	Zentrale Annahme ist, dass Menschen ihr Wissen selbst konstruieren und damit die Übermittlung eines möglichst genauen Abbilds von Wissen gar nicht möglich ist. Vielmehr müssen Lernumgebungen so gestaltet werden, dass neue Inhalte verstanden, Kenntnisse und Fertigkeiten flexibel angewandt werden können und die Möglichkeit besteht Problemlösefähigkeiten und andere kognitive Strategien zu entwickeln.

	Kognitivistische Lernumgebungen	Konstruktivistische Lernumgebungen
Fokus	Vorherrschaft der Instruktion: Im Mittelpunkt steht die Frage, wie die Instruktion optimiert werden kann, damit sich die Lernenden die Wissensinhalte zu eigen machen können.	Vorherrschaft der Konstruktion: Im Mittelpunkt steht die Annahme, dass Lernen ein aktiv-konstruktiver Prozess ist, der immer in einem ganz spezifischen Kontext stattfindet. Diesen Prozess gilt es zu unterstützen.
Rolle der Lehren-den	Die Lehrenden sind v.a. Wissens-vermittler: Sie präsentieren und erklären die Wissensinhalte. Sie leiten die Lernenden an und überwachen deren Lernfortschritte.	Die Lehrenden sind v.a. Lernberater: Sie unterstützen, regen an und beraten die Lernenden in ihrem Lernprozess.
Rolle der Lernen-den	Die Lernenden haben eine eher passive und rezeptive Rolle.	Die Lernenden sind aktive Konstrukteure ihres Lernprozesses und seiner Produkte.
Evalua-tion des Lerner-folgs	Im Mittelpunkt der Beurteilung steht die Überprüfung des Lernerfolgs und die Frage, wie weit die eingesetzten Instruktionen zu den gewünschten Lernergebnissen geführt haben.	Der Prozess des Lernens steht im Mittelpunkt der Beurteilung. Im Lernprozess selbst wird Wert auf Feedback-Informationen gelegt um sinnvolle Korrekturen, Hilfen und Unterstützungsmaßnahmen einzuleiten.

Tabelle 1: Kognitivistische versus Konstruktivistische Lernumgebung

Der Primat der Instruktion in kognitivistischen Ansätzen ist sehr effektiv, wenn die Lernenden in Lehrplänen oder sonstigen Zielkatalogen definiertes Wissen erwerben sollen, allerdings bleibt dieses Wissen „träge", d. h. es steht zwar in instruktionsbezogenen Prüfungen, aber kaum in beliebigen Anwendungskontexten zur Verfügung (Transferproblem!). Inzwischen besteht zumindest unter Lerntheoretikern eigentlich Konsens, dass Wissen keine Kopie der Wirklichkeit ist, mithin nicht einfach von außen „vermittelt" werden kann, sondern immer eine Konstruktion darstellt, die eine gewisse Eigenaktivität der Lernenden voraussetzt.

Insbesondere erscheint es als Widerspruch, einerseits durch „Vermittlung" die Rezeption von Wissen zu fördern, andererseits so auch die gesellschaftlich geforderten überfachlichen Kompetenzen (Problemlösekompetenzen, Selbstregulationsfertigkeiten, soziale Kompetenzen etc.; s.o.) systematisch fördern zu wollen. Eine übermäßig passive Rolle auf Seiten der Lernenden ist demotivierend, führt zu Unlust, Disziplinproblemen und Leistungsverweigerungen. Es ist hier kaum möglich, sich als selbstwirksam zu erleben und Zutrauen in die eigenen Fähigkeiten zu entwickeln. Allerdings sollte auch in konstruktivistischen Lernumgebungen ein gewisses Maß an instruktionaler Unterstützung auf keinen Fall fehlen. Die Kunst besteht darin, ein Gespür dafür zu entwickeln, für wen wann welche Unterstützung wichtig ist und das Bedürfnis nach Strukturierung und die Notwendigkeit der Offenheit von Lernsituationen für individuelle Konstruktionsprozesse auszubalancieren.

Auch bei Kursen, die nach konstruktivistischen Prinzipien aufgebaut sind, müssen die Lernenden also unbedingt angemessen unterstützt werden, damit sie nicht überfordert werden. Abgesehen von ganz allgemein unnötigem und ineffizientem Zeitaufwand bei fehlender Unterstützung durch die Lehrenden können gerade schwächere, weniger erfahrene und gewissheitsorientierte (s.u.) Lernende sonst entmutigt werden und einfach aufgeben.

Für die Lehrenden folgt daraus weiter, dass ihre Hauptaufgabe in konstruktivistischen Lernumgebungen zwar darin besteht, als **Lernberater** zu fungieren, dies sie jedoch nicht davon entbindet, als Fachexperten den Lernenden eine Orientierung zu bieten, etwa in Form von Advance Organizern (Überblick über den fachlogischen Zusammenhang des vermittelten Wissensgebiets), Hilfestellungen und Feedback.

Man kann diese Übersicht dahin zusammenfassen, dass eine gemäßigt konstruktivistische Lernumgebung empfohlen wird, d.h. eine Lernumgebung, die am konstruktivistischen Modell orientiert ist und den Lernenden möglichst viel Eigenaktivität zumutet – ohne sie dabei jedoch völlig sich selbst zu überlassen. Kooperative Lernformen spielen in einer solchen Lernumgebung eine wichtige Rolle. Orientiert an den individuellen Voraussetzungen wird vorgeschlagen, entsprechende instruktionale Unterstützungsmaßnahmen einzusetzen. Lehrende dürfen und müssen auch in einer gemäßigt konstruktivistischen Lernumgebung ihre Strukturierung des Wissensgebiets als Fachexperten den Lernenden offenbaren und sollten daraus kein Geheimnis machen, das die Lernenden mühsam enträtseln müssen. Wie eine solche Lernumgebung genau aussehen soll, wird unten noch genauer ausgeführt.

4. Wie könnte eine gemäßigt konstruktivistische Lernumgebung aussehen und welche Rolle spielen dabei Partner- und Gruppenarbeitsmethoden?

Eine ideale Lernumgebung muss so gestaltet sein, dass sie
- das Auffinden und die aktive Konstruktion von Wissen fördert;
- den Erwerb von Problemlösekompetenzen fördert;
- die Fähigkeit zum selbstregulierten Lernen fördert;
- soziale Kompetenzen und insbesonere die Fähigkeit zur Zusammenarbeit mit anderen fördert;
- individuelle Unterschiede berücksichtigt, d.h. je nach Voraussetzungen der Lernenden notwendige instruktionale Unterstützung bietet;
- durch geeignete Erfassung und Rückmeldung sowohl von Erfolgen als auch Fehlern individuelle Konstruktionsprozesse unterstützt.

Eine solche Lernumgebung ist einem gemäßigt konstruktivistischem Paradigma zuzuordnen und baut auf sechs Elementen auf, die im Folgendem näher ausgeführt werden sollen
- Sandwichprinzip als Unterrichtsarchitektur
- Einsatz unterschiedlicher kooperativer Lernformen
- Berücksichtigung individueller Unterschiede
- Problemorientierung
- Prozessorientierung
- Einsatz neuer Formen der Leistungsbeurteilung

▪ Das Sandwichprinzip als Unterrichtsarchitektur

Das Sandwich-Prinzip (Wahl u. a., 1995; Gerbig & Gerbig-Calcagni, 1998; Wahl, 2000) stellt eine Unterrichtsarchitektur dar, mit deren Hilfe sowohl einzelne Veranstaltungen unterschiedlicher Länge (kleine Sandwichstruktur) als auch ganze Veranstaltungsreihen (große Sandwichstruktur) gestaltet werden können.

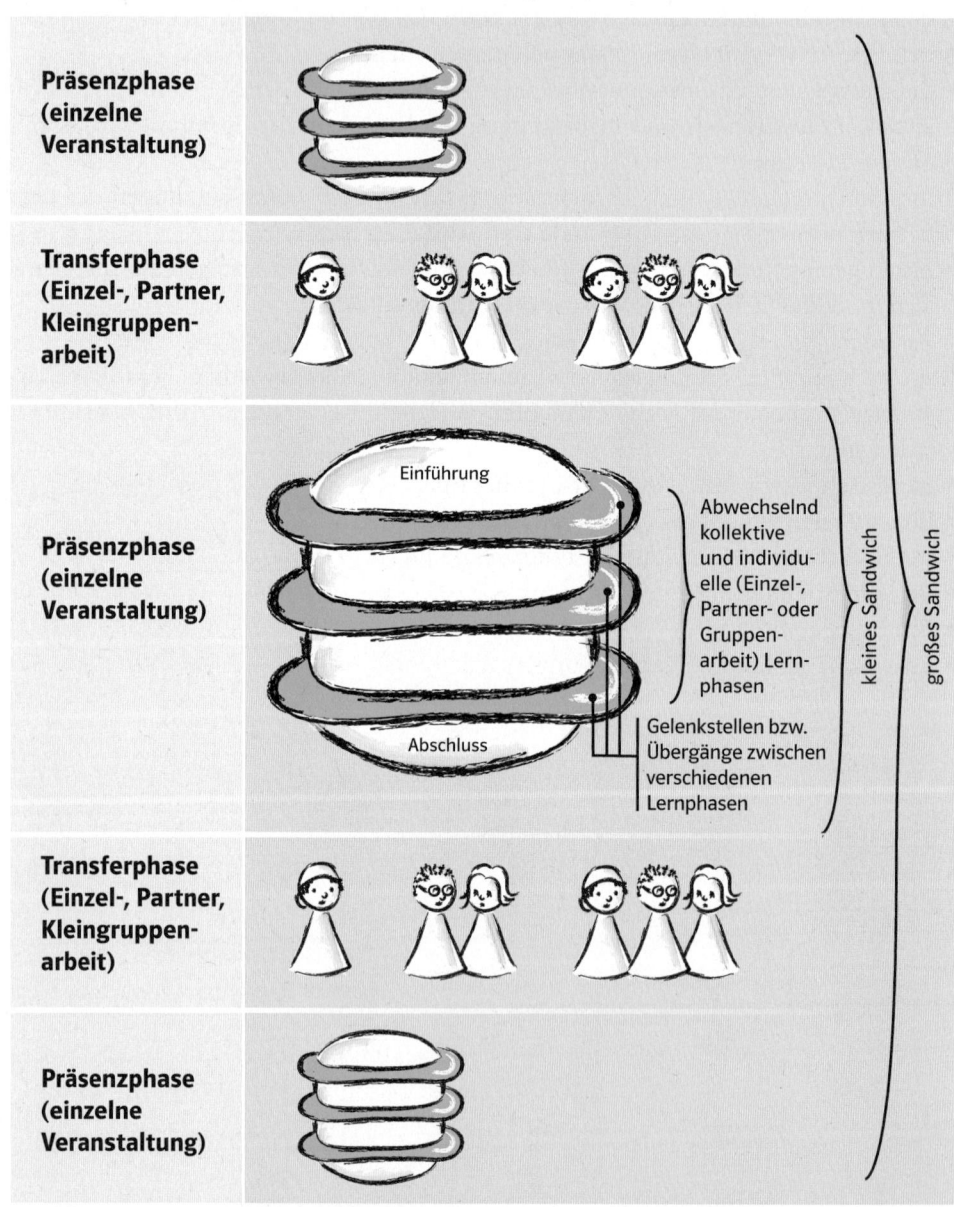

Abbildung 1: Unterrichtsarchitektur nach dem Sandwichprinzip

Das Sandwichprinzip erfüllt hier durch den Wechsel unterschiedlicher Organisationsformen des Lernens die Anforderung allen Lernenden gerecht zu werden. Die auch als „kleine" Sandwichstruktur (Wahl, 2000) bekannte Möglichkeit eine Veranstaltung zu strukturieren, impliziert einen ständigen Wechsel zwischen „kollektiven" Lernphasen, in denen Lehrende einen Input an die Gesamtgruppe geben oder Ergebnisse von Einzel-, Partner- oder Kleingruppenarbeit wieder zusammengeführt werden und „individuellen" Lernphasen, innerhalb derer die Lernenden sich in Einzel-, Partner- und Kleingruppenformen individuell oder in enger Zusammenarbeit mit anderen selbstverantwortlich mit den Inhalten und Zielen der Veranstaltung auseinander setzen. Der Einsatz von Einzel-, Partner- und Gruppenarbeitsformen ermöglicht erst die aktive Auseinandersetzung mit dem Lerngegenstand, der bei frontalen Unterrichtsmethoden in diesem Maße nicht möglich ist. Haag und A. Huber gehen in diesem Band ausführlich darauf ein, wie sich kooperative Lernformen in eine solche Sandwichstruktur einfügen (Kapitel 2). Insbesondere bei der Gestaltung der individuellen Lernphasen kann und soll den individuellen Voraussetzungen der Lernenden, wie unterschiedlichem Lerntempo, Leistungsniveau, Strukturierungsbedürfnis, Lerntyp oder Interesse Rechnung getragen werden.

Neben dieser „kleinen" Sandwichstruktur wird zusätzlich die „große" Sandwichstruktur (Wahl, 2000) in Veranstaltungen angewandt, in denen insbesondere das Ziel des Lerntransfers angestrebt wird bzw. eine Veränderung des eigenen Handelns. Wenn etwa Lehrenden in entsprechenden Kursen neue Lehr-/Lernverfahren nahe gebracht werden, sollen sie hinterher nicht nur mehr über neue Lehr-/Lernverfahren wissen, sondern auch ihre eigene Unterrichtspraxis verändern und neue Möglichkeiten des Lehrens und Lernens erproben. Dies ist ein überaus anspruchsvolles Ziel, da Lehrende über subjektive Theorien verfügen, die nur schwer veränderbar sind, aber ihr Handeln in konkreten Situationen leiten. Ihnen einfach nur neues Wissen zu vermitteln, verändert in der Regel weder ihre subjektiven Theorien noch ihr Handeln. Eine erprobte Möglichkeit, dennoch eine Veränderung zu erreichen, besteht darin, nicht nur eine einzelne Veranstaltung anzubieten, sondern eine Veranstaltungsreihe, die im Sinne eines „großen" Sandwichs aufgebaut ist und aus mehreren Präsenz- und Transferphasen besteht. In den Präsenzphasen treffen sich alle Teilnehmer um neuen Input zu bekommen, sich zu vernetzen und Erfahrungen auszutauschen. Hier werden auch die ersten Schritte für einen Transfer eingeübt (z. B. Simulationen der realen Alltagssituation). Die individuellen Lernphasen sind dazwischen geschoben. Hier findet in Einzel-, Tandem- und Kleingruppenarbeit eine Beschäftigung mit vertiefender Literatur und insbesondere die Umsetzung des Gelernten in den Alltag statt. Diese Umsetzung wird durch Tandempartner unterstützt, die bei der Vorbereitung und Durchführung beratend zur Seite stehen und durch Kleingruppen, die Unterstützung und Austausch in einem etwas erweiterten Kreis anbieten. Schmidt

(2001) konnte zeigen, dass Tandems und Kleingruppen gleichermaßen wichtig sind um den Lernenden die emotionale und instrumentelle Unterstützung zu geben, die sie für einen erfolgreichen Transfer benötigen.

■ Einsatz unterschiedlicher kooperativer Lernformen

Wie bereits deutlich geworden ist, stellen kooperative Lernformen eine wichtige Möglichkeit dar neben fachlichen auch überfachliche Kompetenzen zu fördern (siehe Kapitel 1).

Wie sie sich in eine Unterrichtsarchitektur nach dem Sandwichprinzip einordnen, wird oben und in dem Beitrag von Haag und A. Huber ausführlich beschrieben.

Hier soll nur nochmals kurz darauf Bezug genommen werden, wie wichtig es ist, je nach Lernziel die geeignete kooperative Lernmethode auszuwählen und an den Lerngegenstand anzupassen.

Kooperative Lernmethoden beschreiben wie andere Methoden auch den Weg, wie man zu ganz bestimmten Zielen kommt. Oder anders formuliert: Es gibt weder eine „beste" Methode noch eine Auswahl von Methoden nach Beliebigkeit oder individueller Präferenz: welche Methode am ehesten geeignet ist, kann nur von der **Zielsetzung** des Unterrichts oder Kurses her entschieden werden. Wie schon im Einführungskapitel skizziert, unterscheiden wir vereinfachend drei große Zielbereiche: **Wissenserwerb, Üben von Fertigkeiten und Problemlösen**.

In allen schulischen Lernfeldern müssen die Lernenden grundlegendes Wissen erwerben. Im Mathematikunterricht müssen sie beispielsweise lernen, was ganze Zahlen, Dezimalbrüche, gemeine Brüche usw. sind. Die Lernenden müssen weiter Fertigkeiten im Umgang mit diesem Wissen einüben, also z. B. üben, wie man gemeine Brüche addiert, multipliziert usw. Schließlich müssen die Lernenden auch befähigt werden, sich ihre Kenntnisse und Fertigkeiten bei der Bearbeitung neuartiger Aufgaben, d. h. beim Problemlösen nutzbar zu machen. Im Mathematikunterricht soll z. B. gelernt werden, sprachlich beschriebene Fälle, d. h. Textaufgaben auf das mathematische Problem zu reduzieren und dann dafür Lösungen zu finden.

Für diese typischen Lernsituationen schlagen wir hier zur Orientierung zunächst einmal jeweils drei spezifische Partner- und Gruppenarbeitsformen vor:

> • Für die Lernsituation „Wissen erwerben" sind insbesondere das Partnerpuzzle, das Gruppenpuzzle und das Lerntempoduett geeignet.

- Für das „Üben von Fertigkeiten" kommen vor allem die Gruppenrallye, das Partner- und Gruppeninterview sowie das Multi-Interview in Frage.
- „Problemlösungen" können insbesondere mit der Problemdiskursmethode, den Kleingruppenprojekten und der Strukturierten Kontroverse angegangen werden.

Es muss darauf hingewiesen werden, dass sich einzelne der kooperativen Lernformen auch für andere Lernsituationen verwenden lassen, abhängig davon, wie man sie gestaltet. So können etwa Partnerpuzzle und Lerntempoduett auch für Übungsaufgaben verwendet werden und Kleingruppenprojekte für den reinen Wissenserwerb, ohne dass dabei das Lösen von Problemen im Mittelpunkt stehen muss. Tabelle 2 in Kapitel 1 gibt eine Übersicht, wofür welche Methode eingesetzt werden kann.

Generell werden alle Leserinnen und Leser dazu aufgefordert, mit den vorgestellten Methoden zu experimentieren und sie nach eigenen Bedürfnissen auch miteinander zu kombinieren.

■ Die Berücksichtigung individueller Unterschiede

Auf Unterschiede des individuellen Lerntempos und des Leistungsniveaus haben wir oben schon hingewiesen. Die Möglichkeiten der Sandwicharchitektur von Unterricht erscheinen besonders günstig, wenn man solche Unterschiede gar nicht erst zum Problem einzelner Lerner, der gesamten Gruppe und nicht zuletzt der Lehrenden werden lassen möchte. Aber auch für einen anderen Unterschied zwischen den Lernenden bietet die Kombination individueller, kooperativer und lehrerzentrierter Phasen einen guten Ausgleich: Es hat sich nämlich herausgestellt, dass für manche Lernende das Lernen in kooperativen Arrangements weniger eine Herausforderung als vielmehr eine Belastung darstellt. Insbesondere wenn es darum geht, sich mit mehreren, möglicherweise widersprüchlichen Sichtweisen anderer Lernender auseinander zu setzen, treten nicht nur die von Johnson und Johnson (1979; 1994) postulierten motivierenden Effekte kontroverser Standpunkte auf. Manche Lernende werden durch Widersprüche eher verunsichert; sie ziehen sich dann aus Diskussionen zurück oder beharren starr auf ihren verfügbaren Meinungen. Daher muss man fragen, welchen Grad an Allgemeingültigkeit pädagogisch-didaktische Modelle beanspruchen können, die generell von der Lust der Lerner und Lernerinnen ausgehen, selbstständig Neues zu erkunden.

Nach dem Konstrukt der Ungewissheitstoleranz (Sorrentino u. a., 1988, 1992) gilt, dass manche Personen besonders durch Situationen motiviert werden, die Ungewissheit über das Selbst und die Umwelt auslösen, während andere dann besonders motiviert sind, wenn die Aufgabe keine Zweifel und Ungewissheit über das Selbst und die Umwelt aufkommen lässt. Für die Gestaltung von Lernumgebungen ergibt sich aus diesem Konstrukt die allgemeine Hypothese, dass eine Wechselwirkung zwischen individueller Ungewissheitsorientierung der Lernenden und ihrer Reaktion auf die Ungewissheit bzw. Gewissheit der Lernsituation zu erwarten ist. In Situationen, die wie das kooperative Lernen die Lernenden mit vielen, vielleicht sogar widersprüchlichen Deutungsmöglichkeiten und Vorgehensweisen oder unterschiedlichen Sichtweisen konfrontieren, werden sich ungewissheitsorientierte Lerner und Lernerinnen wohler fühlen und bessere Lernergebnisse erzielen. In hochstrukturierten, eindeutigen Lehr-/Lernsituationen werden dagegen gewissheitsorientierte Lernende besser abschneiden.

In unseren eigenen Studien (G. Huber & Roth, 1999) zeigte sich wiederholt, dass kooperative Lernsituationen, in denen die Mitglieder von Kleingruppen eine Vielzahl an Vorschlägen, Sichtweisen und Ideen produzieren, ungewissheitsorientierte Personen eher zur Auseinandersetzung mit den anderen in der Gruppe und deren Gedanken aktivieren. Gewissheitsorientierte Personen wurden dagegen eher zum Durchsetzen ihrer Sichtweisen gegen die anderen angeregt. Unter Leistungsaspekten bemerkenswert ist, dass ungewissheitsorientierte Personen sich erwartungsgemäß in kooperativen Situationen nicht nur wohler fühlten, sondern dabei auch mehr lernten als in traditionellem Unterricht, während gewissheitsorientierte Lernerinnen und Lerner in Situationen des sozialen Austauschs sich schlechter fühlten und schlechtere Leistungen erzielten (G. Huber u. a., 1992).

Gerade bei der Einführung von Gruppenmethoden müssen daher unterschiedliche individuelle Präferenzen berücksichtigt werden. Dies ist sicherlich möglich, indem man beispielsweise beim Einsatz kooperativer Lernmethoden nicht nur auf das unterschiedliche Leistungsniveau oder das Lerntempo der Lernenden Rücksicht nimmt (z. B. durch Zusatzaufgaben für leistungsstärkere und schnellere Lerner), sondern auch auf das unterschiedliche Bedürfnis nach Strukturierung, indem man Lernenden mit geringerer Ungewissheitstoleranz auch mehr Hilfestellungen gibt und Strukturangebote macht. Kempas (1994) konnte in ihrer Arbeit zeigen, dass differenzierte Angebote für gewissheits- und ungewissheitsorientierte Personen sinnvoll sind.

Glücklicherweise sind bei kooperativen Lernformen individuelle Unterschiede viel einfacher zu berücksichtigen als bei traditionellen Unterrichtsmethoden. Da die Lehrenden während der Zusammenarbeit der Lernenden freigestellt sind, haben sie auch die Möglichkeit zu beobachten, wie unterschiedliche Lernerinnen und Lerner mit den Aufgabenstellungen zurechtkommen und können so viel leichter differenzierende Maßnahmen einleiten.

■ Problemorientierung

Lernerinnen und Lerner können am besten auf das Erkennen und Lösen von Problemen in Alltagssituationen vorbereitet werden, wenn man sie damit selbstständig Erfahrungen in kooperativen Lernformen sammeln lässt. Wie müssen Lernprobleme nun beschaffen sein, damit sie den Entwicklungslinien folgen, die für die Gestaltung von Lernumgebungen aufgestellt wurden und Lernerinnen und Lerner darin fördern, Probleme selbstorganisiert und in Kooperation mit anderen erkennen und lösen zu können?

Das Problem mit dem Problemlösen in Lehr-/Lernsituationen besteht darin, dass die Lernenden häufiger in „Normalverfahren" des Lösens gegebener Problemtypen (überwiegend vom unten beschriebenen Typ 1 oder 2) eingeübt werden, als in Strategien des Findens von Fragestellungen und Lösungswegen. Deswegen sehen auch viele Schüler und Schülerinnen bei Problemaufgaben keinen Vorteil in kooperativer Bearbeitung.

Problemtypen können nach Klarheit von Ausgangszustand („gegeben") und Zielzustand („gesucht") sowie Verfügbarkeit von Lösungsoperationen unterschieden werden. Dörner (1976) hat sich intensiv mit den „Barrieren" beschäftigt, die bei der Lösung von Problemen mit klarem Ausgangs- bzw. Ist-Zustand überwunden werden müssen. Im Alltag trifft man jedoch häufig auf Probleme, bei denen der Ausgangszustand unklar ist, zum Beispiel dann, wenn ein Schulkollegium sich vornimmt der eigenen Schule ein zukunftsweisendes Profil zu geben. Diese Arten von Problemen stellen die stärksten Herausforderungen an individuelle und soziale Kompetenzen zum Problemlösen. Tabelle 1 gibt einen Überblick über verschiedene Problemtypen. Sie stellt eine Erweiterung der von Dörner (1976) aufgestellten Problemtypen dar, indem in diese Tabelle auch Probleme mit unklarem Ist-Zustand aufgenommen wurden, so wie sie im Alltag auch häufig vorkommen.

Im Folgenden werden nun Beispiele für die **Problemtypen** in Unterrichts- und Alltagssituationen gegeben:

• **Typ 1** repräsentiert die Mehrzahl der Aufgaben, die im traditionellen Unterricht gelöst werden müssen, z. B. „Ein Arbeiter schaufelt eine bestimmte Menge Sand in drei Stunden auf einen Lastwagen, ein anderer Arbeiter benötigt für die gleiche Menge nur zwei Stunden. Wie lange brauchen sie, wenn sie beide gemeinsam diese Sandmenge schaufeln?" Die Ist-Situation ist klar, die Kriterien der Zielsituation sind klar. Bis zum Ende der 6. Klasse müssten die Schüler alle nötigen Operationen zur Lösung des Problems beherrschen – hier Bruchrechnen. Sie müssen nur noch die verfügbaren Kenntnisse anwenden um den Problemraum zwischen Ist- und Ziel-Situation durch Interpolation zu überbrücken.

- **Typ 2** steht für vergleichbare Problemstellungen wie oben beschrieben, mit dem Unterschied, dass die Operationen zur Lösung des Problems unklar sind und erst noch gelernt werden müssen. Im traditionellen Unterricht können solche Aufgaben motivierend eingesetzt werden, um den Lernenden zu demonstrieren, welche Problemstellungen sie nach einer Lernphase lösen: „Wenn ihr euch mit Wahrscheinlichkeitsrechnung beschäftigt, könnt ihr berechnen, wie unwahrscheinlich der Gewinn bei verschiedenen Arten von Glücksspielen ist." Solche Problemstellungen könnten aber auch benutzt werden, damit sich die Lernenden selbstständig in Gruppen die notwendigen Operationen für eine Problemlösung aneignen. Typ 2 lässt sich am besten mit dem klassischen Problem der Alchimisten verdeutlichen: Wie kann man aus Blei Gold herstellen?

		Operationen verfügbar	**Operationen unbekannt**
Ist-Zustand klar	**Ziel-Zustand klar**	**Typ 1** Interpolationsproblem	**Typ 2** Syntheseproblem
	Ziel-Zustand unklar	**Typ3** Dialektisches Problem	**Typ 4** Dialektisches und Syntheseproblem
Ist-Zustand unklar	**Ziel-Zustand klar**	**Typ 5** Diagnostisches und Interpolationsproblem	**Typ 6** Diagnostisches und Syntheseproblem
	Ziel-Zustand unklar	**Typ 7** Diagnostisches und dialektisches Problem	**Typ 8** Diagnostisches, dialektisches und Syntheseproblem

Tabelle 1: Problemtypen (Erweiterung der Problemtypen nach Dörner, 1976, S. 14 um Probleme mit unklarem Ist-Zustand)

- **Typ 3** ist die Situation, die viele alltägliche Probleme schafft. Der Ist-Zustand ist klar (z. B. man ist urlaubsreif), die Ressourcen und Operationen (Geld, Buchungsvorgang, etc). sind verfügbar, aber man weiß nicht genau, was man eigentlich will: Ruhe, Nachtleben, Natur, Kultur, alles zusammen oder nacheinander … In der Schule tritt dieser Problemtyp beispielsweise beim Schreiben eines Aufsatzes auf: Ist-Zustand und Operatoren sind klar, aber die Kriterien der Leistungsbewertung bzw. der Zielzustand, wie ein guter Aufsatz aussehen könnte, sind den Schülern häufig unklar. Andere Beispiele sind die Wohnungsrenovierung oder die Verkehrsregelung in einer Gemeinde – auch hier sind die Kriterien für ein gutes Ergebnis häufig nicht eindeutig.

- Das letzte Beispiel der Verkehrsregelung in einer Gemeinde illustriert auch gut den **Typ 4**. Im sozialen und politischen Bereich steht man oft vor Fragen, ob und wie man unbefriedigende Lebensbedingungen ändern kann. Dabei sind meist weder die anzustrebenden Zielzustände noch die zielführenden Mittel klar. Im Schulalltag liegt dieser Problemtypus regelmäßig bei der Durchführung von Projekten vor. Auch hier müssen Zielkriterien erst definiert und zielführende Mittel erst gefunden werden.

Zur Reflexion – und wegen der unklaren Zielvorstellungen zur Selbstreflexion – regen vor allem Aufgaben des Problemtyps 3 und 4 an. Allerdings haben wir uns bisher – wie in der Schule üblich – auf Probleme beschränkt, in denen der Ausgangszustand klar umrissen ist. Im Alltag fällt diese Bedingung aber oft weg. Schlecht definierte Probleme werden vor allem in Situationen sichtbar, in denen mehrere Personen sich aus ihrer Sicht zur gleichen Sache äußern – worin besteht der Sachverhalt denn nun „wirklich"? Schlecht definierte Probleme sind also zunächst einmal diagnostische Probleme. Daher enthalten sie auch starke Anregung zur Selbstreflexion (s. Abschnitt 2): Warum sehe ich die Sache so, wie ich sie sehe? Welche Aspekte übersehe ich, die andere besonders beachten?

- **Typ 5** entspricht dem **Typ 1** mit dem Unterschied, dass der Ist-Zustand hier unklar ist. Veranschaulicht werden kann er durch die Aufgabenstellungen, die innerhalb des „Anchored Instruction Ansatzes" (The Cognition and Technology Group at Vanderbilt, 1997) vorgegeben werden. Hier werden die Lernenden z. B. im Mathematikunterricht mit komplexen Problemstellungen konfrontiert, die ihnen als Filmausschnitt präsentiert werden. Die Lernenden müssen etwa herausfinden, wie sie einen verletzten Adler so schnell wie möglich mit Hilfe eines Ultraleichtflugzeugs zum Tierarzt transportieren können. Sie verfügen über alle wichtigen mathematischen Operationen, müssen aber erst herausfinden, worin das Problem genau besteht und welche Informationen sie aus der Geschichte genau benötigen um das Problem zu lösen.

- **Typ 6, Typ 7 und Typ 8** sind Problemstellungen, wie sie für die sogenannten „mächtigen Lernumgebungen" (powerful learning environments; De Corte, 1990) des problemorientierten Lehrens und Lernens typisch sind (Boud & Feletti, 1997; Bowden & Marton, 1998). Den Lernenden werden detailliert beschriebene Problemfälle vorgelegt, anhand derer sie in Kleingruppen allein die Ziele und Themen der Lernarbeit festlegen. Meist steht ihnen ein Tutor zur Verfügung, der sie bei Schwierigkeiten unterstützt, die Materialsuche koordiniert und die Diskussion leitet. Die Problemtypen unterscheiden sich nun darin, inwiefern den Lernenden der Zielzustand und die Mittel, ihn zu erreichen, klar oder unklar sind. In jedem

Fall müssen sie zunächst herausfinden, worin das Problem genau besteht. Sie müssen festlegen, welche Ziele bei ihren Handlungen überhaupt erreichbar sind und wie diese erreicht werden können. Wenn es bei einem Problemfall in Geographie beispielsweise darum geht, sich mit dem Problem der Versteppung einer Region auseinander zu setzen, können mögliche Ziele sein, lediglich die Ursachen aufzuklären, Maßnahmen zur Verhinderung der weiteren Versteppung zu finden oder aber Wege zur Wiederherstellung des früheren, fruchtbaren Zustands aufzuzeigen. Bei bestimmten Fällen mögen Zielzustand und Wege völlig eindeutig sein, bei anderen kann es sein, dass viele Diskussionen und umfangreiche Recherchetätigkeiten notwendig sind um sich auf ein gemeinsames Ziel und einen Lösungsweg zu einigen.

Wichtig ist es also, sich in Schule und Erwachsenenbildung auch den anspruchsvolleren Problemstellungen zuzuwenden. Kooperative Lernmethoden können darauf sehr gut vorbereiten.

■ Prozessorientierung

Die Forderung nach Kombination individuell angepasster Herausforderung zum Lernen, Anregung sozialen Austauschs und Fokussierung auf realitätsangemessen komplexe Probleme lenkt die Aufmerksamkeit auf den Prozesscharakter des Lehrens und Lernens. Oder anders ausgedrückt: Es kommt nicht auf das Markenzeichen und die Verpackung an, in der bestimmte Lernumwelten den interessierten Pädagogen angeboten werden, sondern auf die Prozesse, die bei den Lernenden in Gang gesetzt werden. Dafür sind viele Faktoren verantwortlich. Neben den sozialen und kognitiven Prozessen, die durch die kooperativen Arrangements determiniert sind, die wir in diesem Band beschreiben, spielen interindividuelle Prozesse, gruppendynamische Prozesse auf Klassen- und Schulebene sowie außerschulische Prozesse, lokalisiert vor allem im Elternhaus und in Gruppen der Gleichaltrigen, eine wichtige Rolle.

Unter Orientierung an Keefer (2002) fassen wir die folgenden generellen **Richtlinien** zusammen, die angeben, wie man diese Einflüsse zielführend, d. h. mit günstiger Aussicht auf Lernerfolge, in einer Lernumgebung bündeln kann:

- Die konkrete Lernumgebung sollte in einem umfassenderen Kontext lokalisiert sein, aus dem sich möglichst authentische Dilemmata oder Probleme ableiten lassen. Daraus ergibt sich für die Lernenden die Notwendigkeit, Wissen zu erwerben, das ihnen die Auseinandersetzung mit dem Problem erst ermöglicht.

- Die Lernenden sollten selbst über ihren Lernprozess verfügen dürfen und nicht an einem „didaktischen Leitseil" zur sicheren Lösung geführt werden. Die Probleme müssen daher komplex sein, zur Formulierung eigener Meinungen und Fragen anregen, eine Lösungsstrategie statt weniger Lösungsschritte fordern und alternative Lösungen zumindest möglich erscheinen lassen.

- Die Lernumgebung sollte den Lernenden ermöglichen, sowohl in unterschiedlichen Aspekten des Themas zu Experten zu werden als auch ihre Expertise zur gemeinsamen Problemlösung sozial zu teilen. In gemeinsamer Verantwortung für das Arbeitsziel lernen sie individuelle Verantwortung zu übernehmen.

- Im Austausch der Meinungen, Einfälle, Vorschläge zwischen Teammitgliedern und der gemeinsamen Diskussion mit den Lehrenden lernen die Schüler und Schülerinnen sich Zugang zu ihren eigenen Denkweisen zu erschließen und ihr eigenes Denken kritisch zu reflektieren, zu bewerten und möglicherweise auch zu revidieren.

- Die Lernprozesse sollten zu Resultaten jenseits schulischer Prüfungsarbeiten führen, d. h. zu Leistungen und Darstellungen, in denen Wissen und Verständnis auch für Dritte, z. B. die Mitschüler, in interessanter Weise sichtbar wird (Poster, Ausstellung, Vorführung, usw.).

Diese Richtlinien müssen dabei als **Zieldimensionen** verstanden werden, auf die man sich zu bewegen sollte. Die sofortige Umsetzung aller dieser Richtlinien würde in den meisten Schulklassen und Kursangeboten sicherlich eine heillose Überforderung von Lehrenden und Lernenden darstellen. Erste Schritte werden im Schulsystem gemacht, indem Projektprüfungen eingeführt, Fächerverbünde und Lernfelder begründet werden, bei denen fächerübergreifend Problemstellungen von Schülerinnen und Schülern bearbeitet werden sollen. Außerdem beschäftigt man sich mit Überlegungen zu neuen Formen der Leistungsprüfung (s. u.), bei denen auch überfachlichen Qualifikationen Rechnung getragen werden soll.

Prozessorientiertes Lernen beinhaltet auch, dass Lernerinnen und Lerner verstärkt an individuellen Lernfortschritten gemessen und nicht immer nur im sozialen Vergleich gesehen werden sollten. Dies führt dann auch für schwächere Lernerinnen und Lerner zu Erfolgserlebnissen und verstärkt deren Motivation (Rheinberg, 1995). Es macht vor allem auch deutlich, dass durch Lernen eine Veränderung der eigenen Leistung möglich ist und ermutigt dazu, nach Wegen zu suchen, wie dies erreicht werden kann. Das Prinzip der pädagogischen Notengebung im Bereich der Schule, das es ermöglicht, sich bei der Notengebung auch an einer individuellen Bezugsnorm zu orientieren und nicht ausschließlich im sozialen Vergleich zu bewerten, unterstützt auch heute schon ein solches Vorgehen. Nicht nur Lehrende, sondern auch Lernende sind gefragt, ihre Aufmerksamkeit auf die **Prozesse beim Lernen** und auf die **Reflexion dieser Prozesse** zu richten und nicht nur auf die Ergebnisse.

■ Evaluation des Lernerfolgs

Solange nach dem Lehren und Lernen vor allem überprüft wird, wie viele der „behandelten" Inhalte noch erinnert werden, haben weder Lehrende noch Lernende großen Anlass für eine Veränderung. Für die Lehrenden besteht wenig Grund die vorherrschenden direkt-frontalen Instruktionsmethoden im Sinne eines gemäßigt konstruktivistischen Ansatzes durch Anleitung und Förderung zu selbstgesteuertem Lernen zu ergänzen. Die Lernenden dürften ebenfalls wenig Sinn darin erkennen, ihre Anstrengungen auf etwas anderes als das Einprägen von Wissen und den Aufbau von Routinen zu konzentrieren. Wenn dagegen Prozessmerkmale des Lernens, wie beispielsweise Verfügbarkeit und Anwendung von Lern- und Problemlösestrategien, Zusammenarbeit im Team und Reflexion über Lernfortschritte, nicht nur in curricularen Zielkatalogen auftauchen, sondern bewertet und den Lernenden rückgemeldet werden, ergeben sich Veränderungsimpulse für alle Beteiligten.

Dabei erhalten die Aspekte des aktiven Lernens und der Selbststeuerung (s. o.) zusätzliches Gewicht. Die Förderung konstruktivistischer Aktivität muss auch die Leistungsmessung und –bewertung mit einbeziehen, d. h. die Lernenden müssen dazu angeleitet werden, sich selbst Möglichkeiten der Beobachtung des eigenen Tuns und der Bewertung der eigenen Lernprozesse und Produkte anzueignen. Als geeignete Medien der Selbstbeobachtung und –bewertung werden in vielen Klassen und Kursen beispielsweise „Lerntagebücher" und „Portfolios" eingeführt. Herold und Landherr (2001) zeigen für den Schulbereich auf, wie eine solche Leistungsbeurteilung in einer durch kooperatives Lernen geprägten Lernumgebung aussehen kann.

Damit kann man die Lernenden zur Reflexion auf individuell-deskriptiver Ebene führen. Diese Fähigkeit zur eigenständigen Überprüfung des eigenen Handelns wird in den Lernprozessen besonders wichtig, wenn Probleme auftreten, Irrwege vermutet werden, Erfolge ausbleiben. Ergänzt werden muss die Reflexion um eine komparative Dimension, d. h. Austausch der je eigenen Sichtweisen und Standpunkte in Kleingruppen sowie eine kritische Dimension, auf der die Lehrenden Unterstützung bieten, die Standpunkte zu bewerten und konkrete Folgerungen aus neu gewonnenen Einsichten zu ziehen (Jay & Johnson, 2002). Wenn dies gelingt, dann schließt sich der Zirkel von Lernanstrengung, Leistungserfasssung/bewertung, Rückmeldung und Lernförderung. Zuckerman (2003) hat in einer Studie an 250 russischen Schulen mit über 6000 15-jährigen Schülern und Schülerinnen hochsigni-

fikante Unterschiede überfachlicher Kompetenz in Abhängigkeit von unterschiedlichen Lehr-/Lernformen nachweisen können: in Klassen, die kooperatives Lernen
gewohnt waren, in denen die Lernenden als Lehrende andere, v. a. jüngere Schüler
und Schülerinnen unterwiesen, und in denen die Lehrenden der Selbstbeurteilung
der Lernenden Gewicht beimaßen, konnten sich überfachliche Kompetenzen, insbesondere eben reflexive Kompetenz hervorragend entwickeln.

5. Wie können innovative Partner- und Gruppenarbeits-methoden in Schule und Erwachsenenbildung eingeführt werden?

Klaus Konrad

Obwohl kooperatives Lernen und Arbeiten zur alltäglichen Erfahrung geworden ist, ist sein Erfolg keineswegs garantiert.
Systematische Untersuchungen und alltägliche Beobachtungen (z. B. in schulischem Unterricht und Erwachsenenbildung) haben gezeigt, dass die Qualität von Gesprächen in der Zusammenarbeit in Kleingruppen oft zu wünschen übrig lässt. So ist es durchaus nicht die Ausnahme, dass wechselseitiges Argumentieren, sorgsames gegenseitiges Erklären oder das Aushandeln eines vertieften Verständnisses der Lerngegenstände fehlen (Bruhn, Fischer, Gräsel & Mandl, 2000).

Erfahrungswissenschaftliche Studien verweisen ferner darauf, dass Lernende das angebotene Material oftmals nicht aus sich selbst heraus elaborieren, es sei denn sie werden dazu aufgefordert (King, 1999). Weder aktivieren sie spontan ihr relevantes früheres Wissen noch formulieren sie ohne gezielte Impulse gedankenprovozierende Fragen (King, 1993; 1999): In der Tat scheinen Lernende, die in einer Gruppe zusammenarbeiten eher daran interessiert zu sein, die richtige Antwort zu finden als die Aufgaben- oder Problemlösung anderer zu unterstützen.

Prinzipien

Damit die vielfach postulierten Vorzüge kooperativen Lernens eingelöst werden können, bedarf es einer gezielten Einführung. Dies muss kein großer Aufwand sein. Dass auch kurzfristig angelegte Einführungen und Übungen in der Praxis fruchtbar sein können, wird in Kapitel 2 angesprochen. Welche Anregungen und Hilfen die neuere lernpsychologische Forschung für die Hinführung zu kooperativen Lernformen anbietet, lässt sich den folgenden Standards zur Gestaltung von Lernumgebungen entnehmen:

• Voraussetzung für erfolgreichen Gruppenunterricht ist ein neues Methoden- und Zielbewusstsein. Im Zentrum steht nicht die Verabsolutierung einzelner Methoden, sondern die situationsbezogene Variation von Lehr-/Lern-Methoden und -Zielen.
• Lernen in der Gruppe soll für die Teilnehmenden persönlich bedeutsam sein.
• Lernen in der Gruppe soll anregend und informativ sein. Wirksames Lernen kann nur stattfinden, wenn die Lernenden Möglichkeiten erhalten Informationen

selbstständig aufzunehmen und mit bereits im Gedächtnis gespeicherten Informationen zu verknüpfen.

- Lernende sollen in der Gruppe darin unterstützt werden, ihren eigenen Lernprozess aktiv zu gestalten oder zu konstruieren. Selbststeuerungsprozesse (z. B. selbst aktiv werden und sich selbst zum Lernen motivieren) sind für alle am Lernen beteiligten Personen unabdingbar. Sie zählen zu den zentralen Voraussetzungen für effektives individuelles und kooperatives Lernen.
- Zu den wichtigsten Leitzielen des Gruppenunterrichts gehört die Fähigkeit zur Selbstreflexivität, da die selbstinitiierte und -organisierte Revision des eigenen Handelns eine wichtige Anforderung an die schulische und berufliche Selbstorganisation des Individuums darstellt (Backes-Haase, 2001; Foerster, 1998).

In der Praxis von Schule und Erwachsenenbildung wird Lernen in der Gruppe vor allem als gemeinsames Diskutieren, Argumentieren und Problemlösen im Rahmen mehr oder weniger „entdeckender" und sozial offener Formen des Unterrichts inszeniert. Die dabei geäußerten Prozessmerkmale und Lernaktivitäten lassen sich mit den Begriffen Exploration, Artikulation und Reflexion beschreiben (Pauli & Reusser, 2000).

■ Wie lassen sich diese Begriffe mit dem kooperativen Lernen in Verbindung bringen?

In den meisten kooperativen Lernumgebungen gehen Lernende exploratorisch vor,

- zum Beispiel, wenn sie sich mit Lerninhalten auseinander setzen ohne dabei einem vorgegebenen Plan zu folgen;
- wenn sie in Austausch und Diskussion artikulieren, was sie wissen und gelernt haben;
- wenn sie ihre Umwelt manipulieren, zum Beispiel, wenn sie die Gedanken ihrer Lernpartner in Frage stellen oder neue Einsichten provozieren, um ihre Theorien und Modelle zu konstruieren
- und wenn sie reflektieren, was sie gelernt haben, warum etwas funktioniert hat oder nicht funktioniert hat und welche Konsequenzen sich aus ihren Aktivitäten ableiten lassen (Jonassen, 1999).

Die Frage drängt sich auf, in welcher Weise die bislang skizzierten Prozessmerkmale kooperativer Lernformen durch die Lehrperson unterstützt werden können. Eine gezielte Förderung erscheint um so dringlicher, als wir es in der Praxis zumeist mit heterogenen Lerngruppen (wie etwa Schulklassen) zu tun haben, deren Zusammensetzung sich nicht an lernpsychologischen Erkenntnissen orientiert, sondern willkürlich und wahllos erfolgt. Soll kooperativer Unterricht effektiv sein, ist es erforderlich, die unterschiedlichen Lernvoraussetzungen in Bezug auf Vorwissen, emotionaler Beziehung zum Thema und vorhandener Lern- und Leistungsbereitschaft abzurufen und in den Lernprozess zu integrieren.

Für den Lehrer bzw. die Lehrerin ebenso wie für den Experten bzw. die Expertin in der Erwachsenenbildung kommt es in dieser Situation außerdem darauf an, gemeinsam mit den Lernenden aus einem anfänglichen „Sammelsurium" an unreflektierten und spontanen Vorstellungen eine inhaltlich gegliederte kooperative Lernsequenz zu entwickeln mit klar definierten Aufgabenverteilungen und Erwartungshaltungen. In welcher Weise kooperative Lernumgebungen gestaltet werden können, damit sich die Lernenden beim Lernen wohl fühlen, eigene Interessen entwickeln können und ein eigenständiger Wissenserwerb gefordert und gefördert wird, soll in den folgenden Abschnitten skizziert werden.

Zunächst sollen die aus psychologischer Sicht relevanten Schritte der Vorbereitung kooperativer Lernsequenzen erläutert werden.

Schritte der Vorbereitung kooperativer Lernsequenzen

Lehrpersonen, die Partner- und Gruppenarbeiten durchführen, sorgen dafür, dass die Qualität der Lerndialoge beim kooperativen Lernen in möglichst vielen Gruppen oder Paaren ein hohes Niveau erreicht, und dies sowohl hinsichtlich der sozio-kognitiven Gesprächskultur als auch bezüglich der fachlichen Bearbeitung der Aufgabe.

Dabei sieht sich die Lehrperson im Gruppenunterricht mit neuen Anforderungen konfrontiert. Mehr noch als es bislang schon der Fall ist, wandelt sich der allwissende Informationsvermittler zum Initiator von Lernprozessen, zum beratenden Begleiter, der den Lernenden Orientierung, Strukturierung und Zielvorgaben anbietet und bei der Umsetzung der Aufgaben und Erreichung der Ziele hilft.

Bei der Bestimmung der Aufgaben und Rollen der Lehrperson beim kooperativen Lernen erscheinen uns **vier Schritte** („Instruktionsprinzipien") Erfolg versprechend: Informieren, Modellieren, Coachen und Scaffolding (Jonassen, 1999). Weitere Hinweise zur neuen Rolle der Lehrperson finden sich in Kapitel 2.

■ 1. Informieren: Vorgehen transparent machen und begründen, Ergebniserwartungen formulieren

Zunächst gilt es, in die kooperative Lernsituationen einzuführen und eine qualitativ befriedigende Lernerzusammenarbeit zu ermöglichen und zu fördern. Die Rolle der Lehrperson ist hier jene einer Choreographin und/oder Designerin.

Ihre Hauptaufgabe ist es, Lernen zu ermöglichen. Ein erster Schritt in diese Richtung besteht in der überlegten und zugleich strategischen Information. Hierzu gehört unausweichlich eine Vermittlungsphase, in der dem/ der Lernenden mitgeteilt wird, wozu und in welchen Situationen und Anlässen eine Strategie sinnvoll anwendbar ist.

Teil dieser Phase sind ferner orientierende und reflexive Aktivitäten, wobei die situationsbezogene Reaktion des/der Lehrenden Vorrang vor der detaillierten Planung hat. Entgegen einem weit verbreiteten Missverständnis ist „Informieren" ein auf den Lernprozess des lernenden Subjekts ausgerichtetes Verhalten: Es gilt Angebote zu machen, die sich die Lernenden selbst erarbeiten können. So verstanden, schließt Informieren die Berücksichtigung der Interessen von Jugendlichen und Erwachsenen keineswegs aus. Auch Formen des entdeckenden Lernens und damit die selbstständige Informationssuche und Informationsverarbeitung können zur Anwendung kommen.

Beispielsweise kann es sinnvoll sein, Übungen durchzuführen, die die notwendigen strategischen Fähigkeiten der Teilnehmenden zum Thema haben. Für die Schulpraxis besonders wichtig erscheint die Auseinandersetzung damit, wie Fragen gestellt und beantwortet werden können. Beide Kommunikationsformen gelten als Vorbedingungen für das Verstehen und Erinnern von Lerninhalten. Die folgende Übung orientiert sich an der „strukturierten Befragung" nach King (1999). Zentral für diese Methode ist die Verwendung von Fragestämmen.

- Die Lernenden bilden Kleingruppen zu je drei Personen.
- Die Lehrerin schreibt etwa 15 Fragestämme an die Tafel (Alternativ: Overheadfolie) Alle Fragen weisen die folgende Form auf: „Was bedeutet …?"; „Wodurch unterscheiden sich … und …?"; „Welche Konsequenzen ergeben sich aus …?"; „Wie beeinflusst …?"
- Jeder Schüler/jede Schülerin wählt einige Fragestämme aus und formuliert daraus vollständige Fragen, die sich auf das jeweilige Unterrichtsthema beziehen. Dieser Schritt regt (natürlich abhängig von der aktuellen Motivation sowie dem verfügbaren Vorwissen) eine intensive Auseinandersetzung mit den Lerninhalten an.
- Die Kleingruppen diskutieren den Lernstoff, indem sie sich gegenseitig die zuvor formulierten Fragen stellen und diese beantworten.

Hilfreich für die Informationsphase sind ferner Hinweise zur Präsentation von Lern-(zwischen)ergebnissen. Das folgende Beispiel mag dies veranschaulichen:

Die Lehrperson informiert die Lerngruppe darüber, dass es für eine gute Präsentation wichtig ist,

• sich verständlich auszudrücken
• die Informationen adressatengemäß und anschaulich zu präsentieren
• die Teilnehmenden zu aktivieren
• möglichst viele Repräsentationsformen zu verwenden (z. B. Bilder, Rollenspiel).

Gerade bei Fragen der Präsentation ist ein altersgemäßes Vorgehen zu empfehlen. Handelt es sich beispielsweise um Schülerinnen und Schüler, so ist zu bedenken, dass diese von Fall zu Fall eine umfassendere Vorbereitung und gezieltere Hilfen seitens der Lehrperson benötigen.

■ 2. Modellieren – Vor- und Nachmachen

Lernende werden eher anspruchsvolle Dialoge führen und fachadäquat argumentieren, wenn sie Gelegenheit haben das entsprechende Verhalten zu beobachten und einzuüben. Die Lehrperson ist daher auch Verhaltensmodell für kooperatives Lernen und Problemlösen. Mit dem Modellieren kognitiver Prozesse zeigt der Experte/die Expertin (z. B. eine kompetente Tutorin oder die Lehrperson) die Lösung eines Problems so auf, dass die typisch expertenhaften internen Prozesse und Aktivitäten für andere Personen sichtbar und hörbar gemacht werden.

In der Literatur werden zwei Formen des Modelling unterschieden, die untrennbar miteinander verknüpft sind: verhaltensbezogenes Modelling beobachtbarer Leistungen und kognitives Modelling nicht zugänglicher („verdeckter") kognitiver Prozesse. **Verhaltensbezogenes Modelling** demonstriert, wie Aktivitäten im Rahmen der interessierenden Lernsequenz auszuführen sind. **Kognitives Modelling** artikuliert jene Denkprozesse („reflection – in – action"), die der/die Lernende im Zuge der Aufgabenbearbeitung realisieren sollte (z. B. macht der Experte/die Expertin laut denkend vor, wie eine Mind Map erstellt wird, wobei auch mögliche Irrwege zur Sprache kommen können).

Hauptsächliche Aufgabe des verhaltensbezogenen Modellings ist es, eine sorgfältige Demonstration der erforderlichen Aktivitäten anzubieten („Ich zeige dir, wie es funktioniert …"). Modellieren gibt den Lernenden Beispiele angemessener und /oder wünschenswerter Aktivitäten; sie erwerben auf diese Weise ein „konzeptuelles Modell". Hervorzuheben ist, dass die Lehrperson nicht nur auf der rationalen Ebene „Modell" ist, sondern auch auf der emotionalen Ebene: Er/Sie ist keine allwissende und unanfechtbare Institution, sondern ein Mensch mit Gefühlen, Stärken und Schwächen.

Wie die Expertin oder der Experte als Modell Verständnis- und Integrationsfragen stellt und korrektives Feedback gibt, illustriert die folgende Lehrer-Schüler-Interaktion:

- Lehrende macht es vor, artikuliert dabei laut die eigene Vorgehensweise
- Lehrende macht es vor – Lernende helfen, formulieren Fragen
- Lehrende und Lernende machen es gemeinsam
- Lernende machen es – sie helfen sich gegenseitig und geben Rückmeldung
- Lernende machen es allein

Eng verbunden mit dem Modelling ist die **Artikulation** kognitiver Prozesse. Modelliert ein Experte oder eine Expertin die Schritte des Problemlösens, sollte er oder sie auch darauf bezogene Aktivitäten des Denkens und der Entscheidungsfindung laut denkend zum Ausdruck bringen (Jonassen, 1999). Ziel ist es, auch die „verdeckten" kognitiven Prozesse offen zu legen („Ich sage dir, was ich denke und fühle!").

In einer weiter gefassten Perspektive geht es bei der Artikulation darum, wie Lehrende und Lernende ihr Wissen, ihre Schlussfolgerungen sowie ihre Lösungsideen zum Ausdruck bringen. Gerade in Gruppen ist von entscheidender Bedeutung, mit welchen Mitteln die Beteiligten ihre „Lernwirklichkeit" mitteilen. Lernergebnisse können in Form von mündlichen, durch Stichworte gestützten Zusammenfassungen oder durch die Präsentation einer Gruppenarbeit (eventuell mit Hilfe von Folien, Plakaten, Mind-Maps) dokumentiert werden. In der Praxis hat sich gezeigt, dass es für die Informationsaneignung und -vermittlung hilfreich sein kann, wenn die Lernenden bestimmte Rollen übernehmen, etwa indem sie die Wissensvermittlung moderieren oder kritisch überwachen.

Wie gut die Artikulation von Lernprozessen und Lernergebnissen gelingt, hängt außerdem entscheidend vom Verhalten der Lehrperson und den bereitgestellten Kommunikationsmethoden oder -möglichkeiten ab.

Beispielsweise kann es sinnvoll sein, wenn die Lehrerin oder der Lehrer zusammen mit den Schülerinnen und Schülern übt, wie Lernprozesse und -ergebnisse artikuliert werden können:
- Blitzlicht, um das aktuelle Geschehen transparent zu machen
- Möglichkeiten entwickeln, wie Lernprozesse transparent gemacht und dokumentiert werden können (z. B. Lerntagebuch, Lerntandems)
- in kleinen Gruppen informierende Rückmeldungen geben.

■ 3. Coaching – Unterstützung geben

Während der Gruppen- oder Partnerarbeit ist die Lehrperson Lerncoach oder Beraterin, die die selbstständigen Arbeiten der Gruppen oder Paare bei Bedarf unterstützt.

Als "Coach" begleitet die Lehrperson die Prozesse des bzw. der Lernenden, indem sie individuelle Hilfeleistungen anbietet, Vorschläge macht, Tipps und Feedback gibt und die Aufmerksamkeit des bzw. der Lernenden auf aus der Expertensicht wesentliche Aspekte des Problems lenkt. Für Brown, Collin und Duguid (1989) geht es beim Coaching darum, die Lernleistung und das persönliche Wachstum der Schüler und Schülerinnen zu unterstützen. Ziel ist letztlich die zunehmende Annäherung an das Leistungsniveau eines Experten/ einer Expertin.

Bei auftretenden Problemen gibt die Lehrperson gezielte Hilfestellungen auf real vorliegende Probleme, entweder durch direkte Hinweise oder aber indem sie Probleme (z. B. durch Fragen oder Rückmeldungen) bewusst macht. Beispielsweise können lobende Äußerungen über gut bewältigte Zwischenschritte den Schüler oder Teilnehmer dazu motivieren, das Problem weiter zu verfolgen. Als Expertin bzw. Experte für den betreffenden Lerngegenstand trägt die Lehrperson überdies die Verantwortung für die sachliche Korrektheit der in den Paaren oder Gruppen entwickelten Problemlösungen und Konzepte. Gefragt ist die Hilfe der Lehrkraft, die aber nicht Antworten und Lösungen vermittelt oder die Lernenden behavioristisch gängelt, sondern sie anregt und unterstützt.

Zu den Aufgaben der Lehrperson als Moderator bzw. Manager des Lerngeschehens gehört es schließlich, dass sie für den möglichst reibungslosen organisatorischen Ablauf der Lernaktivitäten sorgt und die gruppenöffentliche Integration und Sicherung der Ergebnisse von Gruppen- oder Partnerarbeiten anregt.

Sie kann zum Beispiel
- motivationale Hilfen geben (z. B. die Sitzung mit einem Advance Organizer einleiten)
- zu Überwachung und Regulation der Lernleistung beitragen, z. B. durch Rückfragen oder Partnerinterviews
- die Reflexion in der Gruppe anregen
- eine Skizze zu einem „unklaren" Thema anfertigen lassen
- das Problem stichwortartig formulieren lassen
- Fragen zum Thema aufschreiben lassen.

■ 4. Scaffolding – Didaktisches Gerüst geben

Geht es beim Coaching um Hilfestellungen bei konkreten Problemstellungen, bezeichnet der Begriff Scaffolding (vom englischen scaffold = Gerüst) einen überge-ordneten didaktischen Rahmen für die gesamte Lehr-Lernsequenz.

Scaffolding wirkt wie ein unterstützendes „Gerüst", das mit zunehmender Kompe-tenz der Lernenden „gelockert" wird. Der Experte bzw. die Expertin gibt Struktur und Anleitung vor und hilft bei untergeordneten Zielen bis das komplexe Lernziel erreicht wird.

Scaffolding kann als kooperativer Problemlösungsprozess verstanden werden. Der oder die Lernende hat so viel von der Problemlösung zu übernehmen, wie er bzw. sie kann. Bei den Lösungsschritten, die der bzw. die Lernende noch nicht selbstständig durchzuführen vermag, erhält er bzw. sie die erforderlichen Hilfestellungen. Die Lehrperson zieht sich aber in dem Maße zurück, wie die Lernenden ihr Expertenwis-sen erweitern, bzw. zum selbstständigen Weiterarbeiten in der Lage sind.

Ein Beispiel dafür, wie der Lehrer bzw. die Lehrerin die Kontrolle des Lerngeschehens schrittweise in die Hand der Schüler übergeben kann, findet sich in den Überlegungen zum selbstgesteuerten Lernen nach Grow (1991, zit. nach Konrad & Traub, 1999):

	Verfassung der Schüler	Rolle der Lehrperson	Beispiel
Phase 1	abhängig	ist Autorität/ coacht	unmittelbare Rückmeldungen geben; Informationen vermitteln; Wissensdefi-zite und motivationale Blockaden über-winden, z. B. wenn die Gruppenarbeit ins Stocken gerät
Phase 2	interessiert	motiviert /führt	Impulse durch Kurzvorträge oder Ad-vance Organizer; strukturierte Diskus-sion; Vermittlung und Übung von Lern-strategien
Phase 3	integriert	unterstützt, moderiert	Lehrperson als Moderatorin; partner-schaftliches Verhältnis zwischen Leh-renden und Lernenden; Gruppenpro-jekte
Phase 4	selbstgesteuert	ist stets an-sprechbar, de-legiert	praktisch relevante Projekte; Vorträge durch Lehrende; selbstgesteuertes Ler-nen

Tabelle 1: Selbstgesteuertes Lernen nach Grow (1991, zit. nach Konrad & Traub, 1999)

Wie zu sehen ist, verändert sich die Rolle der Lehrperson im Laufe dieses Prozesses, der mehrere Wochen oder Monate anhalten kann, grundlegend. Ist sie zu Beginn des Lernprozesses die strukturgebende Autorität, deren primäre Aufgabe in der Wissensvermittlung liegt, übernimmt sie am Ende zunehmend die Rolle des gleichberechtigten Ansprechpartners. Parallel dazu erwerben die Schüler, Studierenden oder Kursteilnehmer zunehmend mehr Kompetenzen, die selbstgesteuerte und selbstverantwortliche Aktivitäten zulassen.

Scaffolding ist damit eine Form der Unterstützung, die Lehrkräfte und zunehmend mehr auch die Lernenden im Dialog geben um eine Brücke zwischen dem vorhandenen Wissens- und Könnensstand und einem nächsten, noch unverstandenen Lernschritt zu bauen.

Wie unschwer zu erkennen ist, handelt es sich beim „Scaffolding" um ein komplexes Geschehen, das der Lehrperson vielfältige Kompetenzen abverlangt. Sie kann beispielsweise

- ein Problem aufwerfen;
- die Aufmerksamkeit auf einen Widerspruch, Konflikt oder auf unterschiedliche Meinungen lenken;
- Präzisierungen verlangen;
- Belege und Erklärungen oder Begründungen verlangen;
- zu Stellungnahmen und weiteren Interaktionen auffordern;
- zum Thema zurückrufen;
- zum Reflektieren des eigenen Lern- und Denkprozesses auffordern;
- zum Anpassen der Zielsetzung oder der gewählten Denk- und Lernstrategie herausfordern
- zu selbstständigem Denken anregen.

Ganz allgemein kann Scaffolding als Balance zwischen Herausforderung und Unterstützung verstanden werden: Die Lehrkraft fordert die Jugendlichen oder Erwachsenen durch Lernprobleme und eine Aktivierung von vorhandenem Wissen und Können heraus und unterstützt sie ohne direkte Lösungen und Antworten zu geben, wenn sie in ihrem Denken nicht mehr weiterkommen (Dubs, 1997).

6. Wie lerne ich kooperative Lernmethoden? Implementation und Evaluation kooperativer Lernmethoden

Sigrid Rotering-Steinberg

Folgende Abbildungen sollen Ihnen den Ablauf dieses länger dauernden Prozesses zur Einführung, Weiterentwicklung und Evaluation von Kooperationsformen aufzeigen:

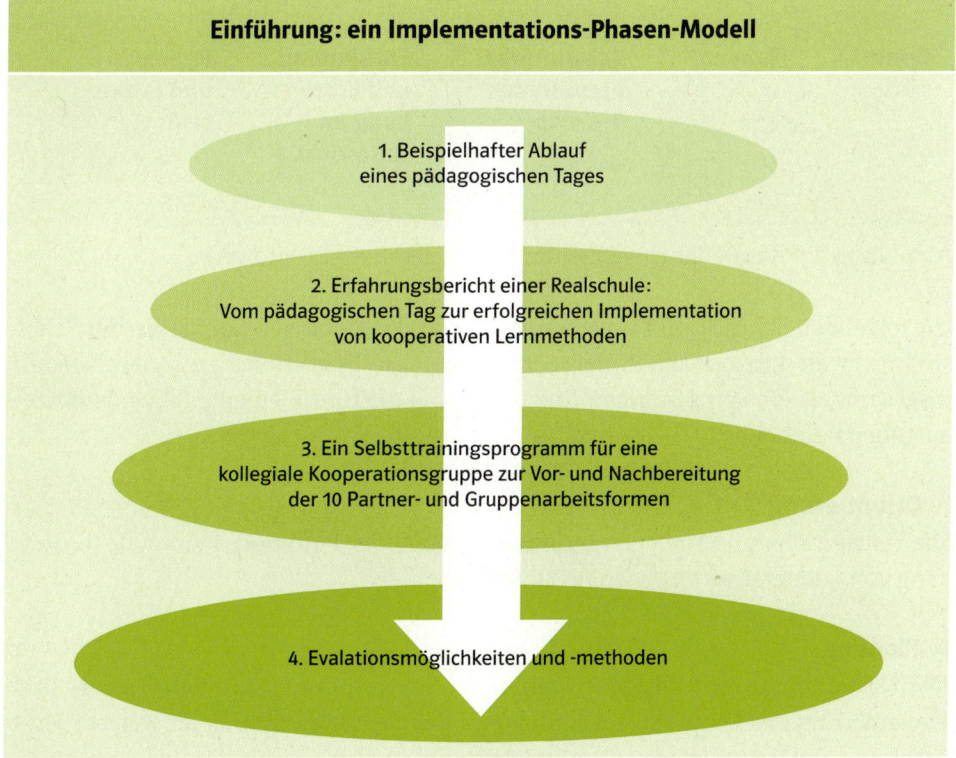

Einführung: ein Implementations-Phasen-Modell

1. Beispielhafter Ablauf eines pädagogischen Tages

2. Erfahrungsbericht einer Realschule: Vom pädagogischen Tag zur erfolgreichen Implementation von kooperativen Lernmethoden

3. Ein Selbsttrainingsprogramm für eine kollegiale Kooperationsgruppe zur Vor- und Nachbereitung der 10 Partner- und Gruppenarbeitsformen

4. Evalationsmöglichkeiten und -methoden

Abbildung 1: Einführung, Weiterentwicklung und Evaluation kooperativer Lernformen

Es ist wichtig, Qualifizierungsangebote für Lehrerinnen und Lehrer anzubieten, die das eigene Methodenrepertoire zum kooperativen Lernen erweitern und weiterentwickeln helfen. Da es sich hierbei nicht nur um Wissenserwerb handelt, sondern auch Kompetenzen erworben werden, kann dies nicht allein durch das Lesen dieses Buches, sondern ergänzend durch entsprechende „Kooperationsgemeinschaften" geschehen, wie sie im Folgenden an unterschiedlichen Beispielen skizziert werden. Dabei geht es um praxisnahe, systematische Weiterbildung, die in schulinternen oder schulnahen Arbeitsgruppen stattfinden soll, um die wechselseitige kollegiale Anregung für Impulse und Innovationen zu nutzen.

Die von uns vorgeschlagenen Partner- und Gruppenarbeitsformen sind wenig bekannt und müssen deshalb systematisch eingeführt werden, wie dies z. B. das Thüringer Institut für Lehrerfortbildung für die Implementation des kooperativen Lernens zur „Entwicklung von Sozial- und Selbstkompetenz" (2002) vorschlägt: Dazu werden folgende Implementationsphasen vorgegeben:

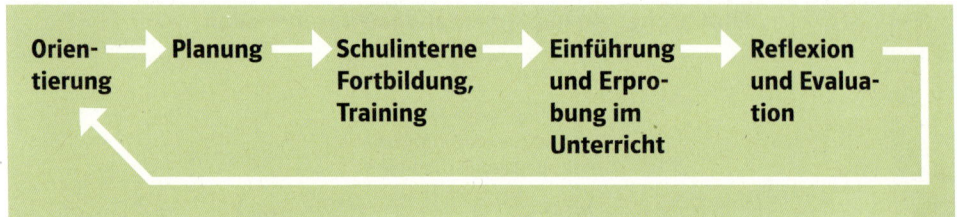

Abbildung 2: Phasen der Implementation kooperativer Lernformen

Die folgenden Schritte zur Implementierung des kooperativen Lernens in der Schule sind nicht als Einzelmaßnahmen oder festgefügte Schrittfolge zu sehen, sondern insgesamt als ein spiralförmiger Prozess, wobei die fünf Elemente folgende Einzelaufgaben beinhalten:

■ Orientierung
Die Kolleginnen und Kollegen informieren sich über Funktion, Merkmale, Einführung von kooperativem Lernen im Unterricht.

■ Planung
Die Kolleginnen und Kollegen vereinbaren Schwerpunkte und Schritte zur Implementierung des kooperativen Lernens in der Schule (wer, was, in welcher Klassenstufe …). Dies sollte vor allem in Jahrgangs- oder Klassenteams erfolgen, wobei die Anzahl der Gruppenmitglieder klein gehalten werden sollte, damit alle „in der Verantwortung" bleiben (darauf wird im Folgenden ausführlicher eingegangen).

■ Schulinterne Fortbildung, Training
Die Kolleginnen und Kollegen erwerben die für die Organisation des kooperativen Lernens notwendigen Kenntnisse und Fähigkeiten, wobei es sich um schulinterne oder externe Veranstaltungen handeln kann, auch darauf wird im Folgenden ausführlicher eingegangen.

■ Einführung und Erprobung im Unterricht

Jeder einzelne Lehrende erprobt Formen des kooperativen Lernens. Es werden verschiedene Möglichkeiten des Einführens, des Übens und Anwendens genutzt. Dabei handeln die Lehrenden im Rahmen eines abgestimmten Konzepts (z. B. bezogen auf Klassenstufen, Fächergruppen etc.).

■ Reflexion und Evaluation

Die Kolleginnen und Kollegen verständigen sich zu den Lernergebnissen und bewerten diese. Sie vereinbaren weitere Schritte für die Arbeit mit den Schülerinnen und Schülern bzw. für die eigene Fortbildung. Dazu sollten die Informationen und die gesammelten Daten möglichst systematisch ausgetauscht werden um sie für alle Beteiligten nutzbar zu machen.

Die unterschiedlichen Implementationsphasen bleiben theoretisch und abstrakt, wenn sie nicht von Kolleginnen und Kollegen im konkreten Alltag umgesetzt werden.

Zur erfolgreichen Einführung neuer Unterrichtsmethoden folgende Empfehlungen: Kolleginnen und Kollegen, die sich sympathisch sind, gleiche Fächer unterrichten, gut zusammenarbeiten können oder sonstige positive Kooperationsmerkmale aufweisen, sollten sich zu Zweiergruppen, sogenannten Tandems, zusammenschließen um die Kooperation als „kleinste Gruppe" zu starten: Der Begriff „Tandem" wird für sehr „funktionstüchtige Teams" benutzt, nämlich für zwei Pferde, die hintereinander vor einen Wagen gespannt werden oder für ein Fahrrad, das für zwei Personen gebaut worden ist. Wenn sich mehrere Tandems in einem Kollegium bilden, können die oben genannten Schritte oder Phasen zur Implementation auf zwei Kooperationsebenen erfolgen: Zum einen in der Zweiergruppe und zum anderen im Kollegium insgesamt (wobei sich auch mehrere Tandems zu „Kooperations- oder Entwicklungsteams" zusammentun können). Synergieeffekte helfen viele Schwierigkeiten und Probleme durch gemeinsame Anstrengungen besser zu bearbeiten, selbst dann noch – wenn auch langsamer – wenn die Kräfte einer Person etwas nachlassen. Die Lehrerinnen und Lehrer, die sich zu einem Tandem zusammengeschlossen haben – so bestätigen diverse Erfahrungen und Untersuchungen (Wahl, 1985; Schmidt, 2001) – bestärken sich gegenseitig in ihrer Motivation und Anstrengungsbereitschaft um neue Unterrichtsmethoden einzuführen, zu verbessern, bzw. die Qualität der Arbeit zu sichern, was hier beim kooperativen Lehren und Lernen einen doppelten Effekt hat: Sie kooperieren, arbeiten und lernen zusammen um die Partner- und Gruppenarbeitsformen im Unterricht einzuführen und/oder zu verbessern, wie das folgende Beispiel eines pädagogischen Tages skizziert.

1. Wie könnte ein pädagogischer Tag zum kooperativen Lernen ablaufen?

Zur Einführung des kooperativen Lernens in Schulen haben sich vier Erfahrungs-werte als zentral erwiesen, die vorab geklärt bzw. berücksichtigt werden müssen (vgl. McLaughlin, 1976):

- Unterstützung durch die Leitungspersonen oder durch Externe, die zur Unterstüt-zung eingeladen werden
- Anpassung des Fortbildungsdesigns an die Schule und ihre Lehrkräfte.
- Regelmäßige Treffen, vor allen Dingen während der Einführungsphasen, wobei die räumlichen Entfernungen berücksichtigt werden sollten, d. h. es können auch schulexterne Treffpunkte ausgemacht werden
- Entwicklung von Unterrichtsmaterialien, sodass der Zeiteinsatz den persönlichen „Kosten-Nutzen-Kalkulationen" entspricht

Im Rahmen einer schulinternen Fortbildung für Lehrerinnen und Lehrer können Sie z. B. unter dem Motto „Lehrende bilden Lehrende" die im ersten Teil des Buches be-schriebenen Partner- und Gruppenmethoden auswählen, erproben und evaluieren. Wenn es die Größe des Kollegiums erforderlich macht, werden parallel verlaufende Arbeitsgruppen eingesetzt, um mehrere kooperative Organisationsformen zu erar-beiten und zu präsentieren. Dann ist allerdings eine Abschlussmoderation notwen-dig bzw. das Zusammenstellen der unterschiedlichen Arbeits- oder Ergebnisblätter.

Im Folgenden finden Sie zwei Beispiele für eine ganztägige und eine halbtägige Fort-bildung.

■ Exemplarischer Ablaufplan für eine Eintagesfortbildung:

Zeit	Medien	Inhalte	Sozialform
08.30 Uhr bis 09.30 Uhr	Flip Charts	Ziel: Thematisierung der subjekti-ven Theorien bzw. der Pro- und Kontra-Argumente zum Koopera-tiven Lehren und Lernen	Kleingruppenarbeit
09.30 Uhr bis 10.00 Uhr	Posterprä-sentation	Kurzvorstellung und Vergleich der angefertigten Wandzeitungen/ Poster/Flip Charts.	Plenum und Klein-gruppen
10.00 Uhr bis 10.30 Uhr	Pause		

Zeit	Medien	Inhalte	Sozialform
10.30 Uhr bis 12.00 Uhr	Kooperative Präsentationen/ Moderationen	Die ausgewählten 1-2 Partner- und Gruppenarbeitsformen werden verteilt und anhand der „Steckbriefe" und weiterer Hintergrundinformationen (wenn die Zeit reicht) erarbeitet: Es sollten möglichst unbekannte bzw. neu zu lernende Formen wie z. B. das Lerntempoduett ausgewählt werden.	Tandems und Kleingruppen Es gilt der pädagogische Doppeldecker (Geißler, 1985), d. h. Kooperatives Lernen wird durch Kooperation erarbeitet und präsentiert.
	Mittagspause		
14.00 Uhr bis 16.00Uhr (günstig ist es, noch eine Rückmeldephase bis 17.00 Uhr einzuplanen)	Medien nach eigener Wahl	Auswahl einer der Partner- und Gruppenarbeitsmethoden um sie für den eigenen Unterricht und für eine Fortsetzung dieses pädagogischen Tages vorzubreiten: dazu gehören Arbeitsblätter, Hospitation, Realisierung des Sandwich-Prinzips usw. Es können auch zwei Methoden erarbeitet werden, wenn die Lehrenden schon in kooperativen Lehr-/Lernmethoden geübt sind.	Bildung von Tandems oder Dreiergruppen

Tabelle 1: Ablaufplan für eine Eintagesfortbildung

■ Exemplarischer Ablauf für eine halbtägige Fortbildung zur Erarbeitung kooperativer Lehr-/Lernmethoden in Form eines Partnerpuzzles

Das folgende Beispiel veranschaulicht eine Nachmittags-Phase eines pädagogischen Tages, wenn das Partnerpuzzle als verbindliche Kooperationsform für alle Tandems des Kollegiums gewählt wird:

Wählen Sie bitte zwei Steckbriefe aus diesem Buch aus, die Sie in Form des Partnerpuzzles mit Ihrem Tandempartner/Ihrer Tandempartnerin erarbeiten: Dabei kann es sich zum einen um die einfacheren Kooperationsformen handeln, die Sie kennen lernen möchten. Zum anderen kann es sich aber auch um die unbekannten handeln, die Sie erproben, bewerten und/oder verändern möchten.

Der Ablauf ist durch das Partnerpuzzle vorgegeben:
• Einführung

- Gruppeneinteilung
- Erste Lernphase (Aneignungsphase)
- Zweite Lernphase (Vermittlungsphase)
- Dritte Lernphase (Verarbeitungsphase)
- Abschluss

| 14.00 Uhr bis 17.00 Uhr (günstig ist es, noch eine Rückmeldephase bis 18.00 Uhr einzuplanen) | Medien nach eigener Wahl | Auswahl von zwei Gruppenarbeitsmethoden, um sie für den eigenen Unterricht und/oder für eine Fortsetzung dieses pädagogischen Tages vorzubereiten, wozu Arbeitsblätter, Hospitationen, Rückmelde- und Evaluationsinstrumente gehören. | Bildung von Tandems |

Tabelle 2: Ablaufplan für eine halbtägige Fortbildung

Zum Abschluss der Fortbildung sollte eine Selbst- bzw. Gruppen-Reflexion erfolgen., wobei folgende Fragen der Reflexionsphase zugrunde gelegt und in parallelen Kooperations-Kleingruppen bearbeitet werden können, die nach ca. 30 Minuten ihre Ergebnisse präsentieren, um damit eine Grundlage für die Diskussion im Plenum zu legen. Hiermit könnte auch die Tandemarbeit im Partnerpuzzle in die größere Gruppe überführt werden.

■ Reflexionsfragen:

- Wie schätzen Sie den Widerstand gegenüber den von Ihnen ausgewählten Methoden zum kooperativen Lernen in der Gruppe der Kolleginnen und Kollegen ein?
- Wie schätzen Sie den Widerstand gegen kooperatives Lernen von Seiten Ihrer Schülerinnen und Schüler ein (gestaffelt nach Klassenstufen und Fächern)?
- Mit welchen innovativen Maßnahmen kann diesen Widerständen begegnet werden?

Zur konstruktiven Bearbeitung von Widerstand in Lehr-/Lernprozessen sei verwiesen auf ein entsprechendes Themenheft „Widerstände in Bildungsprozessen" der Zeitschrift Gruppendynamik und Organisationsentwicklung 2, 2003 (darin z. B. A. Huber, 2003; Rotering-Steinberg, 2003 a, 2003 b). Wenn die Widerstände im Kollegium zu groß sind und Sie persönlich mit Gleichgesinnten zum kooperativen Lernen kooperativ informell arbeiten möchten, bietet sich ein selbst organisiertes Training an, dem eine bestimmte Struktur zugrunde liegt. Denn: Der „Königsweg" einer personen- und handlungsorientierten Fortbildung besteht darin, die beschriebenen Methoden zu erproben, um Selbst-Erfahrung und Selbst-Evaluation zu ermöglichen, wie auch der folgende Erfahrungsbericht einer Realschule zeigt, der die Vorschläge zur formellen Fortbildung abschließt und zur informellen und selbst organisierten überleitet:

2. Das Markdorfer Modell von Hepting (2003) als Beispiel für ein internes Schulentwicklungsprojekt zur Implementation von kooperativen Lernmethoden

Das Markdorfer Modell (Hepting, 2003) stellt ein internes Schulentwicklungsprojekt zur Einführung kooperativer Lernformen dar, wobei der zentrale Gedanke darin besteht, um eine Klasse herum ein Team von Lehrerinnen und Lehrern zu bilden, das geschlossen mit kooperativen Lernmethoden arbeitet.

Ausgangspunkt des Projekts war ein Pädagogischer Tag zum Thema kooperative Lernformen. Im Anschluss an diesen Tag wurde vom Schulleiter, der selbst am Projekt mitwirkte, ein Team von Lehrerinnen und Lehrern zusammengestellt. Dieses Team, das sich sehr bald als „Entwicklungsteam für Unterrichtsqualität" verstand, erklärte sich bereit, in einer ausgewählten siebten Klasse – in allen Fächern – kooperative Lernmethoden einzusetzen.

Eltern und Schüler wurden über das Vorhaben informiert und ein Klassenraum mit Ablagemöglichkeiten für Ordner und Zettelkästen, Pinwänden, Nachschlagewerken, einem Computer mit Internetzugang und einigen Partytischen als Orte für Gespräche ausgestattet.

Eine gemeinsame Freistunde in der Woche diente dazu, dass sich das Entwicklungsteam regelmäßig treffen konnte um Erfahrungen auszutauschen und Unterrichtsmaterialien zu entwickeln oder zu besprechen. Diese Treffen wurden von den Beteiligten als überaus hilfreich wert- und wirkungsvoll erlebt.

Bei der ausgewählten siebten Klasse handelte es sich um eine vom Beratungslehrer als „sozial schwierig" eingestufte Klasse, die leistungsmäßig hinter den anderen vier siebten Klassen zurückgeblieben war. Bereits nach ca. vier bis sechs Wochen hatten sich das soziale Klima und die sozialen Beziehungen enorm verbessert. In der vormals als schwierig beschriebenen Klasse, in der zwischen Freunden und Feinden unterschieden wurde, arbeitete nun jeder mit jedem zusammen, auch Jungen und Mädchen und das, ohne dass dafür Regeln erarbeitet worden wären. Auch den befragten Eltern fielen die positiven Auswirkungen auf: sie berichteten, dass ihre Kinder mehr Spaß am Lernen hätten und die Schule stärker akzeptierten. Einzelne Kinder blühten sichtbar auf. Die ehemals leistungsschwache Klasse war inzwischen zur besten geworden. Allerdings lag dies vor allem an einer Verbesserung der leistungsstarken Schülerinnen und Schüler. Ein Beispiel aus einer Klassenarbeit im Geschichtsunterricht zeigt die neu gewonnenen Kompetenzen der Schülerinnen und Schüler auf: Während die Schülerinnen und Schüler der Versuchsklasse in einer Geschichtsarbeit in der Lage waren, die dort gestellten Fragen durch klare Argumentationen zu beantworten, wurden in der konventionell unterrichteten Parallelklasse auswendig gelernte und oft nicht ganz passende Antworten gegeben. Die Klassenarbeiten und Tests wurden durch den veränderten Unterricht für die Schülerinnen und Schüler berechenbarer. Schülerinnen und Schüler wurden bei dieser Art zu lernen wesentlich stärker gefordert. So wurde berichtet, dass gegen Ende des Vormittags manchmal Ermüdungserscheinungen bei den Schülerinnen und Schülern zu beobachten waren.

Auch für die beteiligten Lehrerinnen und Lehrer ergaben sich positive Veränderungen. Während die Vorbereitung beim Einsatz kooperativer Lernformen tatsächlich noch mehr Aufwand bedeutete, war die Entlastung während des Unterrichts deutlich spürbar. Disziplinierungsmaßnahmen waren kaum mehr nötig und die Aufmerksamkeit konnte auf die Beobachtung und Unterstützung der Schülerinnen und Schüler gerichtet werden. Die Rolle als Lernbegleiter wurde als befriedigend erlebt und kostete viel weniger emotionale Energie als die eines Alleinunterhalters und Dompteurs. Eine beteiligte Lehrerin berichtete, dass sich ihr Denken durch diese Art zu unterrichten verändert habe: Während sie sich vorher Gedanken gemacht habe, was sie mit der siebten Klasse denn heute tun solle, mache sie sich jetzt Gedanken, was die Klasse denn heute mache und wie sie die Situation für sie organisieren könne.

Neben weiteren Fortbildungen ist der Transfer des Modells auf weitere Klassen geplant, wobei die jetzigen Teilnehmenden als Klassenlehrer, Tandempartner und Multiplikatoren in ihrer Fachschaft wirken sollen. Inwiefern das Modell tragfähig ist, muss die Übertragung auf andere Schulen zeigen. Zu diesem Projekt wird gerade ein Buch mit CD erstellt, um das Vorgehen und die eingesetzten Methoden zu dokumentieren.

Vergleicht man das Vorgehen in diesem Projekt mit den Erkenntnissen, die McLaughlin (1976) aufgrund der Analyse 293 schulischer Innovationsprojekte gewonnen hat, so weist dies viele Merkmale auf, die für erfolgreiche Innovationsprojekte notwendig sind: Damit ein Schulentwicklungsprojekt gelingen kann, müssen die beteiligten Lehrerinnen und Lehrer, ebenso wie Vorgesetzte und Institution von der Projektidee überzeugt worden sein. Neben regelmäßigen Treffen, auf denen neue Ideen ausgetauscht, auftretende Probleme gelöst und Unterrichtsmaterialien gemeinsam entwickelt werden, müssen auch regelmäßige Fortbildungen aller Beteiligten stattfinden. Dies ermöglicht dann einen Lern- und Verlern-Prozess, in dem neue Einstellungen, Verhaltensweisen und Fertigkeiten für eine völlig neue Rolle entwickelt werden können (A. Huber, 2000).

3. Wie könnte ein Selbsttrainingsprogramm für eine kollegiale Kooperationsgruppe aussehen?

Viele Lehrkräfte sind motiviert sich selber zu organisieren und im informellen Rahmen zusammenzuarbeiten. Dieses methodisch-didaktische Konzept hat sich bereits für verschiedene Kompetenz-Trainings bewährt (u. a. Rotering-Steinberg, 1983, 2003) und soll nun auch für das kooperative Lernen beschrieben werden.

Die Grundvoraussetzung für die Vorbereitung, Durchführung und Nachbereitung von innovativen Partner- und Gruppenarbeitsformen besteht darin, dass die Lehrkräfte auch zusammenarbeiten. Deshalb wurde ein Programm entwickelt, das die Kooperation zum kooperativen Lernen anleitet, unterstützt oder fördert – je nachdem wie intensiv die Lehr-/Lern-Teams damit arbeiten wollen.

Ein **zwölfteiliges Selbsttrainingsprogramm** ist auf die Kooperations-Methoden zugeschnitten, die in diesem Buch beschrieben werden. Die Zusammenarbeit sollte sich auf jeden Fall in regelmäßigen, z. B. monatlichen Abständen, über 1 bis 1 ½ Jahre erstrecken.

Eine Kombination von Tandem-, Tridem- und Kleingruppenarbeit hat sich bewährt (Schmidt, 2001), damit Verantwortlichkeiten, ein schrittweiser Komptenzzugewinn und konstruktive Rückmeldungen lernfördernd wirken können; ebenso wie folgende Strukturierungshilfen, die Eva Maria Schmidt für die Organisation von Tandems bzw. Tridems und Klein-Gruppen entwickelt und evaluiert hat (vgl. Schmidt, 2001, S. 223):

Zur Strukturgebung, als Erinnerungshilfe bzw. als Kopiervorlage für die Tandemtreffen kann folgender Bogen dienen, der auch als Kurzprotokoll benutzt werden kann, wenn er entsprechend für die Kleingruppen erweitert und umformuliert wird:

Erinnerungshilfe/Kopiervorlage/Kurzprotokoll

Unser Tandem/Tridem trifft sich

Termin: _____

Uhrzeit von _____ bis _____

Ort: _____

Welche Partner- oder Gruppenarbeitsform soll in dieser Sitzung bearbeitet werden?

_____

Der Inhalt/die Kooperationsmethode der Sitzung wird sein:

- Die Unterrichtsplanungen für die unterschiedlichen Lehrkräfte sollen jeweils als Thema festgelegt werden:

  _____

  _____

- Welche Materialien und Medien sollen gemeinsam (oder in arbeitsteiliger Form) bis zu welchem Termin entwickelt werden?

  _____

  _____

- Welche Unterstützungsmöglichkeiten können genutzt werden?

  _____

  _____

- Sind Unterrichtsbeobachtungen nützlich? u.ä

  _____

  _____

- Bis zu dem oben festgelegten Termin habe **ich** folgende **Aufgaben**:

  _____

  _____

  _____

Abbildung 3: Erinnerungshilfe / Kopiervorlage / Kurzprotokoll für Tandems und Tridems

Je größer die Arbeitsgruppe, umso wichtiger ist es, Inhalte, Aufgaben und die Art der Protokollierung festzulegen. Folgende Vorlage kann dabei für die Treffen der Kleingruppen hilfreich sein:

Erinnerungshilfe/Kopiervorlage/Kurzprotokoll
Kooperations-Kleingruppe
(bestehend z. B. aus drei Tandems oder zwei Tridems)

Unsere Gruppe trifft sich wieder

Termin: _____

Uhrzeit von _____ bis _____

Ort: _____

Für die Vorbereitung der Sitzung ist zuständig: _____

_____

Für die Leitung/Moderation der Sitzung ist zuständig:

(Rolle: Gastgeberin) _____

Ich habe bis dahin folgende Aufgaben: _____

_____

_____

_____

_____

Abbildung 4: Erinnerungshilfe / Kopiervorlage / Kurzprotokoll für Kooperative Kleingruppen

Jede Sitzung der Kleingruppen sollte mindestens 60, maximal 180 Minuten betragen und mit den bekannten Kooperationsmethoden, wie
- traditionelle Partnerarbeit und traditioneller Gruppenunterricht oder
- Partner- und/oder Gruppenpuzzle beginnen, um dann darauf aufbauend die komplexeren, unbekannteren Kooperationsmethoden wie z. B. das Lerntempoduett oder die Strukturierte Kontroverse zu erarbeiten.

Dazu ein beispielhaftes Ablaufschema für die inhaltliche Arbeit in den Kleingruppen, die in regelmäßigen drei- bis vierwöchentlichen Abständen stattfinden sollte.

Es wird jeweils eine bekannte und eine neue Methode erarbeitet. Natürlich können Sie sich auch auf eine Kooperationsform konzentrieren und das Ablaufschema verändern.

Sitzung 1:	Einführung in die Partnerarbeit (vgl. „Steckbrief" mit bisheriger „Partnerarbeit")
Sitzung 2:	Partnerarbeit und Partnerpuzzle
Sitzung 3:	Partner- und Gruppenpuzzle
Sitzung 4:	Gruppenpuzzle und Partnerinterview
Sitzung 5:	Partnerinterview und Gruppeninterview
Sitzung 6:	Gruppeninterview und Lerntempoduett
Sitzung 7:	Lerntempoduett und Strukturierte Kontroverse
Sitzung 8:	Strukturierte Kontroverse und Kleingruppenprojekte
Sitzung 9:	Kleingruppenprojekte und Gruppenrallye
Sitzung 10:	Gruppenrallye und Multi-Interview
Sitzung 11:	Multi-Interview und Problemdiskursmethode
Sitzung 12:	Rückblick, „Kooperationsparty", Pläne für die Weiterarbeit

Abbildung 5: Schema für die inhaltliche Arbeit in den Kleingruppen

Dabei kann eine einzelne Sitzung folgendermaßen aussehen:

1. Phase:
„Anwärmphase" (ca. 10–15 Minuten) bis die Anwesenden eingetroffen sind, in der allgemeine Informationen ausgetauscht werden und ein angenehmes Arbeitsklima hergestellt wird. Dabei sollte ein Mitglied die „Zeitnehmerfunktion" übernehmen, damit die Anwärmphase beendet wird und die Arbeitsphasen beginnen.
2. Phase:
Kurzpräsentation eines Tandems oder Tridems der vorbereiteten kooperativen Lernform vor der Kleingruppe (ca. 10 Minuten) und Vertiefung, Diskussion, Erarbeitung von Anwendungsmöglichkeiten in der Kleingruppe (je nach Zeitansatz 45 oder 60 Minuten).

3. Phase:	
Reflexionsphase: Was hat sich in der Zwischenzeit im Unterricht mit den Anwendungen bzw. Erprobungen der kooperativen Lernformen getan? Erfahrungsaustausch (Redezeit pro Person begrenzen, sodass 15–20 Minuten nicht überschritten werden).	
4. Phase:	
Rückmeldephase über die Kooperation und die Ergebnisse der Kleingruppenarbeit: Was ist in Ordnung, was sollte verändert werden, was will die Gruppe neu erproben? (Die Rückmeldephase darf in keinem Fall ausgelassen werden, sie sollte auch nicht zwischen Tür und Angel stattfinden, sondern 5–10 Minuten betragen.)	

Abbildung 6: Ablaufplan einer einzelnen Sitzung der kooperativen Kleingruppen

Neben den Sitzungen der Kleingruppen finden auch Tandem- bzw. Tridemtreffen statt, um die vorzustellenden Kooperationsformen vorzubereiten und sich bei der Umsetzung der kooperativen Lernformen im Unterricht zu unterstützen, d.h. die Treffen in den Kleingruppen wechseln sich mit den Treffen der Tandems bzw. Tridems ab. Abbildung 7 soll dies veranschaulichen:

1. Monatstreffen:	• Kleingruppenarbeit
	• Tandem-Treffen: Evaluationen/Rückmeldungen erheben
2. Monatstreffen bis 11. Monatstreffen:	• Kleingruppenarbeit: Be- bzw. Auswertung der Erfahrungen und Evaluationsergebnisse in den Kleingruppen und Erarbeitung der neuen/weiteren Kooperationsform
	• Tandem-Treffen in der Zwischenzeit: Evaluationen/Rückmeldungen erheben
12. Monatstreffen:	• Kleingruppenarbeit: Rückblick, Kooperationsparty, Erfolge feiern, Pläne für die Weiterarbeit

Abbildung 7: Wechsel von Kleingruppen- und Tandemtreffen während des 12-teiligen Selbsttrainingsprogramms

Folgende **Vor- und Nachbereitungen** der Sitzungen in den Kleingruppen werden empfohlen (siehe Abbildung 8):

Vorbereitung und Durchführung einer Kleingruppensitzung:

- Alle Gruppenmitglieder haben sich den vorher festgelegten „Steckbrief" der Kooperationsmethode angesehen.
- Ein Tandem bzw. Tridem hat die ausführliche Beschreibung durchgearbeitet und im Sinne von „Leseerlebnissen" vorab Anregendes, Fragen, Widersprüchliches, Unklarheiten diskutiert und geklärt, sodass eine Kurzpräsentation in der Kooperations-Kleingruppe vorgenommen werden kann (ca. ein Drittel der zur Verfügung stehenden Zeit).
- In der Kleingruppe werden Anwendungsmöglichkeiten zu verschiedenen Unterrichtsfächern diskutiert bzw. skizziert, die dann für die Folgesitzung in einer dazwischengeschobenen Tandem- bzw. Tridemarbeit ausgearbeitet werden können (ca. zwei Drittel der zur Verfügung stehenden Zeit).
- In den Kleingruppen werden Absichtserklärungen formuliert, die die Zusammenarbeit inhaltlich und zeitlich festlegen (möglichst schriftlich).

In der Zwischenzeit:

- Einarbeitung der Rückmeldungen oder der Selbstevaluation: Erprobung im Unterricht, Rückmeldung von Kolleginnen und Kollegen, von Schülerinnen und Schülern, Optimierungsmöglichkeiten, Vermeidung von „Fallstricken" usw.

In der Folgesitzung:

- Reflexionen über persönliche Zufriedenheit, wahrgenommene Reaktionen von „signifikanten anderen", d. h. persönlich wichtige Personen, zu der bearbeiteten kooperativen Lernmethode.

Abbildung 8: Vor- und Nachbereitung der Sitzungen der Kleingruppe

Der Ablauf des Selbsttrainingsprogramms entspricht den bereits zu Beginn skizzierten Phasen zur Implementation des kooperativen Lernens:
Orientierung $\rightarrow$ Planung $\rightarrow$ schulinterne Fortbildung, Training $\rightarrow$ Einführung und Erprobung im Unterricht $\rightarrow$ Reflexion und Evaluation, wobei der Prozess spiralförmig mit Wiederholungen und Rückmeldungen versehen werden sollte.

Je nach Intensität der Bearbeitung sollen mindestens zwei, maximal vier Sitzungen pro Methode aufgewendet werden.

Eine Abschluss-Sitzung sollte dem Feiern, Weiterplanen und/oder einem Rückblick auf den Gesamtprozess der selbstorganisierten Kooperation zum kooperativen Lernen dienen.

Diese Art des informellen Lernens mit Hilfe eines Leitfadens bzw. eines Selbsttrainingsprogramms wird von motivierten Lehrkräften in unterschiedlicher Art und Weise im Schulalltag genützt:

• zur Einübung von konstruktiver Kommunikation, Praxisberatung und Selbstmodifikation (Rotering-Steinberg, 1983).

• zum Mentoring zwischen erfahrenen und jüngeren Lehrkräften (Rotering-Steinberg, 1999)

• zur Erarbeitung von Präsentations- und Moderationskompetenzen von Schulleitern und Schulleiterinnen (Rotering-Steinberg, 2003).

Zur Selbstreflexion, Selbst-Bewertung und Evaluation gibt es unterschiedliche – kreative – Möglichkeiten, von denen einige im Folgenden dargestellt werden.

4. Wie kann kooperatives Lernen bewertet und evaluiert werden?

Die Kompetenzen zum kooperativen Lehren und Lernen können nicht nur durch das Lesen oder „auf Vorrat erworben" werden, sondern sie sollten in konkreten Handlungsbezügen mit den entsprechenden Kolleginnen und Kollegen für die jeweiligen Schülerinnen und Schüler und abgestimmt auf die Schulumwelt entwickelt werden. Damit dies gelingt, müssen immer wieder Rückmeldemöglichkeiten eingeplant bzw. die Rückmeldung sollte als Teil des Lernprozesses betrachtet und einbezogen werden.

Je kreativer und unterschiedlicher das Feedback gestaltet wird, desto wahrscheinlicher wird es auch eingesetzt.

• Eine Maximalforderung wäre, dass die Lehrenden sich selber mit Hilfe dieses Arbeitsbuches eine Art „Portfolio" erstellen, in dem ihre Voreinstellungen zum kooperativen Lernen, die Arbeitsblätter, Protokollbögen zur Tandem-, Tridem- und/oder Kleingruppenarbeit, Rückmeldebogen und vieles andere enthalten sein können.

• Wichtig sind vor allen Dingen auch immer wieder Erfolgsberichte, die an „signifikante andere" weitergegeben werden, damit sich diese positive Erfahrung auch „festsetzt", da speziell Lehrende dazu neigen, nicht nur bei Schülerinnen und Schülern, sondern vor allen Dingen auch bei sich selbst nur nach „Fehlern" zu suchen.

• Das erste Beispiel, der „Rückmeldebogen zum kooperativen Lehren und Lernen" kann zur Selbstbewertung des eigenen kooperativen Unterrichts herangezogen werden (Abbildung 9), zur Unterrichtsbeobachtung einer anderen Lehrperson,

z. B. der Tandempartnerin oder des Tandempartners oder zur Rückmeldung an eine Kleingruppe, die gemeinsam kooperatives Lehren und Lernen durchgeführt und präsentiert hat (Abbildung 10), z. B. im Rahmen einer (schulinternen) Lehrerfortbildung, wenn beide Bogen kombiniert werden.

- Der Fragebogen zum Tandem (Abbildung 11) dient der Einschätzung, Verbesserung der Tandemarbeit, also der Selbstevaluation und/oder um die Rückmeldungen zur Tandemarbeit systematisch auszutauschen.
- Zur Selbstreflexion und Selbstevaluation kann der Rückmeldebogen „Erfolge auswerten um sie nützen zu können" (Abbildung 12) eingesetzt werden.
- Die frei zu formulierenden „Rückmeldungen zum kooperativen Lernen" (Abbildung 13), die durch die entsprechenden Symbole abgefragt werden, sind ein Beispiel für eine Fremdevaluation, z. B. nach einer (schulinternen) Lehrerfortbildung.

Die folgenden Rückmelde-Blätter sind in der Praxis erprobt worden und zur Einschätzung der „Qualität" des persönlichen Lernens sehr nützlich. Daneben können natürlich auch Formen der „Fremdevaluation", z. B. Unterrichtsbesuche, wertvoll sein.

Die Rückmeldebogen tragen unterschiedliche Titel, da sie zum einen Denkanstöße zur Selbsteinschätzung vermitteln können, aber auch die Kommunikation in den Tandems oder Kleingruppen durch Selbstbewertung und Beobachterperspektive und den Vergleich der beiden bereichern sowie innerhalb der Lehrerfortbildung als Rückmeldebogen für die Präsentationen der Kleingruppen dienen können. Die einzelnen Fragen betreffen

- die Einführung der Partner- oder Gruppenarbeitsform, d. h. die Instruktionen, die Einführung der Inhalte usw.,
- die Aufteilung der Klasse in Kleingruppen, d. h. so dass eine angemessene Gruppengröße für die jeweilige kooperative Lernform benützt wird,
- die Zeiten, die für die unterschiedlichen Arbeitsphasen angesetzt werden,
- die Gestaltung der Arbeitsblätter, wie auch der Testbögen, Notierhilfen usw.,
- die verbalen, visuellen Einzel- und Gruppenrückmeldungen,
- das Umgehen mit schwierigen Situationen, die Flexibilität verlangen und insgesamt auf Lernförderung abzielen sollen,
- die eingesetzten (Selbstkontroll-)Tests oder andere (kreative) Formen der Ergebnissicherung (Spiele, Plakate, Präsentationen).

Bei der Einschätzung des kooperativen Lernens mit Hilfe der „Stimmungsbarometer" können Striche, Klebepunkte oder andere kreative Formen eingesetzt werden, speziell dann, wenn es sich um eine Gruppenrückmeldung handelt.

Die abschließenden Anmerkungen dienen dem persönlichen Eindruck, Optimierungsmöglichkeiten, Fragen und Probleme, die man in der – selbst organisierten
– Kleingruppe besprechen möchte usw.

Wie können die Selbst- und Fremdevaluationen ausgewertet werden?
Die Fragebogen dienen weniger einer quantitativen, zahlenmäßigen Auswertung,
sondern vielmehr als Grundlage für den Dialog zwischen den Tandempersonen,
dem Gespräch im Kollegium bzw. mit der Schulleitung oder den Eltern.

Wichtig ist, dass zuerst die positiven Aspekte herausgearbeitet werden und danach
ein oder zwei Veränderungsmöglichkeiten (nach der Regel „drei plus eins": drei
positive Rückmeldungen und ein Veränderungsvorschlag), damit der Lernprozess
nicht bereits zu Beginn durch negative Erfahrungen gestoppt wird. Das Lernen aus
Fehlern sollte die „Lernchance" darstellen um allen Beteiligten einen konstruktiven
Lernprozess und ein stellvertretendes bzw. Modelllernen zu ermöglichen: Gerade
dieses Voneinanderlernen, sich über die Erfolge und auch Umwege miteinander auszutauschen, stellt wertvolle Lernressourcen dar.

Rückmeldebogen zum kooperativen Lehren und Lernen: Selbstevaluation

Datum, Klasse, Projekt: _____

I. Wie habe ich folgende Aspekte gestaltet?

Einführung	++	+	0	–	--
Gruppengröße	++	+	0	–	--
Zeitansätze	++	+	0	–	--
Arbeitsblätter	++	+	0	–	--
Rückmeldungen (inhaltlich u. sozial)	++	+	0	–	--
Flexibilität/Lernförderung	++	+	0	–	--
Test, Ergebnissicherung	++	+	0	–	--

II. Einschätzung der Lerner/Lernerinnen:

Wie war die Stimmung in der Klasse? 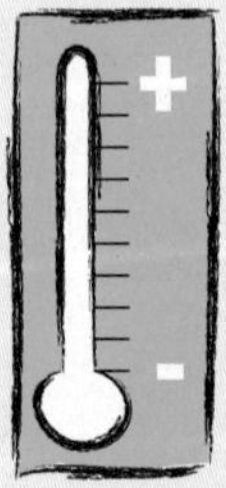	Waren die Lernenden motiviert zur Mitarbeit? 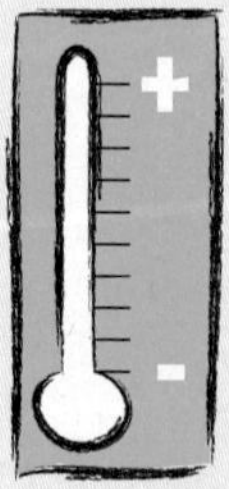	Wie intensiv wurden die Inhalte bearbeitet 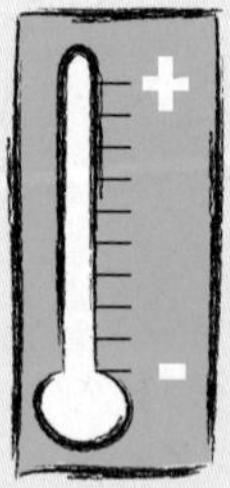

Sonstige Anmerkungen:
z. B. zur Kooperation; „Trittbrettfahrer"; Gruppendynamik usw.

_____

_____

_____

Abbildung 9: Rückmeldebogen zum kooperativen Lehren und Lernen für die Selbstevalution

Rückmeldebogen zum kooperativen Lehren und Lernen für die Tandemarbeit (Beobachterperspektive)

Datum, Klasse, Projekt: _____

I. Wie habe ich folgende Aspekte gestaltet?

	++	+	0	–	– –
Einführung	++	+	0	–	– –
Gruppengröße	++	+	0	–	– –
Zeitansätze	++	+	0	–	– –
Arbeitsblätter	++	+	0	–	– –
Rückmeldungen (inhaltlich u. sozial)	++	+	0	–	– –
Flexibilität/Lernförderung	++	+	0	–	– –
Test, Ergebnissicherung	++	+	0	–	– –

II. Einschätzung der Lerner/Lernerinnen:

Wie war die Stimmung in der Klasse?

Waren die Lernenden motiviert zur Mitarbeit?

Wie intensiv wurden die Inhalte bearbeitet?

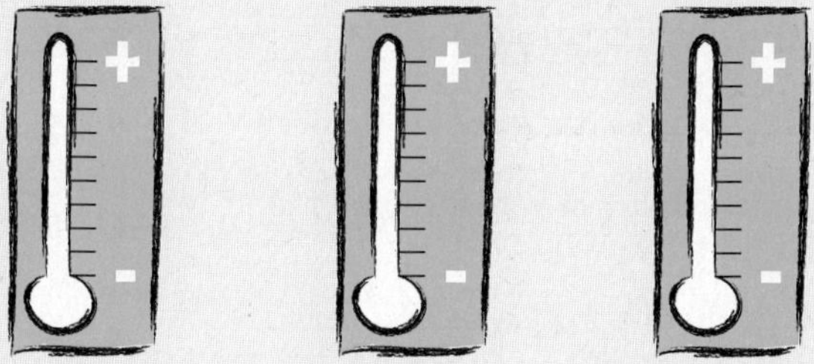

Sonstige Anmerkungen:
z. B. zur Kooperation; „Trittbrettfahrer"; Gruppendynamik usw.

_____

_____

_____

Abbildung 10: Rückmeldebogen zum kooperativen Lehren und Lernen für die Tandemarbeit

Fragebogen zum Tandem (vgl. Schmidt, 2001)

1. Wir haben insgesamt _____ Treffen und Telefonkontakte gehabt.

2. So **wohl** habe ich mich mit meinem /meiner Tandempartner(in) gefühlt:

3. So **ertragreich** war die gemeinsame Arbeit für mich:

4. Mein(e) Tandempartner(in) hat mich   Ich habe meine(n)Tandempartner(in)

_____ mal im Unterricht besucht.   _____ mal im Unterricht besucht.

5. Folgende **Aussagen** treffen auf mich zu:

Mein(e) Tandempartner(in) hat zum kooperativen Lehren und Lernen folgendes beigetragen:	stimmt genau			stimmt über- haupt nicht		
• Anregungen für meine Unterrichtspraxis gebracht	6	5	4	3	2	1
• zu intensiverer Vorbereitung beigetragen	6	5	4	3	2	1
• mich motiviert das Gelernte in der Praxis zu erproben	6	5	4	3	2	1
• mich bei meinen unterrichtlichen Vorhaben und Problemen beraten	6	5	4	3	2	1
• mir konkrete Hilfe gewährt (z. B. Materialien oder Literatur zur Verfügung gestellt)	6	5	4	3	2	1
• mich psychologisch unterstützt (getröstet, ermutigt, verpflichtet)	6	5	4	3	2	1
• mir ein Gefühl des Zusammengehörens und Aufgehobenseins vermittelt	6	5	4	3	2	1
• weitere persönliche Aussagen (siehe Rückseite):						
6. Das hätte ich mir für das Tandem noch gewünscht: (Bitte um entsprechende Aussagen auf der Rückseite)						

Abbildung 11: Fragebogen zum Tandem

Erfolge auswerten um sie nützen zu können:
Zum kooperativen Lehren und Lernen

Erfolgsberichte dienen zur Selbstevaluation. Erfolge und Misserfolge zu erkennen und darüber zu reden, verbreitert die Rückmeldekompetenzen. Erfolgsberichte sind eine wichtige Ergänzung zur Fehleranalyse.

Berichten Sie bitte kurz von einem Erfolgserlebnis aus der letzten Zeit (in drei bis vier Sätzen), das Sie zum kooperativen Lehren und Lernen für sich verbucht haben:

- Worin bestand der Erfolg für Sie?_____

- Welche Stärken und Fähigkeiten haben Sie dabei eingesetzt?_____

- Wie haben Sie sich darauf vorbereitet? _____

  _____

- Wie lässt sich dieses Erfolgserlebnis für Sie wiederholen?

  _____

  _____

- Welche Ratschläge oder Tipps könnten Sie anderen geben um eine ähnliche Situation erfolgreich zu meistern?

  _____

- Haben Sie anderen von Ihrem Erfolg erzählt um Lob und Anerkennung zu erhalten? Oder damit andere daraus lernen könnten?

  _____

- Wie haben Sie sich selber belohnt?

  _____

- Wem hätten Sie noch von Ihrem Erfolg erzählen können?

  _____

Können andere aus Erfolgen oder Misserfolgen besser lernen? Ihre Beispiele und Begründungen bitte:

_____

_____

_____

Abbildung 12: Rückmeldebogen „Erfolge auswerten um sie nutzen zu können"

**Rückmeldung zum kooperativen Lernen
in/nach einer Lehrerfortbildung (für die Organisierenden)**

Das nehme ich mit:

Das lasse ich da:

Das nehme ich mir vor:

Abbildung 13: Rückmeldungen zum kooperativen Lernen in / nach einer Lehrerfortbildung

Zusammenfassung des Implementationsprozesses und der unterschiedlichen Möglichkeiten kooperatives Lehren und Lernen in ein Kollegium einzuführen:

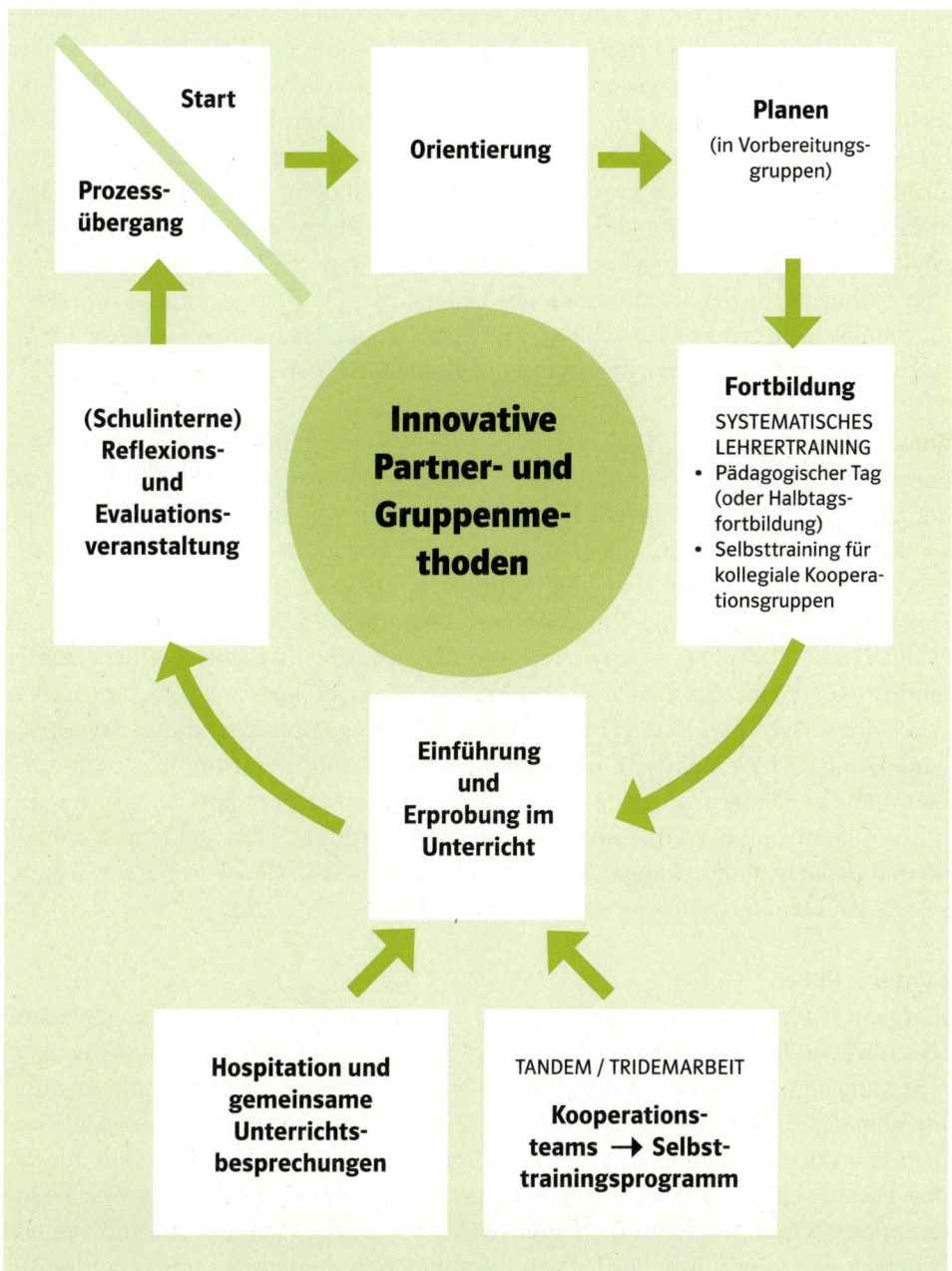

Abbildung 14: Zusammenfassung des Implementationsprozesses

Steckbriefe der Autorinnen und Autoren

Ludwig Haag

Jahrgang 1954. Nach dem Studium der Psychologie und Klassischen Philologie Tätigkeit als Studienrat und Schulpsychologe. 1991 Promotion in Schulpädagogik über „Hausaufgaben am Gymnasium". 1993 bis 2004 wissenschaftlicher Mitarbeiter am Institut für Psychologie der Erziehungswissenschaftlichen Fakultät der Universität Erlangen-Nürnberg. 1999 Habilitationsschrift in Psychologie über „Die Qualität des Gruppenunterrichts im Lehrerwissen und Lehrerhandeln". 2002 Erweiterte Habilitationsschrift (kumulativ) in Schulpädagogik. Seit 2004 Lehrstuhl für Schulpädagogik in Bayreuth. Die Forschungsschwerpunkte liegen im Bereich der empirischen Unterrichtsforschung: Sozialformen des Unterrichts; Hausaufgaben und ihre Rolle für schulisches Lernen; Erforschung schulbegleitender Maßnahmen wie Nachhilfe; Auswirkungen von Unterrichtsfächern, insbesondere Latein, Musik.

Anne A. Huber

Jahrgang 1967. Nach dem Studium der Psychologie wissenschaftliche Hilfskraft an der Universität der Bundeswehr München und dann wissenschaftliche Angestellte an der Universität Koblenz-Landau, Abteilung Landau, im Bereich der Sozialpsychologie. Promotion 1999 über „Bedingungen effektiven Lernens in Kleingruppen". Danach Angestellte bei der Unternehmensberatung ICM Team Training GmbH in Walldorf als „Educational Developer". Seit Oktober 2000 wissenschaftliche Assistentin an der Pädagogischen Hochschule Weingarten im Bereich der Pädagogischen Psychologie. Weiterbildungen in Erwachsenenbildung (Kontaktstudium Erwachsenenbildung, PH Weingarten), in systemischer Beratung (Zentrum für systemische Forschung und Beratung, Heidelberg) und in systemischer Familientherapie (Institut für Familientherapie, Weinheim). Forschungsschwerpunkte: Entwicklung, Evaluation und Implementation kooperativer Lernformen, insbesondere Formen des „Wechselseitigen Lehrens und Lernens".

Günter L. Huber

Jahrgang 1940. Lehramtsstudium, Schuldienst bis zur II. Lehramtsprüfung, wissenschaftlicher Assistent an der PH Augsburg, Studium der Psychologie an der Universität München, Promotion in Erziehungswissenschaft über „Selbstbestimmung und Fremdbestimmung in Lernprozessen". 1972–1980 wissenschaftlicher Assistent/Studienrat im Hochschuldienst an der Universität Augsburg, seit 1980 Lehrstuhl für Pädag. Psychologie an der Universität Tübingen. Forschungsschwerpunkte: Soziale Interaktion bei Lernprozessen (kooperatives Lernen, aktives Lernen, interindividuelle Unterschiede, interkulturelles Lernen), Kombination qualitativer und quantitativer Forschungsmethoden, Entwicklung von Software zur Analyse qualitativer Daten.

Klaus Konrad

Jahrgang 1958. Nach dem Studium der Religionspädagogik und Praktischen Theologie als Lehrer für Grund- und Hauptschule tätig. In den Jahren 1985 bis 1989 Studium der Psychologie. 1993 Promotion in Psychologie zum Thema „Kontrollüberzeugungen in der Mensch-Computer Interaktion". 1989 bis 1993 freier Mitarbeiter am Zentrum für Empirische Pädagogische Forschung in Landau in der Pfalz. Seit 1993 Akademischer Rat an der Pädagogischen Hochschule Weingarten. Die Forschungsschwerpunkte liegen im Bereich der Kognitions- und Metakognitionspsychologie: Lehr- Lernstrategien; Vom Wissen zum Handeln; Selbstgesteuertes Lernen; Experimentelle Erforschung kooperativer Lernsettings.

Sigrid Rotering-Steinberg

Jahrgang 1950. Studium der Psychologie. 10 Jahre lang wissenschaftliche Referentin und Leiterin von Fernstudienprogrammen am Deutschen Institut für Fernstudien an der Universität Tübingen (Funkkolleg „Beratung in der Erziehung", Fernsehkolleg „Lehrerprobleme – Schülerprobleme", „Ausbildung zum Beratungslehrer", „Pädagogisch-psychologische Grundlagen für das Lernen in Gruppen"). Promotion 1983 zum Selbstgesteuerten Lernen und zur Evaluation eines Selbsttrainingsprogramms für Lehrerinnen und Lehrer zur Kommunikation, Praxisberatung und Selbstmodifikation. Habilitation 1993 zum „Kooperativen Lernen in der Erwachsenenbildung". Drei Jahre als Assistentin am Institut für Angewandte und Klinische Psychologie der Universität Wien. Drei zweijährige Vertretungsprofessuren. Seit 1993 Professorin für Pädagogische Psychologie an der Universität der Bundeswehr München mit folgenden Schwerpunkten: Erwachsenenbildung, Kooperatives Lehren und Lernen, Pädagogisch-psychologische Beratungs- und Interventionsformen, (Kollegiales) Coaching/Supervision), Unterrichts- und Evaluationsforschung.

Diethelm Wahl

Jahrgang 1945. Nach Lehramtsstudium, dreijährigem Schuldienst und Psychologiestudium Promotion über „Erwartungswidrige Schulleistungen" (1973). Seit 1974 Professor für Pädagogische Psychologie an der Pädagogischen Hochschule Weingarten. Dort seit 1984 Leiter des Kontaktstudiums Erwachsenenbildung. Mitbegründer des „Forschungsprogramms Subjektive Theorien". Grundlagenforschung zum „Handeln unter Druck. Der weite Weg vom Wissen zum Handeln bei Lehrern, Hochschullehrern und Erwachsenenbildnern" (Habilitationsschrift 1991). Auszeichnung mit dem Landeslehrpreis für besondere hochschuldidaktische Leistungen (2001). Forschungsschwerpunkte: Subjektive Theorien; Wissen und Handeln; Wechselseitiges Lehren und Lernen; Gestaltung von Mikro- und Makro-Lernumgebungen.

Literatur

Allen, V. L. & Feldman, R. S. (1976). Studies on the role of the tutor. In V. L. Allen (Ed.), Children as teachers: Theory and research on tutoring. New York: Academic Press.

Allen, V. L. (1983). Impact of the role of tutor on behavior and self-perception. In J. M. Levine & M. C. Wang (Eds.), Teacher and student perceptions: Implications for learning (pp. 367–389). Hillsdale: Erlbaum.

Aronson, E.; Blaney, N.; Stephan, G.; Silkes, J. & Snapp, M. (1978). The Jigsaw Classroom. Beverly Hills: CA: Sage Publications.

Ausubel, D. P. (1974). Psychologie des Unterrichts.: Weinheim: Beltz.

Backes-Haase, A. (2001). Konstruktivismus als didakt. Aspekt d. Berufsbildung. In B. Bonz (Hrsg.), Didaktik d. Berufl. Bildung (S. 220–238). Baltmannsweiler: Schneider-Verl. Hohengehren.

Bandura, A. (1977). Self-efficacy: Toward a unifying theory of behavioral change. Psychological Review, 84 (pp. 191–215).

Bausenhart, A. (2002). „Lernen durch wechselseitiges Lehren" an der Grundschule. Eine vergleichende Analyse von Partnerarbeit im Hinblick auf Motivation und Leistung (unveröffentlichte wissenschaftliche Hausarbeit). Weingarten: Pädagogische Hochschule.

Bauser, S. (2001). Kooperatives Lernen in der Grundschule: Partnerpuzzle und strukturierte Partnerarbeit als besonders effektive Formen des kooperativen Lernens (unveröffentlichte wissenschaftliche Hausarbeit). Weingarten: Pädagogische Hochschule.

Bloom, B. S. (1973). Individuelle Unterschiede in der Schulleistung: ein überholtes Problem? In: W. Edelstein & D. Hopf (Hrsg.), Bedingungen des Bildungsprozesses. (S. 251–270). Stuttgart: Klett.

Boud, D. & Feletti, G. (Eds.) (1997). The challenge of problem-based learning. London: Kogan Page.

Bowden, J. & Marton, F. (1998). The university of learning. London: Kogan Page.

Brown, J. S.; Collins, A. & Duguid, P. (1989). Situated cognition and the culture of learning. Educational Researcher, 18 (S. 32–42).

Bruhn, J.; Fischer, F.; Gräsel, C. & Mandl, H. (2000). Kooperatives Lernen mit Mapping-Techniken. In H. Mandl & F. Fischer (Hrsg.), Wissen sichtbar machen. Wissensmanagement mit Mapping-Techniken. (S. 119–133). Göttingen: Hogrefe.

Buzan, T. & Buzan, B. (1996). Das Mind-Map-Buch. Landsberg: MVG.

Cohen, E. G. (1986). Designing Groupwork: Strategies for the Heterogeneous Classrooms. New York: Teachers College Press.

Dann, H-D.; Diegritz, T. & Rosenbusch, H. S. (1999). Gruppenunterricht im Schulalltag. Realität u. Chancen (Erlanger Forschungen, Reihe A, Bd. 90). Erlangen: Universitätsbund Erlangen-Nürnberg e. V.

Dansereau, D. F. (1985). Learning strategy research. In J. W. Segal, S. F. Chipman & R. Glaser (Eds.), Thinking and learning skills: Vol. 1: Relating instruction to research (pp. 209–229). Hillsdale, NJ: Erlbaum.

De Corte, E. (1990). Towards powerful learning environments for the acquisition of problem-solving skills. European Journal of Psychology of Education, 5 (pp. 5–19).

Dörner, D. (1976). Problemlösen als Informationsverarbeitung. Stuttgart: Kohlhammer.

Dubs, R. (1997). Schülerzentrierung im Unterricht: Vermutungen über einige Missverständnisse. Zeitschrift für Berufs- und Wirtschaftspädagogik, 4 (S. 337–339).

Eppler, R.; Winter, M. & Huber, G. L. (1986). Kooperatives Lernen als „Gruppenpuzzle". Erziehungswissenschaft-Erziehungspraxis, 4 (S. 43–46).

Fischer, C. (2002). Die Auswirkungen unterschiedlicher Lernumgebungen auf die Aufmerksamkeit – am Beispiel des Mathematikunterrichts in der Grundschule (unveröffentlichte wissenschaftliche Hausarbeit). Weingarten: Pädagogische Hochschule.

Flammer, A. (1990). Erfahrung der eigenen Wirksamkeit. Bern: Huber.

Foerster, H. v. (1998). Entdecken oder Erfinden. Wie lässt sich das Verstehen verstehen? In Carl Friedrich von Siemens Stiftung (Hrsg.), Einführung in den Konstruktivismus (4. Aufl.) (S. 41–88). München: Oldenbourg.

Frey, K. (1996). Die Projektmethode. Der Weg zum bildenden Tun (7. Aufl.). Weinheim: Beltz.

Friedrich, H. F. & Mandl, H. (1992). Lern- und Denkstrategien – ein Problemaufriss. In H. Mandl & H. F. Friedrich (Hrsg.), Lern- und Denkstrategien. Analyse und Intervention (S. 1–54). Göttingen: Hogrefe.

Friedrich, H. F. & Ballstaedt, S. P. (1995). Strategien für das Lernen mit Medien. Tübingen: Deutsches Institut für Fernstudien.

Geißler, K. A. (1985). Lernen in Seminargruppen. Studienbrief 3 des Fernstudienlehrgangs „Pädagogisch-psychologische Grundlagen für das Lernen in Gruppen". Tübingen: Deutsches Institut für Fernstudien.

Gerbig, C. (1997). Der Wechsel von Informationsaufnahme und aktiver Verarbeitung beim Lernen. (Unveröffentlichte Dissertation). Universität Tübingen.

Gerbig, C. & Gerbig-Calcagni, I. (1998). Moderne Didaktik für EDV-Schulungen. Weinheim: Beltz

Gick, M.L. (1986). Problem-solving strategies. Educational Psychologist (pp. 21; 99–120).

Gorman, A. (1975). Teachers and learners. The interactive process of education (2. edition). Boston: Allyn and Bacon.

Groeben, N.; Wahl, D.; Schlee, J. & Scheele, B. (1988). Forschungsprogramm Subjektive Theorien. Eine Einführung in die Psychologie des reflexiven Subjekts. Tübingen: Francke.

Grow, G.O. (1991). Teaching learners to be self-directed. Adult Education Quarterly, 41 (3) (pp. 125–149).

Gruber, H. (1998). Expertise. In D.F. Rost (Hrsg.), Handwörterbuch Pädagogische Psychologie
(S. 126–129). Weinheim: PVU.

Gutte, R. (1976). Gruppenarbeit: Theorie und Praxis des sozialen Lernens. Frankfurt a. M.: Diesterweg.

Haag, L.; Hanffstengel, U. v. & Dann, H.-D. (2001). Konflikte in den Köpfen von Lehrkräften im Gruppenunterricht. Zeitschrift für Pädagogik, 47 (S. 929–941).

Hage, K.; Bischoff, H.; Dichanz, H.; Eubel, K. D.; Oehlschläger, H. J. & Schwittmann, D. (1985). Das Methodenrepertoire von Lehrern. Eine Untersuchung zum Schulalltag der Sekundarstufe I. Opladen: Leske+Budrich.

Helmke, A. (1992). Selbstvertrauen und schulische Leistung. Göttingen: Hogrefe.

Helmke, A. & Renkl, A. (1992). Das Münchner Aufmerksamkeitsinventar MAI. Diagnostica, 38 (S. 130–141).

von Hentig, H. (1994). Die Schule neu denken (3. Aufl.). München: Hanser.

Hepting, R. (2003). Optimierung der Unterrichtsqualität mit neuen Formen des Lehrens und Lernens. Lehren und Lernen, 29 (7/8) (S. 21–28).

Herold, M. & Landherr, B. (2001). Selbstorganisiertes Lernen: SOL; ein systemischer Ansatz für Unterricht. Baltmannsweiler: Schneider-Verlag Hohengehren.

Huber, A.A. (1999). Bedingungen effektiven Lernens in Kleingruppen unter besonderer Berücksichtigung der Rolle von Lernskripten. Schwangau: Verlag Ingeborg Huber.

Huber, A.A. (2000). Die Rolle subjektiver Theorien für die Implementation kooperativer Lernmethoden. In C. Dalbert & E.J. Brunner (Hrsg.), Handlungsleitende Kognitionen in der pädagogischen Praxis (S. 139–154). Baltmannsweiler: Schneider-Verlag Hohengehren.

Huber, A.A. (2001). Koping-Gruppen und Praxistandems als Elemente kollegialer Supervision. Gruppendynamik und Organisationsberatung, 32 (4) (S. 419–432).

Huber, A.A. (2003). Möglichkeiten des konstruktiven Umgangs mit Widerstand in erwachsenendidaktischen Veranstaltungen. Gruppendynamik und Organisationsentwicklung, 34 (2) (S. 133–145).

Huber, A. A., Konrad, K. & Wahl, D. (2001). Lernen durch wechselseitiges Lehren. Pädagogisches Handeln, 5 (2) (S. 33–46).

Huber, G. L. (1985). Lernen in Schülergruppen. Studienbrief 1 des Fernstudiums Erziehungswissenschaft: „Pädagogisch-psychologische Grundlagen für das Lernen in Gruppen." Tübingen: Deutsches Institut für Fernstudien.

Huber, G. L. (1988). Kooperative Orientierung und Handeln in Gruppen (Unveröffentlichtes Manuskript). Vortrag auf dem Symposium „Lernen in Gruppen für Schule, Hochschule und berufliche Erwachsenenbildung", Wien, 11.–13. Oktober 1988.

Huber, G. L. (1991). Methoden des kooperativen Lernens. In E. Meyer & R. Winkel (Hrsg.), Unser Konzept: Lernen in Gruppen (S. 166–174). Baltmannsweiler: Schneider–Verl. Hohengehren.

Huber, G. L.; Bogatzki, W. & Winter, M. (1982). Kooperation als Ziel schulischen Lehrens und Lernens. Tübingen: Arbeitsbereich Pädagogische Psychologie der Universität Tübingen.

Huber, G. L. & Roth, J. H. W. (1999). Finden oder suchen? Lehren und Lernen in Zeiten der Ungewissheit. Schwangau: Ingeborg Huber Verlag.

Huber, G. L.; Sorrentino, R. M.; Davidson, M. A.; Eppler, R. & Roth, J.W. H. (1992). Uncertainty orientation and cooperative learning: Individual differences within and across cultures. Learning and Individual Differences, 4 (pp. 1–24).

Jay, J. K. & Johnson, K. L. (2002). Capturing complexity: A typology of reflective practice for teacher eduction. Journal of Teaching and Teacher Education, 18 (pp. 73–85).

Johnson, D. W. & Johnson, R. T. (1979). Conflict in the classroom: Controversy and learning. Review of Educational Research, 49 (pp. 51–70).

Johnson, D. W. & Johnson, R. T. (1989). Cooperation and competition: Theory and research. Edina, MN: Interaction Book Company.

Johnson, D. W., & Johnson, R. T. (1994). Structuring academic controversy. In S. Sharan, (Ed.), Handbook of cooperative learning methods (pp. 66–81). Westport, Connecticut: Greenwood Press.

Johnson, D. W.; Johnson, R. T. & Holubec, E. (1992). Advanced Cooperative Learning. Edina, MN: Interaction Book Company.

Jonassen, D. (1999). Designing constructivist learning environments. In Ch. M. Reigeluth (Ed.), Instructional-design theories and models (Vol. II) (pp. 215–239). Mahwah, NJ: Erlbaum.

Keefer, M. (2002). Designing reflections on practice: Helping teachers apply cognitive learning principles in an SFT – inquiry-based learning program. Interchange, 33/4 (pp. 395–417).

Kempas, G. (1994). Lehren lernen. Auswirkungen interindividueller Differenzen auf die Lernprozesse Lehrender (unveröffentlichte Dissertation). Tübingen: Universität Tübingen.

Kerr, N. L. & Bruun, S. E. (1983). Dispensability of member-effort and group motivation losses: Free-rider effects. Journal of Personality and Social Psychology, 44 (pp. 78–94).

King, A. (1991). Effects of training in strategic questioning on children's problem-solving performance. Journal of Educational Psychology, 83 (pp. 307–317).

King, A. (1993). From sage on the stage to guide on the side. College Teaching, 41 (pp. 30–35).

King, A. (1999). Discourse patterns for mediating peer learning. In A. M. O'Donnell & A. King (Eds.), Cognitive perspectives on peer learning (pp. 87–116). London: Lawrence Erlbaum Associates.

Konrad, K. & Traub, S. (1999). Selbstgesteuertes Lernen in Theorie und Praxis. München: Oldenbourg.

Konrad, K. & Traub, S. (2001) Kooperatives Lernen in Schule, Hochschule und Erwachsenenbildung. Baltmannsweiler: Schneider–Verlag Hohengehren.

Koppensteiner, W. (1988). Anwendung und Bewertung dreier kooperativer Kleingruppenlernmethoden bei Erwachsenen im Englischunterricht. In: Symposienbericht „Lernen in Gruppen für Schule, Vorschule und berufliche Erwachsenenbildung" (S. 48–61). Wien: Wirtschaftsförderungsinstitut der Wiener Handelskammer.

Kuhn, Sandra (2002). Die Effektivität der Methode Lerntempoduett im Vergleich zu konventionellem Unterricht in der Grundschule. Weingarten: Unveröffentlichte Wissenschaftliche Hausarbeit zur Ersten Staatsprüfung für das Lehramt an Grund- und Hauptschulen.

Latané, B.; Williams, K. & Harkins, S. (1979). Many hands make light the work: Causes and consequences of social loafing. Journal of Personality and Social Psychology, 37 (pp. 822–832.

Mandl, H. & Fischer, F. (2000). Wissen sichtbar machen: Wissensmanagement mit Mapping-Techniken. Göttingen: Hogrefe.

McLaughlin, M. W. (1976). Implementation as mutual adaption: Change in classroom organisation. Teachers College Record, 77 (3) (pp. 339–351).

Meyer, H. (1987). Unterrichtsmethoden II: Praxisband. Berlin. Cornelsen.

Meyer, W. U. (1984). Das Konzept von der eigenen Begabung. Stuttgart: Huber.

Mugny, G. & Doise, W. (1978). Socio-cognitive conflict and the structure of individual and collective performances. European Journal of Social Psychology, 8 (pp. 181–192).

Nürnberger Projektgruppe. (2001): Erfolgreicher Gruppenunterricht. Praktische Anregungen für den Schulalltag. Stuttgart: Klett.

O'Donnell, A. M. & Dansereau, D. F. (1992). Scripted cooperation in student dyads: A method for analyzing and enhancing academic learning and performance. In R. Hertz-Lazarowitz & N. Miller (Eds.), Interaction in cooperative groups: The theoretical anatomy of group learning (pp. 120–141). New York: Cambridge University Press.

Okebukola, P. A. (1985). The relative effectiveness of cooperative and competitive interaction techniques in strengthening students' performance in science classes. Science Education, 69, 501–509.

Okebukola, P. A. (1986). Impact of extended cooperative and competitive relationships an the performance of students in science. Human Relations, 39 (pp. 673–682).

Palincsar, A. S. & Brown, A. L. (1984). Reciprocal teaching of comprehension monitoring activities. Cognition and Instruction, 2 (pp. 117–175).

Pauli, C. & Reusser, K. (2000). Zur Rolle der Lehrperson beim kooperativen Lernen. Zeitschrift für Bildungswissenschaften, 3 (S. 421–441).

Perrez, M.; Huber, G. L. & Geißler, K. A. (2001). Psychologie der pädagogischen Interaktion. In A. Krapp & B. Weidenmann (Hrsg.), Pädagogische Psychologie (4. vollst. überarb. Aufl.). (S. 357–413). Weinheim: Beltz/PVU.

Piaget, J. (1926). The language and thought of the child. New York: Harcourt Brace.

Piaget, J. (1970). Piaget's theory. In P. Mussen (Ed.), Carmichael's manual of child psychology (pp. 703–732). New York: Wiley.

Polya, G (1957) How to Solve It: A New Aspect of Mathematical Method, Second Edition. Princeton, NJ: Princeton University Press.

Realschule Enger (2001). Lernkompetenz I und II. Berlin: Cornelsen.

Reinmann-Rothmeier, G. & Mandl, H. (2001). Unterrichten und Lernumgebungen gestalten. In A. Krapp & B. Weidenmann (Hrsg.), Pädagogische Psychologie (S. 601–646). Weinheim: Beltz.

Renkl, A. (1997). Lernen durch Lehren. Zentrale Wirkmechanismen beim kooperativen Lernen. Wiesbaden: DUV.

Renkl, A. (1998). Lernen durch Lehren. In D. H. Rost (Hrsg.), Handwörterbuch Pädagogische Psychologie (S. 305–308). Weinheim: Psychologie Verlags Union.

Rheinberg, F. (1980). Leistungsbewertung und Lernmotivation. Göttingen: Hogrefe

Rheinberg, F. (1995). Motivation. Stuttgart: Kohlhammer

Rotering-Steinberg, S. (1983). Anleitungen zum Selbsttraining für Lehrergruppen. Weinheim, Basel: Beltz.

Rotering-Steinberg, S. (1999). Problembewältigung. Lehrer müssen nicht alles wissen – sie dürfen aus Fehlern lernen! In: E. Lade / W. Kowalczyk (Hrsg.): Konkrete Handlungsanleitungen für erfolgreiche Beratungsarbeit mit Schülern, Eltern und Lehrern. Kissing: WEKA Fachverlag.

Rotering-Steinberg, S. (2000): Untersuchungen zum Sozialen Lernen in der Schule. In C. Dalbert & E. J. Brunner (Hrsg.), Handlungsleitende Kognitionen in der pädagogischen Praxis (S. 119–138). Baltmannsweiler: Schneider-Verlag Hohengehren.

Rotering-Steinberg, S. (2003). Kommunikation in der Schule. Bausteine zur Kompetenzerweiterung: Kollegiales Coaching, Moderation, Präsentation. Schulmanagement-Handbuch, Band 105. München: Oldenbourg.

Rotering-Steinberg, S. (2003a). Editorial zum Themenheft „Widerstand in Lehr/ Lern- und Beratungsprozessen". Gruppendynamik und Organisationsentwicklung, 34 (2) (S. 121–122).

Rotering-Steinberg, S. (2003b). Begegnungen mit Widerstand in Bildungsprozessen: Lernchancen und Sinnfindungen. Gruppendynamik und Organisationsentwicklung, 34 (2) (S. 123–132).

Schaeper, H. (2001). Lehrkulturen, Lehrhabitus und die Struktur der Universität: eine empirische Untersuchung fach- und geschlechtsspezifischer Lehrkulturen. Weinheim: Deutscher Studien-Verlag.

Schmidt, E. M (2001). Mit Social Support vom Wissen zum Handeln. Die Wirkung kommunikativer Praxisbewältigung in Gruppen (KOPING) auf den Lernprozess von Erwachsenenbildnern. Aachen: Shaker.

Seemann, N. (2002). Die Methode „Lernen durch wechselseitiges Lehren" im Heimat- und Sachunterricht. Auswirkungen auf Motivation und Lernerfolg (unveröffentlichte wissenschaftliche Hausarbeit). Weingarten: Pädagogische Hochschule.

Sharan, S.; Shachar, H. & Levine, T. (1999) The innovative school: Organization and instruction. Westport, CT: Bergin and Garvey.

Sharan, S. & Sharan, Y. (1976). Small-group teaching. Englewood Cliffs: Prentice Hall.

Sharan, S. & Sharan, Y. (1992). Group investigation: Expanding cooperative learning. New York: Teacher's College Press.

Sharan, Y. & Sharan, S. (1994). Group Investigation in the Cooperative Classroom. In Sharan, S. (Ed.), Handbook of cooperative learning methods (pp. 97–114). Westport, Conneticut: Greenwood Press.

Sorrentino, R.M.; Bobocel, D.R.; Gitta, M.Z.; Olson, J.M. & Hewitt, E.C. (1988). Uncertainty orientation and persuasion: Individual differences in the effects of personal relevance on social judgements. Journal of Personality and Social Psychology 55 (pp. 357–371).

Sorrentino, R. M.; Roney, C. J. R. & Hanna, S. E. (1992). Uncertainty orientation. In C. P. Smith (Ed.), Motivation and personality. Handbook of thematic analysis (pp. 428–439). Cambridge, MA: Cambridge University Press.

Slavin, R. E. (1978). Student teams – achievement divisions. Journal of Research and Development in Education, 12 (pp. 39–49).

Slavin, R. E. (1983). Cooperative learning. New York: Longman.

Slavin, R. E. (1984). Gruppen-Ralley: Lernen in Gruppen – Leistungsbewertung nach Vorkenntnisniveau. In G. L. Huber, S. Rotering-Steinberg, & D. Wahl (Hrsg.), Kooperatives Lernen. Grundlagen eines Fernstudienprojekts zum „Lernen in Gruppen" bei Schülern, Lehrern, Aus- und Fortbildnern (S. 60–79). Weinheim: Deutscher Studienverlag.

Slavin, R. E. (1995). Cooperative learning: Theory, Research, and Practice. (2. Aufl.). Englewood Cliffs, NJ: Prentice-Hall.

Tesar, E. (1988). Gruppenpuzzle und Gruppenrallye in der beruflichen Fortbildung. In: Wirtschaftsförderungsinstitut der Wiener Handelskammer (Hrsg.), Symposienbericht „Lernen in Gruppen für Schule, Vorschule und berufliche Erwachsenenbildung"(S. 62–75), Wien: Wiener Handelskammer.

Terwel, J.; Gillies, R. M.; Eeden, P. & Hoek, D. (2001). Cooperative learning processes of students: A longitudinal multilevel perspective. British Journal of Educational Psychology, 71 (pp. 619–645).

The Cognition and Technology Group at Vanderbilt (1997). The Jasper Project: Lesson in curriculum, instruction, assessment, and professional development. London: Lawrence Erlbaum Associates.

Thiel, V. (2002). Auswirkungen von Differenzierungsmaßnahmen auf die Effektivität der Lernumgebung „Lernen durch wechselseitiges Lehren" am Beispiel Wetter im Heimat- und Sachunterricht der Klasse 3 (unveröffentlichte wissenschaftliche Hausarbeit). Weingarten: Pädagogische Hochschule.

Thüringer Institut für Lehrerfortbildung (2002). Entwicklung von Sozial- und Selbstkompetenz durch Kooperatives Lernen. Bad Berka.

Traub, S. (2002). Wenn Jugendliche stehlen … Maßnahmen der Jugendgerichtsbarkeit. Ein Fallbeispiel. (unveröffentlichter Unterrichtsentwurf für Gemeinschaftskunde, Klasse 8, Realschule, UE: Der Einzelne im Rechtsstaat). Schwäbisch Gmünd: Pädagogische Hochschule Schwäbisch Gmünd.

Wagner, C. (2002). Die Methode Partnerpuzzle und ihre Auswirkungen auf Lernerfolg und Motivation an zwei unterschiedlichen Inhalten des Deutschunterrichts in der Grundschule (unveröffentlichte wissenschaftliche Hausarbeit). Weingarten: Pädagogische Hochschule.

Wahl, D. (1985). Kooperation zwischen Lehrern. Studienbrief 2 des Fernstudienlehrgangs „Pädagogisch-psychologische Grundlagen für das Lernen in Gruppen. Tübingen: Deutsches Institut für Fernstudien.

Wahl, D. (2000). Das große und das kleine Sandwich: Ein theoretisch wie empirisch begründetes Konzept zur Veränderung handlungsleitender Kognitionen. In C. Dalbert & J. Brunner (Hrsg.), Handlungsleitende Kognitionen in der pädagogischen Praxis (S. 155–168). Baltmannsweiler: Schneider-Verlag Hohengehren.

Wahl, D. (2001). Wissen sichtbar machen (1). Nachhaltig lernen mit der „Struktur-Lege-Technik". Praxis Schule, 5–10 (5) (S. 63–65).

Wahl, D.; Weinert, F. E. & Huber, G. L. (1984). Psychologie für die Schulpraxis. München: Kösel Verlag.

Wahl, D.; Wölfing, W.; Rapp, G. & Heger, D. (1995). Erwachsenenbildung konkret: Mehrphasiges Dozententraining; eine neue Form der erwachsenendidaktischen Ausbildung von Referenten und Dozenten. Weinheim: Deutscher Studien-Verlag.

Walter, D. (2001). Die Bedeutung eines „Origin-Lernklimas" für den Unterricht in der Realschule. (unveröffentlichte wissenschaftliche Hausarbeit). Weingarten: Pädagogische Hochschule.

Watson, D. & Tharp, R. (1972). Self-directed behavior: Self-modification for personal adjustment. Belmont, CA: Wadsworth.

Webb, N. M. (1989). Peer interaction and learning in small groups. International Journal of Educational Research, 13 (pp. 21–40).

Webb, N. M. (1991). Task-Related Verbal Interaction And Mathematics Learning in Small Groups. Journal for Research in Mathematics Education, 22 (pp. 366–389).

Webb, N. M. (1992). Testing a theoretical model of student interaction and learning in small groups. In R. Hertz-Lazarowitz & N. Miller (Eds.), Interaction in cooperative groups: The theoretical anatomy of group learning. (pp. 102–119). New York: Cambridge University Press.

Webb, N. M. & Palincsar A. S. (1996). Group processes in the classroom. In D. C. Berliner & R. C. Calfee (Ed.), Handbook of educational psychology (pp. 841–873). New York: Macmillian.

Weidenmann, B. (2001). Erfolgreiche Kurse und Seminare. Weinheim: Beltz.

Wild, E. (2002). Die Partnerpuzzlemethode als Chance für einen schüleraktiven Englischunterricht. Ein Vergleich zum lehrerzentrierten Vorgehen (unveröffentlichte wissenschaftliche Hausarbeit). Weingarten: Pädagogische Hochschule.

Winkel, R. (1987). „Die siebzehn Unterrichtsmethoden". In H. Gudjons (Hrsg.), Unterrichtsmethoden: Grundlegung und Beispiele (S. 11–23). Hamburg: Bergmann & Helbig.

Zuckerman, G. (2003). Development of reflection through learning activity. Paper presented at the 10th Biennial Conference of the European Association for Research on Learning and Instruction, Padova, Italy, August 26–30, 2003.

Inhalt der CD-ROM:

1. eine Präsentation, auf der die im Buch ausführlich vorgestellten Methoden noch einmal prägnant zusammengefasst werden. Sie eignet sich beispielsweise zum Einsatz bei Weiterbildungsveranstaltungen, die die Anwendung kooperativer Lernmethoden zum Inhalt haben.

2. Arbeitsblätter zu jeder vorgestellten Methode, anhand derer der erfolgreiche Einsatz exemplarisch vorgeführt wird. Die Arbeitsblätter demonstrieren je ein konkretes Beispiel aus der Schule bzw. der Erwachsenenbildung. Darüber hinaus gibt es zu jeder Methode eine Folie, mit deren Hilfe unabhängig vom konkreten Beispiel der Ablauf der Methode verdeutlicht werden kann.

Die Beispiele aus dem Bereich der Erwachsenenbildung beziehen sich in einigen Fällen auf Vorlesungen. Hier gibt es Literaturhinweise, um das Vorlesungsthema nachvollziehen zu können.

Technische Hinweise

Die Präsentationsseiten finden Sie auf der CD in zwei Versionen:
a) als Powerpoint-Dateien, für die Sie das Programm „Microsoft Powerpoint" benötigen,
b) als „Pack&Go"-Version für PC, die keine spezielle Software erfordert.
   Hier gehen Sie wie folgt vor:
   1. Legen Sie die CD in das CD-ROM-Laufwerk ein.
   2. Öffnen Sie die gewünschte Datei „...exe" von ihrem CD-Laufwerk.

Die Arbeitsblätter sind im Adobe Acrobat-Format (PDF-Datei) erstellt und können am PC wie auch am Apple Macintosh gelesen und ausgedruckt werden.
Zum Lesen der PDF-Datei benötigen Sie das Programm „Acrobat Reader", welches Ihnen auf dieser CD-ROM mitgeliefert wird.

Zum Öffnen der PDF-Datei tun Sie bitte Folgendes:
Öffnen unter Windows
A: Sie haben das Programm „Acrobat Reader" bereits installiert
1. Legen Sie die CD in das CD-ROM-Laufwerk ein.
2. Öffnen Sie das Programm „Acrobat Reader" von Ihrem PC.
3. Wählen Sie „Öffnen" aus dem Menü „Datei".
4. Wählen Sie Ihr CD-Laufwerk (z. B. D:) und öffnen Sie die Start.pdf.

B: Sie haben das Programm „Acrobat Reader" noch nicht installiert
1. Legen Sie die CD in das CD-ROM-Laufwerk ein.
2. Wählen Sie Ihr CD-Laufwerk (z. B. D:) und öffnen Sie die CD.
3. Doppelklicken Sie auf das Symbol für „ar505deu.exe" im Windows-Ordner.
4. Folgen Sie der Installationsroutine. Am Ende werden Sie aufgefordert, Ihren Rechner zu starten.
5. Fahren Sie fort, wie unter A2 beschrieben.

Öffnen auf MAC-Rechnern
C: Sie haben das Programm „Acrobat Reader" bereits installiert
1. Legen Sie die CD in das CD-ROM-Laufwerk ein.
2. Öffnen Sie das Programm „Acrobat Reader" von Ihrer HD.
3. Wählen Sie „Öffnen" aus dem Menü „Datei".
4. Wählen Sie Ihr CD-Laufwerk (z. B. D:) und öffnen Sie die Start.pdf.

D: Sie haben das Programm „Acrobat Reader" noch nicht installiert
1. Legen Sie die CD in das CD-ROM-Laufwerk ein.
2. Auf dem Bildschirm erscheint ein neues Symbol. Mit einem Doppelklick darauf öffnen Sie die CD.
3. Doppelklicken Sie auf das Symbol für „Acrobat Reader Installer" im Macintosh-Ordner.
4. Folgen Sie der Installationsroutine. Am Ende werden Sie aufgefordert, Ihren Rechner neu zu starten.
5. Fahren Sie fort, wie unter C2 beschrieben.

Hotline-Service

Sollten Sie Probleme mit der vorliegenden CD-ROM haben, finden Sie in der Datei „Hotline.txt", die sich auf der obersten Ebene der CD-ROM befindet unsere Kontaktdaten und weitere Hilfestellungen.

Internet:	Rund um die Uhr unter: www.klett-verlag.de/support
Telefon:	0711/6672-1163 (Montag bis Freitag 9–12, 13–18 Uhr)
Fax:	0711/6672-2011
E-Mail:	klett-hotline@klett.de
Post:	Ernst Klett Verlag
	Kundenservice – Technische Hotline
	Postfach 10 26 45
	70022 Stuttgart